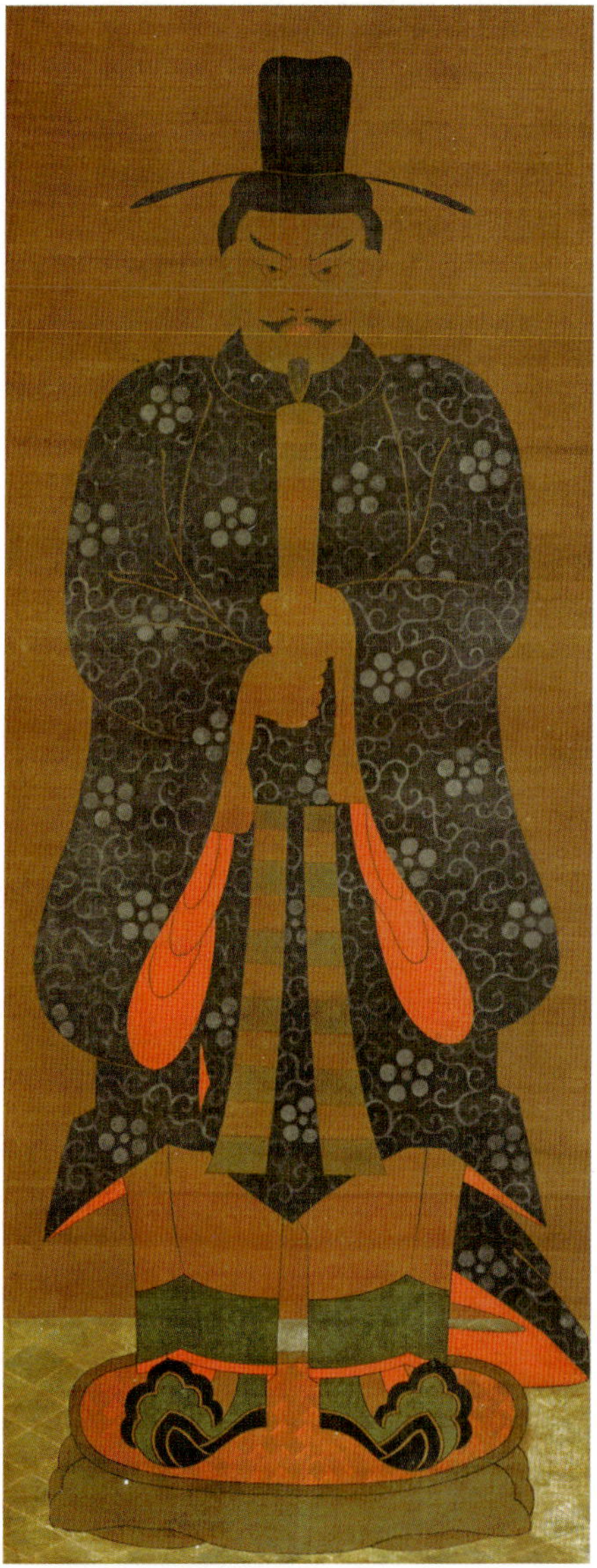

口絵１　束帯天神像（大阪天満宮所蔵）

口絵２　束帯天神像（個人蔵）

太子信仰と天神信仰——信仰と表現の位相——※目次

太子信仰と天神信仰

――信仰と表現の位相――

総論　太子信仰と天神信仰——問題の所在——

武田佐知子

平成一八年のゴールデンウイークに、「ニッポン人が好きな一〇〇人の偉人」という特別番組があった。一位は織田信長、二位が坂本龍馬だそうだ。聖徳太子はランクインしているものの、だいぶ順位は下がって二六位、ナポレオンのつぎに位置しており、ジョン・レノンが太子に続く。道真公にいたっては百人の中に影も形もない。なぜだろうか？

天満宮、天神さまには、学問の神様として親しみが持てても、歴史上の人物の菅原道真は、なかなか縁遠い人らしい。合格祈願に天満宮に来た受験生が、「ここに祀られてる人ってだあれ？」と聞くという。どうも現代っ子の認識は、私の世代とはだいぶ乖離しているようだ。おそらく道真は、完全に神様になってしまっているからなのだろう。しかも神になった天神は、憤怒形であった。それに引き換え、太子はほとんどが童形のままの太子として、つまり人間のまま信仰の対象になっている。太子のイメージは、だからこそ近づきやすい、親しみのある好きな偉人として、人々に受け入れられているのであろう。

私が聖徳太子信仰と天神信仰の比較研究を思い立ち、プロジェクトを立ち上げたのは、両者がともに、実在した歴史上の人物であり、しかも俗人の立場でありながら、信仰の対象となったこと、しかも時代を超えてながく、現代に至るまで、上下を通じた諸階層の篤い信仰を得てきたという共通項があることによる。なぜ天神さんや、太子さんが、信仰の対象として、ふかく庶民の生活の中に定着し、息づいて来たのだろうか。数ある歴史上の人物の中で、なにゆえに彼らが信仰の対象として選ばれたのだろうか。その理由を、考えたかったからである。

そこには後の時代の宗教者たちの思惑がきわめて大きく作用して、時代の要請や世相によって、両者ともに様々な属性を付与されて来たことが予想される。だからそれらを検討することは、時代を浮かび上がらせることにほかならないのだ。太子信仰も天神信仰も、各時代の人々の、どのような精神的・政治的要請のもとに編み出されたものだったのだろうか。

大阪天満宮の天神祭りの起源を、私は九世紀初頭の京都北野の船岡山で行われた御霊会との関係で考えてみたことがある。[1] それは前年から続く天然痘の猛威が、うち続く天変と相まって、疫病に対する恐怖が、民衆の不満を集約して、権力の側に向けられることを避けるために、権力の側が企画したものだった。正暦五年（九九四）、京都では前年から疱瘡が大流行して、路傍は病人で充ち、京内の人の過半数が死んだとされる。庶民だけでなく、五位以上の高官も、関白道兼が、就任十日余で倒れたのをはじめ五指に余ったので、ひそかに道真の怨霊の所業ではないかと取り沙汰され、人々は恐怖に怯えていた。そこで自然発生的に民衆の間でたかまりつつあった社会不安を集約し、民衆のエネルギーを発散させるために、民衆の間で組織されようとしていた「御霊会」が国家主催で開かれたのであった。そして二基の神輿が国家の側から用意され、そこに疫神を載せて川から難波の海に流すことで、災厄を京畿からそらせ、同時に民衆の間に、社会不安が蓄積されて、ともすれば国家に対して向けられる可能性のあったエネルギーを、発散させようとしたものと考えられる。そして難波の海に疫神を流したその場所こそ、疱瘡神でもある大江山の酒呑童子を退治した、渡邊綱を祖とする渡邊氏の本拠地に近く、大阪天満宮が創建された土地であった。王権の側の身辺警護に勤仕していた渡邊氏の関与により、船岡山の御霊会が、大阪天満宮の創始につながったのであろうと推定した。(2)

このように歴史上の人物が、信仰の対象となり、時代のニーズによって、両者を必要とし、利用しようとした人々の手で、太子や天神が、新しいイメージを付与されていく過程は、それそのものが新たな角度からの歴史である。

太子信仰と天神信仰の共通点と差異性については、髙島幸次氏が、行論の中で多面的かつ的確に述べていただいているのでそれにゆずるが、歴史上の人物が、信仰の対象になるとき、たとえばヨーロッパにおいてキリスト教の聖人の骨が、サファイヤやエメラルドなど、数々の宝石で飾り立てて美しい箱に入れられて礼拝の対象になっているのを見て、驚かされることがある。

また四天王寺の塔の心礎に納められていた聖徳太子の聖髪が盗み出されたという話や、聖徳太子の霊廟に入ったものが密かに太子の遺骨から歯を盗みだしたという話がある。太子の歯は、全国を遊行し、勧進して廻った。さらに東大寺再建で有名な重源の手に渡り、彼も太子の歯を持って勧進を進めたという。

さらにこういう逸話も伝わっている。四天王寺の宝蔵で、聖徳太子が生前身に纏っていたと伝える夜具を拝見した藤原忠実は、女房達にプレゼントするため、これを切り取ってしまった。そして聖徳太子と同じ「摂政」の任に着きたいというのぞみを抱いている息子藤原頼長にも、これを切りとってお守りにするよう奨めたというが、頼長は断固としてこれを断ったという。歴史上の人物が信仰の対象になる場合、かかるフェティシズム的傾向は、不可避なのかもしれないが、ひるがえって天神についてはどうだろうか？菅公の聖遺物、わけても遺体の一部が直に信仰の対象になっているという例を、寡聞にして私は知らない。おそらくそんなところにも、両者の差異性を解く鍵があるのかもしれない。また祟り神として祀られたという天神信仰初期の神の性格も関係していよう。崇拝の対象に付与された性格が、聖遺物崇拝の存否にかかわってくるといえるのかもしれない。

また両者の共通点として、新たな視点を付け加えることが許されるとすれば、ともに俗的権威の最高峰を地獄に堕《お》として憚らない「天皇堕地獄」という説話を据えていることである。

「疫神としての道真」という思考回路の源泉として、また天神信仰の支柱として、圧倒的な影響力を持ったのは、『道賢上人冥途記』および『日蔵夢記』であった。このおおむね内容も一致し、兄弟関係にあるとみられる二書は、通説では『日蔵夢記』が先に成立し、『道賢上人冥途記』がその抄本として成立したと考えられて来たが、河根能平氏は、『道賢上人冥途記』がまず成立し、『日蔵夢記』がこれに継ぐと考えられた。

いずれも北野天満宮の創設の実質的推進力になり、天神縁起の視覚化・映像化の原動力となった、冥界から生還した真言密教僧道賢の、地獄巡りの記であり、そこでの見聞を記したものである。冥界で蔵王菩薩の引き合わせによって巡り会った菅原道真の霊は、「我は日本太政天である」と名乗り、自分の一六万八千の眷属が今、国土に大災害をもたらしており、自分が世にあったころの位階官職を帯びるものがあれば、これを害するであろうと呪言している。またその延長八年（九三〇）の、清涼殿や諸大寺への落雷は、太政天の第三の使者、火雷大気毒王の所行であり、醍醐帝はその炎に焼かれて死に至ったのだと……。

そして蔵王菩薩が見せてくれた地獄の中、茅屋の中に、四人の人物が居るのを見つけた。三人は裸形で、あとの一人も、その衣は背中の上のほうを覆うだけのものであったが、その人こそ、醍醐帝であった。赤い灰の上に蹲り、座る床席とて無くて、嘆き嗚咽していたという。この、天皇が地獄の責め苦に遭うという衝撃的な叙述は、『扶桑略記』巻二五に採択されて現在に伝えられたが、その後諸書に受け継がれ、『宝物集』『十訓抄』『元亨釈書』、さらに『沙石集』や『平家物語』『太平記』にまで登場して、古代末期から中世にかけて、大変有名なストーリーになっていたらしい。

しかし『道賢上人冥途記』の地獄廻りに多くの部分を取材して描かれたはずの『天神縁起絵巻』の写本では、この部分の描写が省かれていることが多い。

この『道賢上人冥途記』と『日蔵夢記』は、共に醍醐帝堕地獄の話を含むが、大きな違いは、『日蔵夢記』ではこの話が、時の流れに沿って叙述されているのに対して、『道賢上人冥途記』では、一三日間冥界を彷徨った後に再生した道賢が、冥界で見た夢のこととして、最末尾に地獄で苦しむ醍醐帝の描写を置き、朱雀天皇に「我が身を救済せよ」と伝えよ、摂政大臣には、一万の卒塔婆を建てよと伝言したと結んでいる。河根能平氏が通説を改めて考えたように、『道賢上人冥途記』が『日蔵夢記』に先行して成立したとすれば、醍醐帝堕地獄の場面を含まない『天神縁起絵巻』が巷間流布していた事実との関連で考えなければならないであろう。

現存天神縁起の中で最古のものとされる承久本北野天神縁起絵巻では、日蔵の地獄廻りが始まる詞章に対応して、「六道絵」が示されているだけで、詞章には地獄での醍醐帝の様子が詳述されているにかかわらず、まったくその描写を含まない。おそらく俗界の権威の頂点に位置づけられていた天皇を、六道の最下位の地獄道に落とし、その責め苦に苦しむ様をあからさまに描くことで、必然的に価値観の大転換を促すであろう、問題を孕んだ内容を憚って、「六道絵」をこれに替えたものと考えられる。だとすれば当初から、『日蔵夢記』が、延喜帝堕地獄の具体的様子を記述した箇所を敢えて別扱いにして、最後の部分に、夢の記憶として配したことは、この部分の扱いに大いに悩んだ当時の人々の、配慮の結果だと解することが出来よう。

これに対してメトロポリタン本天神縁起、および松崎天神縁起は、道賢上人冥途記の記述に忠実に、延喜帝堕地獄の様子を活写している。

まず『松崎天神縁起』では、

> 地獄の中に鉄窟苦所と云ふ処あり。中に四人の罪人あり。其の形、墨の如し。一人は肩に物を負えり。今三人は偏に裸形にして、赤灰の上に蹲踞せり。皆共に、悲泣嗚咽せり。閻王の使、教へて曰く、「肩を隠せる罪人は、汝が本国の王、延喜の帝是也」。

とある叙述どおり、焼けただれて黒く肌の色を変色させた裸の、しかも露頂で髪を乱した人物が、悲嘆にくれて顔を覆い、肘をつく様子が描かれている。ただ先頭の人物だけは、「一人は肩にものを覆えり」とあるように裸の肩に、青い布だけを纏う姿で炎の中に座り、哀しい表情で、日蔵と対峙している。この人物こそ、延喜帝その人であった。

『松崎天神縁起』では、日蔵は蘇生の後、この由を詳しく朱雀帝に奏上する場面が描かれる。

いま一本、醍醐帝堕地獄の部分の描写を欠かさなかったメトロポリタン本での延喜帝の姿は、松崎天神縁起のそれほど悲惨ではない。延喜帝は従えた臣下共々、紅蓮の炎に包まれてはいるが、三人の臣下が、半ば炭化した全裸の姿で、顔の表情もわからない程真っ黒に描かれ、烏についばまれるにひき比べ、結跏趺坐して腕を組み、日蔵に語りかける姿は、さして黒くもなく、「肩を隠せる」程度以上に、単衣ながら衣服も着ており、詞書の記述に相違してまだしも人間の尊厳を保っている。醍醐帝堕地獄の場面を含む天神縁起に、鎌倉の荏柄天神社の縁起絵巻がある。河音能平氏は、京都芸術大学所蔵本の「荏柄天神縁起」の題箋を持つ、谷文兆の手による「天神縁起」の写本が、メトロポリタン本天神縁起の系統に属するものであることを明らかにした岩田由美子氏の報告を手がかりに、荏柄天神系の東国の天神縁起絵巻は、京都の政治的権威を相対化するために採られた、鎌倉幕府の対朝廷イデオロギー政策の中に捉えるべきではないかとの注目すべき提言をしておられる。[3]

ところで『松崎天神縁起』は、成立の上では最古の、根本縁起と位置づけられる、一二一九年の年紀を持つ承久本に次ぐ、一二七八年成立の弘安本と、巻一から巻五までは、詞書き、画面とも、まったく同一であるという。[4]とすれば弘安本にも、本来醍醐帝堕地獄の場面は存在して、それが何らかの事情により、失われたとみる方が適切であろう。

ともあれ「天皇の堕地獄」という衝撃的情景が具体的に視覚化された例は、ほかに「善光寺縁起」の例が知られるばかりであり、両者がきわめて特異な例であることが知られよう。ここでは頓死した本田善光の嫡子、善佐が、地獄に堕ちた皇極女帝に邂逅し、善光寺如来によって蘇生するという描写がある。善光寺如来は天竺・百済・日本、三国伝来の生身の如来とされ、百済では聖明王の前に示現し、日本へは欽明天皇の世に難波へ来朝したが、物部氏の排仏に遭い、難波の堀江に沈められた。聖徳太子は、物部守屋を滅ぼし、四天王寺を建立して、難波の堀江で善光寺如来に会い、宮中へ勧請しようとするが、衆生を救うために再び水底に沈んだという。やがて本田善光の背に負われて信濃へ遷った善光寺如来は、調子丸を使者に立てた聖徳太子から、太子の衆生済度を守護されんことを乞うた書を奉られる。直ちに善光寺如来は、衆生済度の守護を請け合った返書をしたためたが、それは前代未聞のことであり、今も法隆寺に伝えられているという。つまり善光寺信仰は太子信仰と不可分なのである。

太子信仰と天神信仰に関連した縁起絵巻が、ともに天皇堕地獄の話を寺社縁起の核に据えていることはいったい何を意味していようか？俗的権威の最高峰に位置すべき天皇に超越する神威、権威を、菅原道真や聖徳太子に仮託しているがゆえであろうか？

いまひとつ天神信仰と太子信仰の類同性を揚げておくと、その宗教的国際性がある。太子は中国の南岳慧思禅師の後身説が説かれ、あるいは達磨大師の後身であるともされる。

これに対して天神信仰では、菅原道真が中国へ渡って、中国宋代の禅僧、無準師範の弟子になり、伝法の証の法衣を受けたという話が、唐突に出現する。渡唐天神の登場である。平安時代の人であったはずの道真が、はるか時代を降った宋代の中国僧に教えを請い、許されるという、時空を超えた荒唐無稽なストーリー設定の背景には、この逸話を生まなければならない必然性があったはずである。それは禅宗が天神信仰を取り込んでいく過程で辿らなければならない経緯でもあった。ひるがえって太子信仰でも、鑑真に随従して来日した弟子思託や淡海三船によって、慧思や達磨の後身説が造作されたと考えられている。

ただ、中国の高僧の後身として説かれることと、その弟子になるという位置づけでは、いささかの距離感、格差があるのは否めない。中世の日本に来日した中国の禅僧による天神信仰の位置づけ、いやむしろ中世における日本そのものに対する位置づけを、照射していると考えざるをえないのではないだろうか。

かくて太子と天神を比較するという視点は、天皇制との相関において、また国際関係の位置づけにおいて、極めて有効な手法なのだと、あらかじめ予測される。かかる問題意識から出発した本プロジェクトは、以下の成果を得た。

本報告書で、諸氏が明らかにしてくれた点を、以下掲載順に紹介しておく。

「室町時代の紀行文にみる天神信仰・太子信仰――宗祇『筑紫道記』と三条西公条『吉野詣記』――」で鶴﨑裕雄氏は、三条西公条の『吉野詣記』に記述されている太子信仰の旅、聖徳太子の聖地巡礼を中心に、中世室町時代の太子信仰について考察する。鶴﨑氏は、三条西公条と『吉野詣記』の行程を年譜・地図にまとめ、また、実際に『吉野詣記』の行程に従って、聖徳太子の聖地を訪ね、室町時代の太子信仰について考察する。丹念な研究から、太子信仰と天神信仰の共通点として、「絵伝の存在」、「絵解きの存在」といった視覚的なものを挙げ、両信仰の相違点として、「崇敬の対象の相違」、本稿の主眼である「巡礼の有無」を挙げる。

髙島幸次氏の「太子信仰と天神信仰――真宗史の視点から――」は、宗教思想史の立場において、聖徳太子が人として信仰されたのに対し、菅原道真が神として信仰されたことに着目したうえで、真宗を媒体とした両信仰の受容層や祈願内容の比較、さらには宗教美術の新しい系譜を示そうとするものである。真宗における神祇観を明らかにしたうえで、弥陀と観音と天神の関係を探ると、太子信仰が旧仏教勢力を、天神信仰が神祇能力を意識した方便であったことから、両信仰は我が国の普遍的な宗教風土における習合の結果につながるものである。

濱岡伸也氏の「江戸時代の天神信仰・太子信仰と城下町金沢の文化」は、江戸時代において特殊な藩体制を敷いていた加賀藩での天神信仰について考察を行う。

加賀藩内の天満宮は藩主前田家とゆかりが深く、三代利常以降の前田家繁栄とともに天神信仰もさらなる展開を遂げることとなる。また金沢では庶民のあいだにも天神信仰が盛んであった。中でも二十五天神めぐりは、蕉門を中心とする俳人たちの間にも盛んに広まり、「北乃梅」が編まれた。居開帳を行う寺院も多くあり、そこに参詣するといった図式の拝啓に町人の文化活動があったことが伺える。このことから、俳諧文化やそれらを享受した金沢町人文化との関係は非常に大きなものであったといえる。

「聖徳太子伝の史料的性格――宗教的テキストの生成・流伝形態――」で下鶴隆氏が題材にしているのは、太子信仰と天神信仰の比較史的研究をめざすうえで基礎となる、信仰所伝の流伝形態である。断片的な抄写注文たる「秘事・口伝」を媒介に成り立つ、中世の宗教テキストの流伝形態に焦点をあて、太子伝を起点的素材として検討している。そして、「秘事・口伝」の流伝形態に依拠し、中世までの宗教テキスト一般への適用の問題、中世文献に引用される古代史料の再評価問題などを分析している。

松本真輔氏の「拡散する聖徳太子伝承――近江に広がる聖徳太子寺院建立伝承と守屋合戦譚の展開――」は、廃仏を行って聖徳大使と争い、滅ぼされた物部守屋を、徹底した悪役として描く四天王寺には、守屋の首を切り落とした太刀が所蔵されている。しかし、四天王寺とは対照的に、守屋の供養が伝えられていた法隆寺にも、同様の太刀が埋蔵されているという伝承がある。松本氏は、守屋合戦の際に守屋の首を切り落とした刀の行方に焦点をあて、法隆寺における守屋伝承の変化を検討し、守屋が法隆寺の守護者として祀られていく過程を明らかにしている。

伊藤純氏の、「唐本御影の伝来過程をめぐって――背負わされた法隆寺での役割――」は、現代に至るまで記述され、模写されてきた「唐本御影」が、いかなる過程を経てその情報を拡大していったのか分析することを通じ、「唐本御影」は、明治一一年に法隆寺から皇室に献上され、その後〈御物〉になったことで初めて「秘蔵」といった意味合いが付加されるようになった可能性を示唆された。

今アメリカはスタンフォード大学に居る榊原小葉子氏は、近世の太子関連テキストの中で、最も広範に流布した寛文六年刊『聖徳太子伝』を検証し、本伝本が近世の太子信仰像を解き明かすための史料として、どのような可能性を持つのかについて考察した。本伝本の底本である中世成立「文保本系太子伝」から引き継がれている部分と、寛文刊本作成に際しての改変部分に着目し、本伝本の地誌的性格、および〝旅行案内〟としての機能を明らかにし、そこから、近世太子信仰の全国的展開を探るための問題の所在を探った。

稲城正己氏は、「菅原道真の仏教的言説とその継承——『菅家文章』から「賽菅丞相廟願文」へ——」で、菅原道真の詩文集『菅家文草』に収められた願文を中心に、仏教に言及するいくつかの詩文を解読し、天皇（上皇）・男性貴族・女性それぞれにどのような仏教的役割が割り当てられていったのか、さらに、それらの詩文によっていかなる世界が構築されていったのかを考察していくものである。道真の願文にみられる儒教的言説は、あらゆる生命に対する「孝」＝「愛」と「敬」の不完全な実践者として人間を定義することによって、儒教的徳治による理想的社会の実現という律令国家の構造が脱構築され、「孝」的世界に勝る未来を切り開いてくれるものであるという語りを言及するものである。

脇田晴子氏の「北野聖廟和歌・連歌とその功徳——病気平癒・諸願成就・連歌会所・短冊関を中心に——」は、中世より「あら人神」といわれ怨霊神として持てはやされた北野天満宮を中心とした「和歌の徳」に対する人々の考えを巡り、和歌・連歌に託して何を祈り、どの程度の金銭が動き、どの様な功徳を得たと信じたか、信仰と文化と、広い意味での政治性とのあり方を探るものである。

天満宮の支配権は単に神としての霊験、「あら人神」としての尊崇のみでなく、人としてこの世にあった時の天神、すなわち菅原道真の文学・和歌・連歌の秀でた才能・優越性が信仰をかき立て、「天地を動かし、鬼神を感ぜしめる」歌の効果の俗化として、各願望の祈禱になったと考えられ、その実態の解明を目指した。

松浦清氏の「正面向きで直立する異色の束帯天神画像について」は、その描かれ方からして異色である、大阪天満宮所蔵の正面向きで直立する束帯天神画像について、渡唐天神像との比較を通して考察し、その結果、従来まったくの別物とされてきた渡唐天神と、正面向きで直立する束帯天神画像との間に共通してみられる、神仏習合の側面について言及した。

鈴木幸人氏の「菅生天満宮所蔵・掛幅形式の天神縁起絵について」は、これまで全容を知られていなかった菅生天満宮（大阪府堺市）所蔵の天神縁起絵を紹介したもの。同本の特色として、菅生地域の在地説話（ご当地縁起）を含む天神縁起絵の近世的性格とともに、太宰府天満宮所蔵掛幅本との構成・図様の類似が指摘され、天神縁起絵の近世における展開に、太宰府天満宮（安楽寺）を中心とする一群の存在が予想されることを明らかにした。また聖徳太子絵伝との比較により、掛幅形式縁起絵についての新たな研究視点を提示しようとしている。

竹居明男氏の「越前国敦賀郡の天神信仰・序説――気比神宮とその周辺――」は、気比神宮を中心とした越前国敦賀郡一帯および、同地域の天神信仰の実態に迫ろうと試みたものである。古代における越前国敦賀郡の郡域は、現代の郡域とは同一でないため、近世の地誌類ならびに明治時代以降の刊行物によって、現敦賀市内の「天満宮」の所在状況を確認したうえで天神信仰における様相の一端と歴史的背景の検討を試み、今後なおいっそうの調査研究を要すると結論づけた。

以上一二点の論文を収録した本書は、平成一四年度から一七年度にかけ、研究代表者武田佐知子で受けた科学研究費補助金基盤研究Ｂ―１「太子信仰と天神信仰の比較史的研究――信仰と表現の位相――」の成果の一端である。

（1）拙稿「天神祭りの起源をさぐる」（『天神祭　火と水の都市祭礼』、思文閣出版、二〇〇一年）。
（2）同前。
（3）河音能平『天神信仰の成立』第三章「日本院政期文化の歴史的位置」付記2（塙書房、二〇〇三年）。
（4）田中一松『日本絵巻物集成』解説（雄山閣、一九三〇年）。

I

室町時代の紀行文に見る天神信仰・太子信仰

——宗祇『筑紫道記』と三条西公条『吉野詣記』——

鶴崎裕雄

はじめに

室町時代、文明一二年（一四八〇）連歌師宗祇は西国の雄大内政弘に招かれた折り、九州へ足を延ばして太宰府をはじめ、豊前・筑前の名所旧跡を尋ねた。『筑紫《つくし》道記《みちのき》』の紀行である。その中で、太宰府天満宮に参詣する二日前、遠賀川の右岸木屋瀬の宿で天神と名乗る翁より扇を授かる夢を見たと記す。現在も北九州市八幡西区木屋瀬には扇天神が祀られている。

同じ室町時代、宗祇の『筑紫道記』より七四年後、天文二二年（一五五三）内大臣三条西公条《さんじょうにしきんえだ》は春の吉野山をはじめ、大和・紀伊・河内・摂津の神社仏閣に詣でる旅をした。『吉野詣記』である。そのうち、橘寺・当麻寺・片岡清水明王院・達磨寺・法隆寺・信貴山・大聖勝軍寺・四天王寺は聖徳太子縁《ゆかり》の地で、太子信仰の巡礼を思わせる行程である。

近年、わが国の世界文化遺産の一つに、「紀伊山地の霊場と参詣道」が加わり、吉野山や高野山・熊野三山の

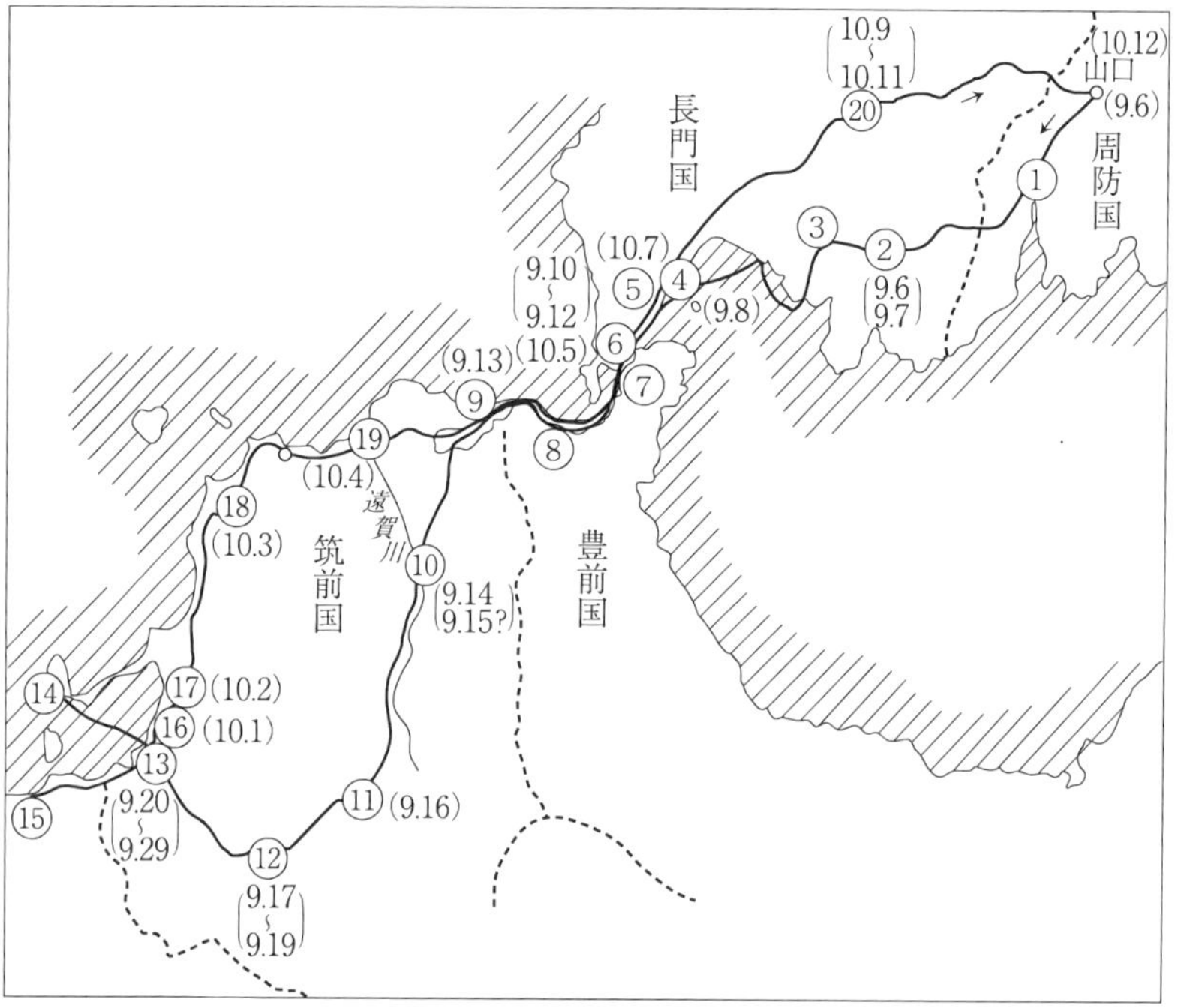

図1　『筑紫道記』行程地図（金子治郎『宗祇旅の記　私注[1]』参照）

霊場と参詣道が世界遺産に登録された。これを受けて霊場や参詣道への関心と研究の気運が高まっている。

本稿では、室町時代の天神信仰と太子信仰がうかがわれる同時代の二つの紀行とその伝承地や遺跡の現地探訪を試みた。

一　『筑紫道記』に見る天神信仰

文明一二年五月上旬、宗祇は西国の覇者大内政弘に招かれて京都を発ち、六月上旬、周防国山口に着いた。同行には弟子の宗歓（後の宗長）と宗作が従った。山口滞在は翌一三年四月にまでおよんだ。その間、九月六日から一〇月一二日まで宗祇一行は長門国から豊前国・筑前国へ、『筑紫道記』の旅をした。主な行程を地図に示すと図1の通りである。

――は行程、①～⑳は所在地、( )内の数字は宿泊の月日、……は国境を示す。

文明一二年九月六日、周防国山口発、①津の市（山口市小郡）を経て②船木（宇部市）泊、七日船木滞在、八日③長門国今宿（山陽小野田市）を経て④豊浦（下関市）泊、九日豊浦宮（忌宮神社）参詣、一〇日⑤長門一の宮住吉社（下関市）参詣、⑥赤間関（下関市）泊、一一～一二日赤間関滞在、阿弥陀寺（赤間宮）など参詣、一三日乗船して海上より⑦豊前国柳が浦・⑧菊の高浜（北九州市）を眺め、⑨筑前国若松（北九州市）に上陸して宿泊、一四日⑩木屋関（木屋瀬、北九州市）で天神の夢を見る、一五日守護所傍らの禅院泊、一六日⑪長尾（飯塚市）泊、一七日⑫太宰府（太宰府市）宿泊、一八～一九日太宰府滞在、安楽寺（太宰府天満宮）・観世音寺参詣、二〇日⑬博多（福岡市）泊、二一～二九日博多滞在、⑭志賀島・⑮生の松原（福岡市）ほか見物、一〇月一日⑯箱崎宮（福岡市）、二日⑰香椎宮（福岡市）、三日⑱宗像（宗像市）、四日宗像社参詣、⑲蘆屋（芦屋町）泊、五日乗船して⑥長門国赤間関泊、七日④豊浦、九日⑳大嶺（美祢市）宿泊、一〇～一一日大嶺滞在、一二日山口に帰着。

以上、三六日におよぶ北九州、筑紫路を巡る『筑紫道記』の旅である。このうち、『筑紫道記』中の天神信仰として、九月一四日、木屋瀬に泊まった夜、天神と名乗る男から扇を授かる夢から、一九日朝、太宰府天満宮参詣までをとりあげたい。以下、引用する本文は、川添昭二・福田秀一氏校注『筑紫道記』(2)による。

九月一三日、若松の浦で「名や思ふ今宵しぐれぬ秋の月」と十三夜の月を詠んだ翌日、

明《あく》れば海陸の間侍添《そひ》て、送り細やかなり。木屋の関といふ所にして草の枕を結ぶ。暁近き夢に、誰となき男、天神と名乗りて扇を予に給はると見侍りて夢醒めぬ。則ち同行に語れば、皆ことぶき合へり。誠に神の冥助あるにこそと頼もしくなむ。

是より守護所陶《すゑ》中務少輔《なかつかさのせう》弘詮《ひろあき》の館に至り、傍の禅院に宿りして、又の日彼《かの》館にて様〱の心ざし有《あり》。（中略）

十六日、杉の弘相の知《しる》所長尾といふに行《ゆく》。（中略）是より宰府《さいふ》聖廟《せいべう》へ参る。陶弘詮より侍二人添《そへ》らるゝ心ざし、言はむ方なし。かくて蘆城《あしき》山といふ駅路にかゝりぬ。水の緑、紅葉の色〳〵、面白き辺《わたり》なれど、谷嶺険《けは》しく、踏む所皆岩の桟路《かけみち》なり。心細さ勝《まさ》りて、進退の事さへ思ひ歎て、

世中《よのなか》はあしき山路に乗《のる》駒の踏みも定めぬ身にこそ有《あり》けれ

とかく過行《すぎゆく》程に、御社近く塔婆など見ゆるより、下《お》りて、神前を拝して、宿坊満盛院に至りぬる程、暮《くれ》はてぬ。今夜《こよひ》は当社の縁起など読ませ奉るほどに、深野筑前守といふ人来《きた》る。この郡の郡司也。扇を携《たづさ》へて、心ざす当社にて此の扇を得る事、夢の告《つげ》思ひ合《あはせ》ていとゞ神慮有難くなむ。

つとめて、社僧一人を友なひ神前に参る。表の鳥居さし入より、地広く松杉数添《そ》ひて、さらぬ常盤木や、繁し。反橋《そりばし》高うして二有《ふたつあり》。又打橋《うちはし》だつ、その中にあり。池の廻りには千万株の梅の林を成せり。覚えず西湖の境に来るやと覚ゆ。楼門に入ほど神《かう》〳〵しくて、左右の回廊いさぎよし。名に負《お》ふ飛梅苔むして、老松の齢にも争へり。抑当社は延喜五年乙丑に草創有《あり》となん。則拝し奉るも、古の御憂まで思ひやられて、看経《かんきん》おぼえず声やみて、只袖のうるほふより外の事なし。（以下略）

十三夜の翌日、宗祇一行は、明《あく》れば（一四日）、若松から南に下って、木屋関（木屋瀬）で泊まる。その夜、宗祇は天神と名乗る男から扇を授かる夢を見た。同行者たちは目出度いことだと喜び合った。これより（一五日）守護所陶弘詮の館に行き、傍らの禅院で宿泊。又の日（一六日）、陶弘詮の館で杉弘相《ひろすけ》らも加わって初折二二句の一折の連歌を詠んだ。一六日、杉弘相の知行する長尾（飯塚市）に行き、それより山路を越えて太宰府に着く。太宰府の天満宮安楽寺では神前で拝んだだけで宿坊の満盛院に入り、夜、縁起などを聞いていると、郡司の深野

筑前守が扇を持ってきた。先日の夢のお告げが実現したと、神の御慮をありがたく思ったというのである。翌朝、社僧の案内で天満宮安楽寺の天神廟に参拝する。神仏分離令以前にあった仏教的要素を除いては、社前の池に架かる二つの反り橋や中の普通の橋など、境内のたたずまいは現在もそのままである。宗祇は左遷された道真の不幸に思いを馳せて涙で袖を濡らした。

さてここで若松から太宰府までの日程に疑問が起こる。それは一六日が二度重なることである。

この天神の夢はフィクションでないかといわれている[3]。私も芭蕉の『奥の細道』の市振《いちぶり》の遊女を思わせるシチュエーションだと思う。かつて筆者は『筑紫道記』の旅には宗祇が和歌の道、特に勅撰和歌集の編纂を心掛けていたので太宰府天満宮に参詣したのではないかと論じたことがある[4]。天神の夢もこの旅の目的に関係あると思う。

二　木屋瀬の扇天神

宗祇が扇を授かる夢を見た木屋瀬は、遠賀川中流の右岸、筑前国鞍手郡、現在は北九州市八幡西区に属する。江戸時代、長崎から小倉に通ずる長崎街道の宿場町で、現在、旧街道に沿って町並み保存が行われている。町並みの中央に北九州市立長崎街道木屋瀬宿記念館があり、旧街道の資料のほか、地域の歴史資料が展示されている。旧街道は遠賀川と平行して南北に走る。町並みの少し北よりを遠賀川堤防に向かって曲がると目的の扇天神鎮座の扇天満公園がある。神社というので木造の社殿を想像していたが、まさに剥き出しの、石造の祠が建っていた。切り妻平入の屋根の祠で、三段の台座と石垣積みの台がついている。案内板に、大正六年（一九一七）遠賀川堤防改修の時、遠賀川のすぐ傍にある大銀杏の辺りから現在鎮座する場所に移築したとある。堤防改修でも大銀杏は伐採されることなく、遠賀川右岸の堤防を走る国道七三号線も大銀杏を避けて、その部分は上下の車道が二股に分かれている。

切り妻平入の御影石造の祠は、屋根の頂上から地面まで三一三センチ、三段ある台座の一番下は正面一九五センチ・側面一八二センチ、御神体を納める石室は正面一〇〇センチ・側面八二センチ、正面に中開の扉があり、取っ手には梅の模様の金属がつけられ、両扉の下ほどには扇の模様が彫り込まれている。

祠に向かって右手に石碑があり、伊藤常足《つねたり》の碑文が刻まれている。『木屋瀬町誌』（八幡市木屋瀬公民館編輯、一九六〇年）にもこの碑文が載るので、二つを見比べて読むと次の通りである。

筑紫紀行曰、木屋瀬云所而結草枕、暁近夢二、無誰男称天神弖賜扇於予止見待弖覚奴、語于同行波、皆寿合、実難有神冥助二社止頼敷南云々、参西府聖廟云々、深野筑前守云人来此郡司也、携扇而心指当社而得此扇事、夢告思合弖最神慮難有南云々、古老云、世人称木屋瀬天神、云扇天神

嘉永五年十一月土人立此碑　　七十九翁　常足此文

伊藤常足は安永三年（一七七四）筑前国鞍手郡生まれの国学者で、天保一二年（一八四一）、九州の地誌『太宰《だざい》管内志《かんないし》』を著わした。没年は安政五年（一八五八）八五歳であった。

『太宰管内志』（日本歴史地理学会、一九〇九年）の木屋瀬の項には、

○木屋瀬

「宗祇筑紫紀行」にこやの瀬といふ処にて草の枕をむすぶあかつき近き夢に誰となきをとこ天神となりて扇を予に賜はると見はべりて夢さめぬ。則同行にかたればことぶきあへり。誠に冥助あるにこそとたのもしくなん云々とあり。こゝを木屋瀬といふ事は鎮西禅師穂波郡明星寺を再興する時、岡ノ水門より材木を登らせて入置たる木屋の跡なりといふ。（中略）さて鞍手郡木屋瀬は今も駅所にして人家多し。文明の比《ころ》より駅路

の筋なるべし。天神ノ社もあり。此駅の南の目付ケ所則追分ケなり。肥前長崎など行ク人は南をさし、当国福岡などにゆく人は西をさすなり。

とあり、常足の生きた江戸時代後期には天神ノ社があったことがわかる。『太宰管内志』以前、江戸時代前期成立の貝原益軒の『筑前国続風土記』(『益軒全集』、国書刊行会、一九七三年)の木屋瀬の項には、

〇木屋瀬

むかし勝光上人穂波郡明星寺再興の時、豊後臼杵家より、材木を寄付しけるを船につみ、蘆屋川より上せ、此所の河辺に木屋をかけて入置ける。其所を木屋の瀬と云。今は国通路の宿駅と成て、民家多し。

とあって、天神の記事はない。ところが前述の『木屋瀬町誌』には、扇天満宮の項に、

大字木屋瀬字川端ニアリ。観応(紀元二〇一〇年)以前ヨリノ鎮座ニシテ祭神菅丞相、旧記ニ宗祇法師ガ筑紫紀行ヲ見ルニ(以下略)

とある。実はこの文は明治四〇年(一九〇七)七月奥書の『福岡県鞍手郡木屋瀬町是』の引用である。つまり『木屋瀬町是』によると、宗祇より古い観応年間(一三五〇~五二)以前、木屋瀬には天神社があったことになる。江戸時代後期に天神社があったことは伊藤常足の『太宰管内志』と碑文によって確認される。注目すべきは、南北朝時代の観応年間以前の天神社の存在である。『木屋瀬町是』が正しいとすれば、木屋瀬に天神社があって、宗祇は天神と称する男から扇を授かる夢を見たのである。夢が事実であれ、フィクションであれ、『木屋瀬町是』の「観応年間云々」の根拠が問題である。

しかし根拠を探ることは難しい。むしろ『筑紫道記』があって、後世、江戸時代中期、地誌に関心が高まるようになると、木屋瀬にも宗祇が夢見た扇天神が云々され、鎮座するようになった。それに伊藤常足の碑文が追い

打ちをかけた、と考えてみてはどうであろうか。

三　『吉野詣記』とそれ以前の太子信仰

『吉野詣記』は、天文二二年（一五五三）二月二三日京都を出発して、奈良・飛鳥・高野山・金剛山・吉野・法隆寺・四天王寺を巡り、三月四日に帰京するまでの二二日間の長途におよぶ、三条西公条の紀行文である。途中、現在は金剛山と呼ばれる葛城の高間山には修験者の山伏姿で登るなど、六七歳の、当時としては高齢にかかわらず、すこぶる健脚ぶりを発揮している。同行には連歌師紹巴《じょうは》と宗見《そうけん》という人物が従った。

『吉野詣記』の諸本を見ると、(5)『吉野詣記』とする書名が多いが、『高野参詣記』『称名院道中記』とするものもあって、執筆当時には書名はつけられていたのではなく、後世、別人によって名づけられたことがわかる。

以下、本稿の引用は、活字本(6)のうち、一般に見る機会が多いであろう伊藤敬氏校注『吉野詣記』(7)をテキストに使用する。

この紀行の目的として、次の四点（①～④）があげられる。まず①冒頭の序の部分に、

　紹巴とて筑波の道に心ざし深くて……吉野の花見るべきよしいざなひけり

とあって、紹巴から吉野の観桜に誘われたことが旅の契機である。これが『吉野詣記』の書名の由来である。

②前年に公条は妻を亡くしており、冒頭部分に、

　いにし年の秋、はからず年ごろ臥《ふ》しなれたる床離《とこはな》れ、かきつくべき心地もなくて、あはれ修行にも出《い》で立ちなばやと思ひつつ

とあり、最後の帰宅した部分に、

やがて立ち帰りても、独り住みの床も荒れて、道すがらの物語りすべき便りもなければ、

語るべきことはかずかず涙のみ古き軒端のつまなしの花

と書き記した歌が示すように、妻を亡くした悲しみの慰めと供養の社寺参詣であった。

③三月三日に合わせた高野山の参詣は、

三日、今日は逍遙院忌日《きにち》に当たれり。うれしくて……、

たらちねもまたたらちめも母子草つみ失はん今日ここに来て

とあって、三日は天文六年（一五三七）一〇月三日に没した父三条西実隆の月命日であって、父への追善が行われた。

④これらのほかに太子信仰の旅、聖徳太子の聖地巡礼がうかがわれる。本稿ではこの④にあげた太子信仰の旅、聖徳太子の聖地巡礼を中心に中世、室町時代の太子信仰について考察を進めたい。[8]

公条の『吉野詣記』以前の公卿たちの太子信仰・聖徳太子聖地巡礼を瞥見しておきたい。

まず『新古今和歌集』の歌人慈円（慈鎮和尚）の私家集『拾玉集』に、「秋日詣住吉詠百首和歌」があってその跋に、

建久三年涼秋九月……詣四天王寺、……翌日之朝底露之余即詣上宮太子之古墳、深凝下化衆生之懇地、次過難波之海浦到住吉之社壇奉賽已了……

とある。百首の歌は題の通り住吉の歌ばかりであるが、建久三年（一一九二）九月に住吉参詣の途中、四天王寺に参り、翌日には「上宮太子之古墳」に参ったのである。

「上宮太子之古墳」すなわち聖徳太子の墳墓は大阪府南河内郡太子町の磯長山叡福寺《しながざんえいふくじ》にあり、叡福寺は「上の

太子」と呼ばれている。聖徳太子の墳墓は叡福寺境内北側の丘陵先端にある横穴式の円墳で、周囲は二重の結界石で囲まれ、内側の結界石は空海（弘法大師）によって造られたと伝えられ、外側の結界石は享保一九年（一七三四）樋口正陳の寄進である。近世以降、聖徳太子廟として横穴入り口の前には破風の屋根をつけた門扉が建てられている。

墳墓は宮内庁管轄で、古墳の石室内には推古三〇年（六二二）二月二二日に亡くなった聖徳太子、前日の二一日に亡くなった夫人の膳大郎女《かしわでのおおいらつめ》、前年の一二月に亡くなった母穴穂部皇女《あなほべのひめみこ》が石棺に納められており、「三骨一廟」と呼ばれている。

聖徳太子への崇敬は早く、推古天皇時代より寺院が建てられ、神亀元年（七二四）聖武天皇勅願によって伽藍が建立されたという（『続日本紀』）。

鎌倉時代、藤原民部卿経光の日記『民経記』には、

嘉禄二年（一二二六）九月十五日……鳥羽……戌刻許過天王寺西門之間下馬、

十六日……入夜御入堂、先宝塔、次金堂、次参講堂、次参六字（時）堂、於西門念仏、次参万塔院、次参聖霊院、次令帰宿舎給、今日房主進酒肴、終日宴遊、

十八日……令参河内国太子御廟給……聊礼藤井寺……次予騎馬石川辺、次於門下々馬、先参御墓□奉礼、下州以□日光奉還奉礼、次参本堂令申御明給、次令参御影堂給、奉礼十六御影、次開起注文、次予遊行……日欲入之程令帰天王寺御房給、

十九日……御入堂如常、其次見亀井水……

廿日……御入堂、先令参金堂……御影堂井絵堂……

廿一日……夜中退出、日出之程看窪津……舟中……

とあって、淀川を下った藤原経光が四天王寺に参って、次の日、諸堂を参拝し、二日目には聖徳太子廟を参詣、再び四天王寺の諸堂を参拝して帰京する。四天王寺参詣とともに聖徳太子の御廟を参拝するのは、前引の慈円の『拾玉集』の跋と同じ行程である。四天王寺から御廟のコースがあったことがわかる。

室町時代の甘露寺親長の日記『親長卿記』には、

文明十五年（一四八三）四月十四日……新黄門室家并息女三、四人中内侍衆等参天王寺之次、此辺経廻、今日唐船見物了、

とある。これは甘露寺中納言親長の妻子が四天王寺参詣の後、足を延ばして堺の港に停泊中の遣明船を見物する記事である。平安時代以来、参詣記や公家の日記には熊野詣や高野参詣の途中、ついでに四天王寺にお参りする記事は多いが、女性の「参天王寺」という記事にも注目しておきたい。

公条の父三条西実隆が大納言の時、吉野からの帰途、『実隆公記』明応五年（一四九六）閏二月二〇日条に、

今度超芋塔下々山、於榧森安部公文献一献、馬迎等進之一盞之後則進輿詣橘寺、太子霊宝共静拝見之、今夜宿安部也、

とあって、飛鳥の橘寺で聖徳太子の霊宝を拝見したとある。

出家後、実隆は大永四年（一五二四）高野山に参詣した。その往路、『高野参詣日記』四月二〇日条に、

まづ天王寺に詣でたりしに、石の鳥居のもとに金堂にのぼれり、御舎利を頂戴し、同じく日本に初めて渡りし大般若経一巻、夢殿より持来の法華経など拝見し奉る。静かに聴聞して随喜の涙押へがたし、法華経を拝みて心の中に思ひつゞけ侍りし、

むは玉の夢殿よりや見ぬ世をもこゝに伝へし法の言の葉

諸堂巡礼。宝蔵にて霊宝どもこと〳〵く拝見、宿縁浅からず、ありがたく覚え侍り、聖霊院にて御影ども拝み奉りて奥の方見巡らし侍れば、浄土曼陀羅朽ち損じて形ばかりなり。これなむ西山上人不断念仏勧行ありし所なるべきと往事を感じて涙を流し侍りぬ。亀井の水を掬みて、

まれにきて結ふ亀井のみつからや浮き木にあへる類なるらん

一和尚道に出会ひて、五首歌奉納し侍りしことを喜び申され侍り。かくて某《なにがし》とかやの坊にて盃勧めて、人々少しうち休みて、これより住吉に詣でて……

とある。復路も四天王寺に詣でる。五月二日条に、

天王寺に詣でて、些か志しの御証しなど又奉らせ侍りし。亀井の水にて、

後前の契りもしるし結ひあくる亀井の水の深き心は

西門の念仏堂にて武庫山出現の弥陀三尊、太子の御筆いまに厳然たり。唐より渡せる善導大師等身の御影もこの所に眼精誠《まことに》生身に向かへる如し。此の堂になむ西行法師が負(笈)もありけるとかや。一年の地震に砕け失せぬる由答へ侍り。哀れなる事也。此の本尊静かに拝見して、

うつしとめて闇をそ照らす玉はやす武庫山より出てし光は

爰にて堺よりの衆皆暇乞ひし侍りしを……

とある。

『実隆公記』長享二年（一四八八）八月二八日条に、

入夜依召参常御所庇、太子伝一冊自六至十読中之、及深更、其後数刻御言談、

とあって、後土御門天皇の許で「太子伝」を読む記事がある。禁裏を中心に公家たちの聖徳太子への関心を示す記事である。

四　三条西公条と『吉野詣記』の行程

まず年譜風に三条西公条の生涯を見ておきたい。

文明一九年（長享元年　一九八七）に誕生、兄に公順がいるが、出家したので、公条は次男ながら家督を継いだ。父三条西実隆は後土御門天皇・後柏原天皇・後奈良天皇に仕え、内大臣にまで昇進し、古典に親しみ、和歌・連歌に優れた文化的公卿で、日記の『実隆公記』は一等の史料である。

公条は明応六年（一四九七　一一歳）元服して、右近少将、永正二年（一五〇五　一九歳）蔵人頭、永正四年参議、永正七年甘露寺元長女《むすめ》と結婚し、二人には長男実世（のち、実澄・実枝《さねき》と改名、内大臣）はじめ二男・一女がいた。永正一〇年春日祭参行、永正一三年春日祭参行、永正一六年春日祭参行、大永元年（一五二一　三五歳）大納言に就任、大永八年春日祭参行、このように公条は生涯に四度にわたって春日祭参行のため都を出て奈良に行くことがあった。天文六年（一五三七）一〇月三日父実隆が八三歳で没した。その後も公条は昇進を続け、天文一〇年内大臣になり、天文一一年（五六歳）には父を越えて右大臣に就任した。これは三条西家では最高の官位であった。

天文一三年（五八歳）出家し、法名を仍覚《じょうかく》と名乗り、称名院と号した。天文二一年長年連れ添った室甘露寺氏が没した。その翌天文二二年（六七歳）春三月の旅行が『吉野詣記』である。さらに天文二三年には比叡山に参詣して『三塔巡礼記』を記し、天文二四年には石山寺に参詣して『石山月見記』を著わした。この三年に続く旅行にはいずれも紹巴が同行している。永禄六年（一五六三）一二月二日、七七歳で没した。

応仁乱以降、地方に下向する公卿が急速に増加する。応仁の乱の最中には摂関家の一条兼良や近衛房嗣・政家は奈良に疎開し、のちに九条政基は自領の和泉国日根荘に滞在する。駿河の今川氏や周防の大内氏を頼って下向する公卿も多い。そうした中で三条西実隆・公条父子は京都を出ることはほとんどなかった。実隆の場合は、前節ですでに見たことではあるが、明応五年（一四九五　四二歳、大納言）に南都から吉野に行き、出家後、大永四年（一五二四　七〇歳）『高野参詣記』を著した高野山参詣の旅行がある。公条の場合は、右に見たように四回の奈良に旅行した春日祭参行と出家後の『吉野詣記』『三塔巡礼記』『石山月見記』の旅行である。

『吉野詣記』の行程を地図に示すと図2の通りである。――は行程、①～㉟は主な所在地、（）の数字は宿泊の月日、ゴシックは太子信仰にかかわる聖徳太子聖地、……は国境を示す。

天文二二年（一五五三）二月二三日京都発、①美豆御牧・②石田小野・③柞の杜・④大和国奈良坂を経て⑤奈良泊、二四～二五日奈良滞在、春日神社・興福寺・東大寺・西大寺・大安寺など参詣、二月二六日⑥在原寺（天理市）・柿本寺・⑦布留社を経て⑧長岡寺（長岳寺）泊、二七日長岡寺滞在、二八日⑨三輪・⑩長谷寺を経て⑪多武峯泊、二九日**⑫橘寺**・⑬安部文殊堂を経て⑭高田泊瀬寺（大和高田市）泊、三〇日⑮室（御所市）泊、三月一日室滞在、二日⑯紀伊國清水（橋本市）を経て⑰高野山泊、三月三日高野山参詣後、⑯清水を経て⑱絵堂（所在未詳）泊、三月四日⑲大和国高天寺（葛城高間山＝金剛山）に登り、⑮室泊、五日⑳六田・㉑吉野泊、六日⑳六田を経て⑭高田泊瀬寺泊、七日高田泊瀬寺滞在、八日**㉒当麻寺**・㉓染殿（染寺）を経て**㉔片岡清水明王院**泊、九日**㉕達磨寺**・**㉖法隆寺**を経て㉗龍田泊、一〇日**㉘信貴山**を越え㉙河内国八尾木泊、一一日**㉚大聖勝軍寺**・㉛摂津国住吉社を経て**㉜四天王寺**泊、一二日㉝水無瀬泊、一三日水無瀬滞在、㉞山城国男山八幡参詣、一四日㉟羽東師森

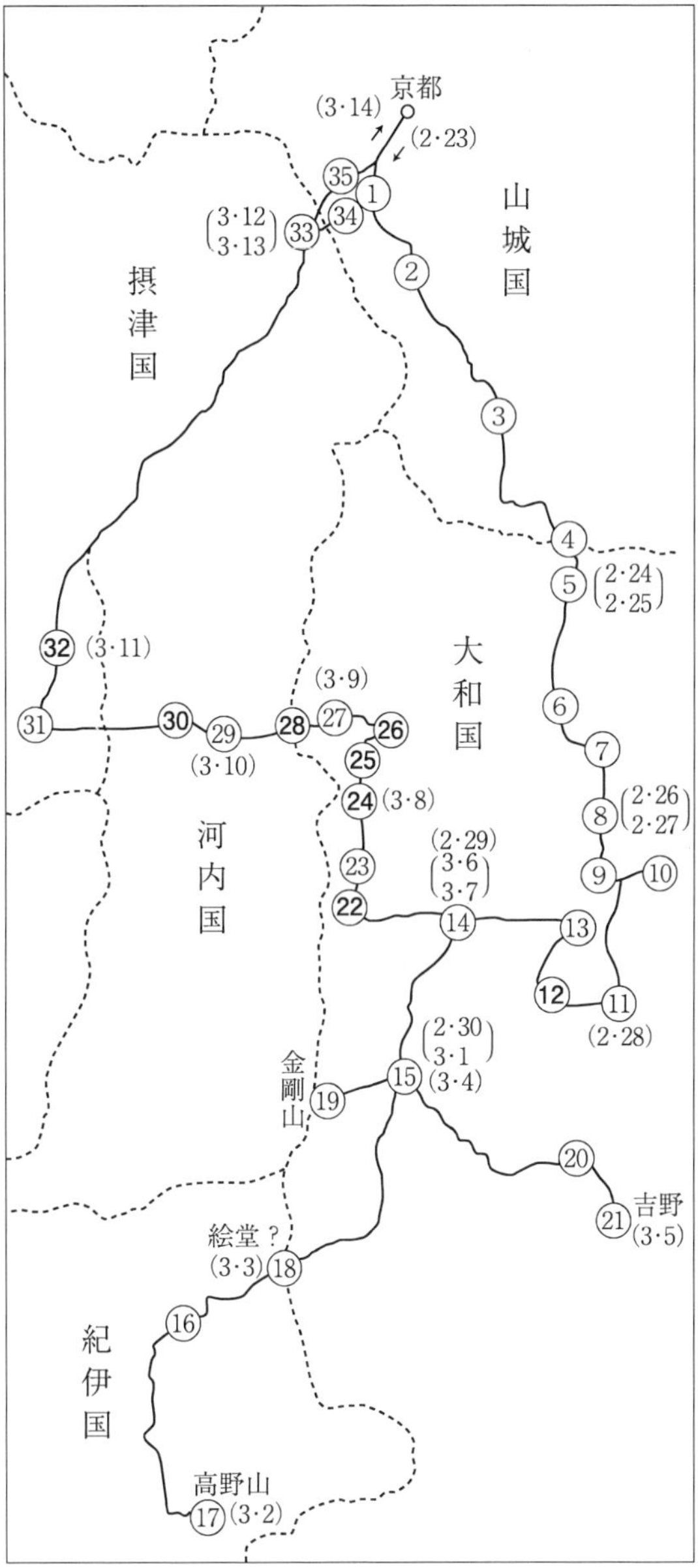

図2　『吉野詣記』行程地図（北谷幸冊・鈴木徳男・鶴崎裕雄「三条西公条『吉野詣記』（翻刻・校注）」参照）

を経て京都帰着。

以上、二二日におよぶ奈良・高野山・吉野・四天王寺を巡る『吉野詣記』の旅である。

五　『吉野詣記』の聖徳太子聖地探訪

以下、『吉野詣記』の行程に従ってゴシックで示した聖徳太子の聖地を訪ね、室町時代の太子信仰について考えてみたい。

⑫橘寺（高市郡明日香村橘、飛鳥寺や石舞台とともに飛鳥の観光名所の一つ）

前日、楊本（天理市柳本）を発った一行は、大御輪《おおみわ》寺（大神神社《おおみわじんじゃ》、桜井市三輪）、長谷寺（桜井市泊瀬）を経て多武峰寺（談山神社、桜井市多武峰）にいたり、宿泊する。翌日二九日、梟の声に目を覚まし、岡寺（奈良県高市郡明日香村岡）の観音菩薩を拝む。「卅三所のうちにて、誠に人の往来もしげく見えたり」とあって、西国三十三か所の霊場巡りの資料としても注目しておきたい。次に橘寺の記事になる。

橘寺にて太子の尊容拝《をが》み奉れり。あまたの内にすぐれさせおはしましけり。橘の木あり。その実さへ残りてかうばし。山を仏頭山と号して、石碑あり。その文、仏頭山の三字あざやかなり。今もつねにこの山には花降りぬるよし申しけり。折しも堂前の桜盛《さか》りなり。花の下にておのおの酒飲みけり。

法の花雲（空イ）に降らせし天つ風桜が上はいま心せよ

古寺の名にたち花やその葉さへ実さへ花さへ桜さへ咲く

これより飛鳥川《あすかがは》を渡り安部《あべ》の文殊堂《もんじゆだう》に参りけり。

橘寺は、現在、聖徳太子の誕生の地とされるが、中世には推古天皇の依頼で聖徳太子が『勝鬘経《しょうまんぎょう》』を講じた跡に建立された寺院として知られた。『聖徳太子伝暦』（『大日本仏教全書』七一、鈴木学術財団、一九七二年）推古天皇一四年七月条に、

秋七月、天皇詔太子曰、諸仏所説諸経演竟。然勝鬘経未具其説。宜於朕前講説其義。……講竟之夜、蓮花零、花長二三尺而溢方三四丈之地。明旦奏之。天皇大奇、車駕而覧之。即於其地、誓立寺堂。是今橘寺也。

とある。

㉒当麻寺（葛城市当麻）

橘寺に詣でた後、この紀行中の主目的であり、もっとも難所である高野山・金剛山・吉野を極め、高田泊瀬寺（大和高田市）に滞在して二〇首の当座の歌会をした。翌三月八日、当麻寺に参った。

当麻寺に参り、開帳し、瑠璃壇など巡り奉るに、浄土九品《くぼん》のさま、ものあざやかなり。

佐保姫の織れる衣は八重霞九品《ここのしな》には手や残しけん

染殿へ参る道に、……

当麻寺の文中には聖徳太子の関連記事は見えない。ここでは中将姫伝説の蓮糸の浄土曼荼羅拝見と中将姫を春の女神佐保姫に置き換えたような霞の衣を織るといった歌を記すだけであるが、天武天皇九年（六八〇）の当麻寺創建以前に禅林寺という寺院があったという。この禅林寺は、はじめ聖徳太子の弟麻呂子親王が二上山の西に創建し、麻呂子親王の子孫の当麻国見が現在の当麻の地に移築したと伝えられている。禅林寺の創建の地は、二上山の西、大阪府太子町で、そこには聖徳太子廟の叡福寺がある。創建者は聖徳太子の弟の麻呂子親王、創建地は聖徳太子廟のある叡福寺の地といい、当麻寺の前身という禅林寺の伝承は聖徳太子との縁が深いことに注意しておきたい。

㉔片岡清水明王院・朝原（香芝市今泉）

中将姫が蓮糸を染めたという染殿（石光寺、葛城市染野）に参り、片岡明王院で宿泊した。翌三月九日朝、明王院の院主が近くの歌枕朝原《あしたのはら》まで見送って暖め酒を振る舞った。

九日の朝出《い》で立ちぬるに、明王院の主《あるじ》、朝《あした》の原まで壺を携へて来たれり。向ひの峰など云ふ峰うち霞みて、まことに名ある所のさまなり。人々歌あり。

霞みける朝の原は曙《あけぼの》の春を向ひの峰に残して
起き出づる朝の原の余波《なごり》あれや春の一夜《ひとよ》を臥《ふ》せる旅人　紹巴

今朝しも余寒けしからざるに、暖め酒にあらざる盃をひかへて、

春ながら身にしみけりな呑みこめば朝の原は冷酒《ひやざけ》にして　紹巴

朝の出で立ち、常よりもとりつくろひたるに、朝のはらと詠めるはいかゞとて、かの人には代はりて申しけり。

しなてるや片岡ほどの飯《いひ》を食ひて朝の原といかで言ふらん

おのおの頤《おとがひ》を解《と》きて立ち別れぬ。

朝原は香芝市から王寺町にかけて連なる片岡という丘陵の一部か。現在、宅地開発が進み、西大和ニュータウン・月岡台など大阪に通勤するベッドタウンが広がっている。また朝原は大和国の歌枕である。『歌枕名寄』（古典文庫）よりその一部を紹介しておく。

『古今集』巻五　読人不知
霧たちて雁そなくなる片岡の朝の原は紅葉しぬらん

『拾遺集』巻一　平祐挙
春たちて朝の原の雪みれはまたふる年の心ちこそすれ

『拾遺集』巻一　人丸
あすからは若菜摘まんと片岡の朝の原はけふそやくめる

『金葉集』巻一　長実

いつしかと春のしるしにたつものは朝の原の霞なりけり

『千載集』巻一　源俊頼

春の来る朝の原を見渡せは霞もけふそ立ちはしめける

このように歌枕の片岡の朝原であるが、太子伝中、聖徳太子と飢えた旅人（達磨大師）との有名な問答歌の舞台でもある。公条は片岡の朝原では聖徳太子については記していないが、狂歌風の四つ目の歌「しなてるや片岡ほどの飯《いひ》を食ひて……」は飢えた旅人が前提にあって、飢えた旅人がいたという片岡の丘陵ほどに飯を食いながら、朝飯前の空き腹の朝腹と同じ朝原とは何事だ、と詠んだ滑稽歌に一同は顎がはずれるほど笑って別れた。

聖徳太子と飢えた旅人の話は古く、まず『日本書紀』（岩波日本古典文学大系六八）巻二二、推古天皇二一年一二月条に見える。

十二月の庚午《かのえうま》の朔《ついたち》に皇太子《ひつぎのみこ》、片岡に遊行《い》でます。時に飢者《うえたるもの》、道の垂《ほとり》に臥《こや》せり。仍りて姓名《かばねな》を問ひたまふ。而《しか》るに言《まう》さず。皇太子、視《みそなは》して飲食《をしもの》与へたまふ。即ち衣裳《みけし》を脱ぎたまひて、飢者に覆ひて言《のたま》はく、「安《やすら》に臥せれ」とのたまふ。則ち歌ひて曰はく、

しなてる　片岡山に　飯《いひ》に飢《ゑ》て　臥《こや》せる　その旅人《たびと》あはれ　親無しに　汝生《なれな》りけめや　さす竹の　君はや無き

飯に飢て　臥《こや》せる　その旅人あはれ

とのたまふ。辛未《かのとひつじ》に、皇太子、使《つかは》を遣して飢者を視《み》しめたまふ。使者、還《かへ》り来《まうき》て曰《まう》さく、「飢者、既に死《みまか》りぬ」とまうす。爰《ここ》に皇太子、大きに悲《かなし》びたまふ。則ち因《よ》りて当《そ》の処に葬《をさ》め埋《うづ》ましむ。墓固封《つかつきかた》む。数日《ひ》之後《へて》、皇太子、近く習《つかへまつ》る者を召して、謂《かた》りて曰はく、「先の日に道に臥《ふ》して飢者、其《そ》れ凡人《ただびと》に非じ。必ず真人《ひじり》ならむ」とのたまひて、使を遣して視《み》しむ。是に、使者、還り来て曰《まう》さく、「墓所《つかどころ》に到りて視れば、封《かた》め埋《うづ》み

しところ動かず。乃《すなは》ち開きて見れば、屍骨《かばね》既に空《むな》しくなりたり。唯衣服《みけし》をのみ畳みて棺の上に置けり」とまうす。是《ここ》に皇太子、復《また》使者を返して、其《そ》の衣《みそ》を取らしめたまふ。常の如く且服《またたてまつ》る。時の人、大きに異《あやし》びて曰はく「聖の聖を知ること、其れ実《まこと》なるかな」といひて、逾惶《いよいよかしこま》る。

以下、『万葉集』・『拾遺和歌集』・太子伝（ここでは『聖徳太子伝暦』を引用する）などに聖徳太子と飢えた旅人の問答歌が載る。まず『万葉集』（岩波日本古典文学大系四）巻三の挽歌を見る。

上宮聖徳皇子、竹原井に出遊《い》でましし時、龍田山の死人を見て悲傷《かなし》びて作りましし御歌一首

　家にあらば妹《いも》が手まかむ草枕旅に臥《こ》やせるこの旅人あはれ

『拾遺和歌集』（岩波新日本古典文学大系七）巻二〇の哀傷に見える。

聖徳太子、高岡山辺道人《あうじん》の家におはしけるに、餓《うゑ》たる人、道のほとりに臥《ふ》せり。太子の乗り給へる馬、とゞまりて行かず。鞭《ぶち》を上げて打ち給へど、後《しり》へ退《しりぞ》きてとゞまる。太子すなはち馬より下りて、餓へたる人のもとに歩み進み給ひて、紫の上の御衣《ぞ》を脱ぎて、餓人の上に覆ひ給ふ。歌を詠みて、のたまはく、

　しなてるや片岡山《かたおかやま》に飯《いゐ》に餓《（ゑ）》へて臥せる旅人あはれ親なし
　　になれなれけめや、さす竹のきねはやなき、飯に餓《（ゑ）》へて、臥《こや》せる旅人あはれあはれといふ歌也

餓人頭《かしら》をもたげて、御返しを奉る

　いかるがや富緒河《とみのをがわ》の絶えばこそ我が大君の御名を忘れめ

『聖徳太子伝暦』推古天皇二一年一一月条には次のようにある。

入於片岡山辺道人家、即有飢人臥道頭。……太子歩近飢人之上臨而語之。可怜々々。何為人耶。如此而臥。即脱紫御袍覆其人身。賜歌曰、

科照耶　片岡山邇　飯飢而　臥其旅人　可怜祖无邇

飢人起首、進答歌曰七代記云、飢人者若達磨歟

　怒鹿之　富小川之　絶者社　我王之　御名者忘目

右のうち、『万葉集』は「竹原井に出遊《い》でましし時、龍田山の死人を見て」とあって、竹原井を大阪府柏原市の高井田とし、信貴山の南麓、龍田越えの道筋とする注釈もある。

㉕達磨寺（北葛城郡王寺町本町）

片岡の朝原で明王院院主と別れた後、公条たちは達磨寺に向った。

これより達磨寺に参りぬ。達磨・太子の像並びおはしけり。傍らに二の大石あり。一つは伏したる石にて達磨の姿を残し、一は立ちたる石、太子の御形《かたち》と申せり。これより向ひに一の石あり。春日大明神影向《やうがう》の石といへり。

前引の『聖徳太子伝暦』の注記に「七代記云、飢人者若達磨歟」とあって、飢えた人が達磨大師の化身であったとする。以後、飢え人が達磨大師で聖徳太子と問答をしたという伝承が発展する。鎌倉時代の弘安六年（一二八三）に成立した『沙石集』（岩波日本古典文学大系八五）巻五末「権化ノ和歌ヲ翫給《もてあそびたまふ》事」に、

聖徳太子ハ……或時、片岡山ヲスギ給ヘルニ、御馬ス、マズ。アヤシミヲナシテミ給ヘバ、異相ノ僧一人飢《うゑ》テフセリ。御馬ヨリ下リテ、御物語アリテ、紫ノ袍《うへのきぬ》ヲヌギテ被ヒ、又和歌ヲタマヒケリ。

シナテルヤ片岡山ニ飯《いひ》ニウヱテフセル旅人アワレ親ナシ

御返事、

イカルガヤ富《とみ》ノ緒河《をがわ》ノタエバコソワガオホキミノ御名ハワスレメ

彼ノ飢人ハ達磨大師ナリ。平氏ガ太子伝ニミエタリ。

とある。『聖徳太子伝記』東大寺本（文保本太子伝『聖徳太子全集』三、龍吟社、一九四四年）に、

時ニ飢人挙頭奉見太子、々々即知達磨ノ変作、而温語親密也。

とある。伝承が次々とつけ加えられる過程がわかる。

南北朝時代末期の禅僧義堂周信の日記『空華日用工夫略集』（『続史籍集覧』三）嘉慶元年（一三八七）九月一五日条に、

君忽召妙詮侍者曰、持太子伝来否、曰持来、即自懐中拈出、君乃命余読之五六紙、転読至與達磨相見処、感歎不已、曰吾将與行達磨寺、略読伝罷、

とある。「君」は将軍足利義満である。義満のお召しで義堂周信が太子伝を持って参上した。義満は「太子伝」を読ませて感激し、達磨寺に行きたいといったというのである。当時の太子信仰の一端をうかがう記事である。

達磨寺の本堂の脇に二つの石があり、立った石を聖徳太子、横たわる石を達磨大師の姿と伝えている。この達磨寺の境内には横穴式石室の後期古墳が三基あり、達磨寺一号墳・二号墳・三号墳という。一号墳・二号墳は本堂の北東にあって、一号墳は石室の入り口が開いていて、内部を見ることができる。いかにも達磨を埋葬し、改めて使者が確かめに行ったという話にふさわしい情景である。三号墳は本堂の下にある。というより、本堂が三号墳の古墳の上に建てられている、いわゆる墓堂形式の建築である。実は近年、達磨寺は本堂・境内、すべて装いを新たにし、それまで神仏習合の名残りのようであった本堂も立派に改築を終え、周りの基盤も御影石で囲んでいる。そのため、以前は本殿の床下から覗くことができた古墳の横穴式石室の入り口は隠されたままになっている。

㉖法隆寺（生駒郡斑鳩町法隆寺）

達磨寺の後、公条一行は法隆寺へと急ぐ。

さて法隆寺にと心ざしけり。南無仏の御舎利出《い》で給ふ時刻定まれり。遅くもやとて、駒打ち早め参りけるに、舎利《しやり》講式《かうしき》三段読まれたる時分にて聴聞随喜せしに、事の終りに舎利出でおはしましけり。この寺の脇坊とて年老《ねんらう》とをぼしき人、内陣へ参るべきよし申せしかば、参りて霊宝ども拝み奉る。様々の物あり。中にも梵網《ぼんまう》経《きよう》、御身の皮を外題《げだい》の紙に用ひ、御血にて銘をあそばしたる御経、たぐひなし。

法隆寺が聖徳太子の創建によることは改めて述べるまでもない。法隆寺の太子信仰の中心は、二歳の時、聖徳太子が南無仏と唱えると掌中に入ったという釈迦仏の御舎利（眼）、または聖徳太子が胎内より持ち来て、二歳の時、南無仏と唱えると掌中から出たという釈迦仏の舎利を崇拝することである。定まった時刻に「舎利講式」が読まれ、参拝者は布に包まれた御舎利を頭上に頂戴した。

㉘信貴山（朝護孫子寺、平群郡平群町）

三月一〇日、龍田での宿泊の翌朝、信貴山に登る。

信貴山に至りて、福生院と云ふ伴ひ来ける。毘沙門堂に着きて、かの名も便りありとて、本堂に上がりぬ。懸造《かけづく》り三方残る所なく見えて、勝境《しようきやう》たぐひなし。これより河内国八尾木の金剛蓮寺《こんがうれんじ》と云ふ寺をさして行き着きにけり。

信貴山では、公条は崖縁にせり出して建てられた懸造の本堂からの眺望を記すだけであるが、この寺院、朝護孫子寺には、寅歳寅月寅日、聖徳太子が信貴山で毘沙門天王の感得を受けたという伝承がある。『諸寺縁起集』菅家本（藤田経世編『校刊美術史料』寺院篇上、中央公論美術出版、一九七二年）に、

本尊昆沙門天王也……又聖徳太子為誅守屋大臣、於此山而為祈禱、奉造四天王像、以勝軍木造之、其時件昆
　沙門神体現給云々、巨細在太子伝、

とある。また朝護孫子寺には、未見ではあるが、守屋合戦を描く絵巻『太子軍』を所蔵するという。

もう一つ、興福寺大乗院門跡尋尊の日記『大乗院寺社雑事記』康正三年（長禄元年　一四五七）三月八日条の記事を紹介しておきたい。

一、信貴山塔婆造立ノ捧伽（奉加）帳、彼寺勧進聖持参、別当ニテ御座候間一番ニ御判ヲ申出候、又御門下ニ被仰付御判候者、可畏入之由申入之、先予加判、別当僧正判と書了、抑信貴山ハ聖徳太子ノ開白（開闢）、於平山者希代之在所也、巨細之趣ハ太子伝ニ見タリ、此在所事山（菩提）本願御相承之地也、仍代々当門跡知行シテ、于今無相違者也、

信貴山に塔を建立しようとする勧進聖の頼みで、奉加帳の最初に大乗院門跡尋尊が加判した。これは信貴山の在所が大乗院の配下の菩提山の継承の地で、大乗院門跡が代々知行していたためであり、信貴山は聖徳太子開闢の寺、詳しくは『太子伝』に見えたりとある。

㉚大聖勝軍寺（大阪府八尾市太子堂）

信貴山を西へ下り、河内国八尾木（八尾市）の金剛蓮寺で宿泊、翌三月一日、大聖勝利軍寺に参る。これより神妙椋《しんべうむく》の木のある寺に参り、かの木のもとを拝み、本堂へ参り、太子の御影《みえい》開帳はなきよし語りしかど、案内知れる人、ひそかに申して、開きけり。

また

　隔ておく帳かかげて椋の木のむくつけきまで向ふ俤

いにしへの跡も木深き中とても駒引き向くる春の若草

大聖勝軍寺は「下太子」と呼ばれる。これに対し聖徳太子廟がある叡福寺（太子町）を「上太子」、野中寺（羽曳野市）を「中太子」と呼ぶ。叡福寺については第二節で述べた。公条は、せっかく河内国まで来ているのに、なぜ聖徳太子廟を参詣しないのかと思う。

大聖勝軍寺は、物部守屋の稲城《いなき》の地で、蘇我馬子と守屋が崇仏排仏をめぐって争った守屋合戦の時、馬子に味方して窮地に陥った聖徳太子が身を隠した椋《むく》の木で有名である。山号を「神妙椋樹山」という。明応二年（一四九三）細川政元が将軍義材に背いた時の『明応二年御陣図』（福智院家古文書）に「勝軍寺ムクノ木」と書き込まれている。また太子堂には、六〇年に一度の開帳という秘仏植髪太子がある。ほかに、いずれも室町時代の作といわれる寄木造の聖徳太子孝養像・絹本着色の聖徳摂政像（衣冠束帯像）が、寺院の東には守屋を祀った守屋塚がある。神妙椋の木にかかわる諸書のうち次の二書を掲示する。

『聖徳太子伝記』東大寺本（前掲）、

櫚木ノ本俄ニ二ニ破割中洞ヲ顕ケリ、太子悦テツト入セ給ヘハ……時ニ太子向彼木云ク、汝雖非情物今日既助我也、此忠恩ヲハ後日ニ不可忘、神妙也、櫚木神妙也ト再被仰含、依之今ニ神妙櫚木ト申也、依其時ノ御約束、世静後ニ建立伽藍為彼霊木ノ所依也、本尊ハ太子十六才ノ御影也、河内国神妙櫚木ノ太子堂ト申テ、至末代之今有之律院也、太子末代マテ報彼木恩事有口伝異説云、依野原曰野中寺又曰大聖勝軍寺也。

『大聖勝軍寺略縁起』康正元年（一四五五）一〇月二二日条、

椋樹山大聖勝軍寺と号し、椋樹をもてミつから十六歳の像及ひ四天王の像を摸し、此道場に安置し給ふ、しかのミならす日々影嚮の儀をあらハさんとて裸身の像を刻ミ、ミつからの髪をもて頂髪とし、永く生身を万世に留給ふとそ、そのいにしへの椋樹の末今庭苑に残り……

物部守屋との合戦で一時敗走した太子が椋の木に隠れ、信貴山毘沙門天に四天王を祀ると祈願して難を逃れたという伝承は前の信貴山の項で見た。付近には、物部守屋墓、物部氏の祖神を祀る渋川神社、守屋合戦の戦場となった稲城跡ほか、物部一族阿刀《あと》氏の祖神を祀る跡部神社など守屋関連の伝承地がある。

㉜ 四天王寺（大阪市天王寺区）

大聖勝軍寺に続いて摂津国の住吉社を参詣し、住之江の景色を楽しんだ後、四天王寺に着く。到着後、寺院の所々を参拝し、翌、三月一二日にも御舎利を頂戴する。

天王寺に赴き、知る便りもなくはいかがとおぼえしに、ただ今の別当なる、大覚寺の御内野路井と云ふ人に行きあひてければ、薬師寺と云ふ所に宿りして、様々のもてなしあり。誠に太子の出で迎ひ給へるかとぞ覚えし。かつは、別当の御心ざしのゆゑとぞおぼえ侍る。やがて所々拝みて帰りぬ。亀井の水のもとにて神仏亡者などに水を参らせて、

　悪しき道六《む》つを隠せる亀の水五つの濁りここに澄まなむ

暁、難波寺《なにはでら》の鐘とて心も澄ますべきを、日ごろの疲れにや聞かざりしを、紹巴おどろかしけり。いぎたなき漸愧の思ひをなせり。

　帰るべき道しるべして仮り枕夢殿近き鐘の声々

十二日、今日、水無瀬《みなせ》までまかるべき程遠しとて急ぎけるに、この寺の舎利《しゃり》、毎日巳《み》の刻に出でさせ給へども、かの別当の御使《つかひ》たる人ことわり申して、朝のほどに出だし奉り、頂戴、随喜《ずいき》限りなし。寺僧、物語していふやう、この舎利は七仏の毘婆尸仏《ひばしぶつ》の双眼《さうげん》なり。普広院の御時、都へ召し上《のぼ》せられしかば、その間亀井

の水止まりて、御帰りのほどより元《もと》のごとく出でける事、また本尊、近き乱に砕け給ひしを続《つ》ぎ奉るに、御足いささかふみちがへて続ぎ奉るに、一夜の間に居直らせ給ふことなど、近き世にもかやうの不思議あるよし語りけり。

秋野といふ人、道まで送りにとて、楼《ろう》の岸、渡辺・大江まで酒を持たせて来り、川のほとりにて数杯をかたぶけ、輿《こし》にて、夕つ方、山崎水無瀬に着きにけり。

四天王寺も、聖徳太子創建の伝承の寺院であることは改めて述べるまでもない。公条が四天王寺に着いた時、「知る便りもなくはいかがとおぼえしに」というのは文章の彩《あや》、文学的表現であろう。謡曲の旅僧たちが訪ねる名所で出会った上地人から由緒を聞くパターンであろう。当時、天文二〇年（一五五一）から永禄八年（一五六五）まで、天王寺別当は大覚寺義俊である。『お湯殿上日記』天文二〇年一〇月（続群書類従　補遺三）に、

廿八日……てんわう寺へつたうの事、大かく寺とのへとふけより御しつそう申されて、ちよつきよにて、ふけより御れいとて、十てう、御かうはこまいる。大かく寺殿より五かう五かまいる。

とある。公条たちは、別当義俊の家僕で、四天王寺に駐在していた執事の野路井某を訪ねたのである。

亀井の水は歌枕で、例えば『新古今和歌集』巻二〇　釈教の、

天王寺のかめ井のみづを御覧じて　　上東門院

にごりなきかめ井の水を結びあげて心のちりをすゝぎつる哉

などがある。

法隆寺の信仰の中心が南無仏の御舎利頂戴であることは述べた。これに対し四天王寺の信仰の中心は、聖徳太子の手印が押されているという『四天王寺御手印縁起』や、『太平記』巻六にある正成が披見した『天王寺未来

記』である。しかしこの公条の紀行にはこうした文書の記事はなく、法隆寺と同じく御舎利頂戴である。
公条は足利義教（普広院）時代の奇跡譚を聞いて四天王寺を去り、帰途につくのである。

六　太子信仰・天神信仰と巡礼や参詣道の研究

今回、はからずも『太子信仰と天神信仰の比較研究』の研究会に参加し、今までの研究の応用ではあるが拙稿を提出することとなった。

はじめ、平成一八年三月提出の研究成果報告書『太子信仰と天神信仰の比較研究――信仰と表現の位相――』（基盤研究B―1）には「室町時代の太子信仰――三条西公条『吉野詣記』に見る巡礼――」と題し、太子信仰のみに視点を置いて論じたのであるが、今回の出版を機に宗祇の『筑紫道記』に見る天神信仰も加えた。理想的には紀行文における太子信仰と天神信仰の比較を試みたいのであるが、結論を先にいえば、『筑紫道記』と『吉野詣記』の二つの紀行文からは、ただ天神信仰にかかわった紀行、太子信仰もうかがわれる紀行というだけで、信仰の形態や巡礼などに共通するものがあるわけではない。中世には太子信仰や天神信仰の巡礼や参詣道が整っておらず、その後、近世においてもあまり発展は見られないのである。

鎌倉時代、第四節で記した藤原経光の『民経記』には、四天王寺と叡福寺を続いて参詣する記事が見えるが、これが後世に固定化したわけではない。巡礼や参詣道といえば、すでに平安時代前期からはじまっていた熊野詣や平安時代後期には行われたという京都の七観音詣が先行する。西国三十三か所の初見史料は康正元年（一四五五）という（『国史大辞典』六）。これらに較べると太子信仰や天神信仰の巡礼や参詣道は発展することがなかった。むしろ太子信仰と天神信仰は絵巻や掛け軸を用いた絵解きに共通点が見られるが、これはほかの研究論文に譲ることとする。

『筑紫道記』と『吉野詣記』を通して、もっとも関心のあることは巡礼の有無である。太子信仰には、第三節で見たように、四天王寺から叡福寺（御廟）に巡拝するコースや、第五節で詳しく見たように飛鳥・達磨寺・法隆寺・大聖勝軍寺・四天王寺を巡拝するコースがあった。これに対し、天神信仰に巡礼はあったのであろうか。例えば京都の北野神社を出て太宰府配流の道筋を辿り、安楽寺（太宰府天満宮）にいたる巡礼や参詣道などがあったであろうか。

巡礼は、平安時代以降の熊野詣や高野参詣がよく知られている。中世の武将には伊勢神宮に参詣する者も多かった。近世には西国三十三か所や四国八十八か所のお遍路が盛んとなった。今後の課題として、さまざまな巡礼や参詣道を比較することによって、太子信仰や天神信仰の特色を考えてみたい(9)。

冒頭にも述べたように、わが国の世界文化遺産の一つに「紀伊山地の霊場と参詣道」が加わった。平成一六年（二〇〇四）七月一日、中国蘇州で開かれた第二八回世界遺産委員会で、吉野山や高野山・熊野三山の霊場と参詣道が世界遺産として採択されたのである。吉野山大峰の霊場として吉野山・金峯山寺《きんぷせんじ》・大峰山寺《おおみねさんじ》など、熊野三山の霊場として熊野本宮・速玉大社・那智大社など、高野山の霊場として金剛峯寺・慈尊院・丹生官省符神社など、参詣道として大峯奥駆道・熊野中辺路・高野山町石道などがあげられ、世界遺産条約（世界の文化遺産及び自然遺産の保護に関する条約）登録されたのである。これを機に霊場や参詣道に対する関心が高まり、新たな研究も始まっている(10)。

本稿では、室町時代の天神信仰と太子信仰がうかがわれる二つの紀行、宗祇の『筑紫道記』と三条西公条の『吉野詣記』をとりあげ、その伝承地や遺跡の現地探訪を試みた。この拙稿が今盛になっている霊場や参詣道の新たな研究に役立てば幸いである。

(1) 金子金治郎氏『宗祇旅の記　私注』(桜楓社、一九七〇年)。

(2) 川添昭二・福田秀一氏校注『筑紫道記』(新日本古典文学大系五一『中世日記紀行集』、岩波書店、一九九〇年)。

(3) 金子氏注(1)前掲書、同『宗祇の生活と作品』(桜楓社、一九八三年)、島津忠夫氏『連歌師宗祇』(岩波書店、一九九二年。のち、『島津忠夫著作集』四再収、二〇〇五年)。

(4) 拙稿「大内氏領を往く正広と宗祇――『松下集』と『筑紫道の記』を中心として――」(『帝塚山学院短期大学研究年報』二一、一九七三年)。

(5) 『吉野詣記』の諸本には東京大学国文学研究室本(『吉野詣記』)・神宮文庫本(『吉野詣記』)・祐徳稲荷神社中川文庫本『桑弧』(『高野参詣記』)・島原市松平文庫本(『称名院道中記』)・国文学研究資料館本(『称名院道中記』)・『拾遺意行』(宮川道達編、元禄六年(一六九三)刊『吉野詣記』)などがある。

(6) 近代以降の活字本には、『群書類従』巻三三八・一八輯(続群書類従完成会、一九五九年)、北谷幸冊・鈴木徳男・鶴崎裕雄「三条西公条『吉野詣記』(翻刻・校注)」(『相愛女子短期大学研究論集』三三、一九八六年)、伊藤敬氏校注・訳『吉野詣記』(新編日本古典文学全集四八『中世日記紀行集』、小学館、一九九四年)、『高野参詣記』(福田秀一・井上敏幸氏編『桑弧』三、古典文庫六五八、二〇〇一年)などがある。

(7) 右の伊藤氏校注『吉野詣記』。

(8) 拙稿に「三条西公条『吉野詣記』と太子信仰――信貴山・八尾勝軍寺・四天王寺――」(『帝塚山学院短期大学研究年報』四〇、一九九二年)があって、今回の本稿はこの拙稿を補填するものである。なお太子信仰について本稿は以下の研究論文などを参考にした。『国文学　解釈と鑑賞　特集聖徳太子伝の変奏』(至文堂、一九九九年)、牧野和夫氏『中世の説話と学問』(和泉書院、一九九二年)、高橋昌明氏『酒呑童子の誕生』(中公新書、一九九三年)、上野勝己氏「聖徳太子墓を巡る動きと三骨一廟の成立」(『竹内街道歴史資料館館報』三、一九九七年)、東京都美術館ほか編『聖徳太子展』図録(NHK、二〇〇一年)、竹居明男氏編著『天神信仰編年史料集成――平安時代・鎌倉時代前期篇――』(国書刊行会、二〇〇三年)、同『北野天神縁起を読む』(吉川弘文館、二〇〇八年)。

（9）菅原道真仮託の『菅家須磨記』は、九州配流の途中、須磨までの紀行で、本居宣長が『玉勝間』で偽書としてとりあげ、中村幸彦氏も「擬作論」（『中村幸彦著述集』一四「一　書誌学雑談」）中に論じているが、これなど江戸時代に創作された一種の天神信仰に結びつく紀行文といえよう。

（10）例えば、二〇〇五年設立の国際熊野学会などがある。

［付記］本稿執筆にあたり、木屋瀬の扇天神については、北九州市立自然史・歴史博物館の有川宜博氏・長崎街道木屋瀬宿記念館の讃井智子氏のご教示を得、お世話になった。『菅家須磨記』については、妹尾好信氏の研究発表「『菅家須磨記』の成立と流布についての憶測」（国文学研究資料館基幹研究A「王朝文学の流布と継承」二〇〇九年五月二二日）よりお教えを得た。感謝する次第です。

太子信仰と天神信仰
——真宗史の視点から——

髙島幸次

はじめに

太子信仰と天神信仰の比較史研究には、さまざまな角度からのアプローチが可能である。宗教思想史の立場なら、聖徳太子が人として信仰されたのに対し、菅原道真が神として信仰されたことに着目して、その形成過程を明らかにすることは興味深い。また、民間信仰史なら、太子信仰が太子個人への崇敬が強いのに対し、天神信仰は道真個人への崇敬だけに留まらず、平安社会の多様な不安が仮託されていることに着目して、両信仰の受容層や祈願内容を比較することも意義があろう。さらに美術史からは、両信仰から派生した膨大な絵画・彫像などの比較により、宗教美術の新しい系譜の一端を示せるかもしれない。

しかしながら小論では、そのような直接的に両信仰を比較する立場はとらない。真宗を媒体として、太子信仰と天神信仰を比較しようとしている。周知の通り、真宗寺院の多くが、弥陀の左右に「七高僧像」とともに「太子像」を掛けているように、真宗において太子は重要な位置づけを与えられている。また、真宗が「神祇不拝」

を教義とするにもかかわらず、その門主や連枝が天満宮に「参拝」しているように、真宗にとって天神信仰も特別な意味を持っていた。

そこで、太子信仰と天神信仰を比較するにあたり、真宗という第三の視座を設定することにより、わが国の宗教風土における弥陀と太子・天神の位置づけを試みようというのが、小論のねらいである。

一　真宗と太子信仰

（一）親鸞の太子鑽仰

平安末期から鎌倉初期にかけての末法思想と結びついた社会不安は、新仏教の興隆と、南都仏教の復興をもたらした。その仏教への関心の高まりは、わが国の仏教受容に大きな功績を果たした聖徳太子への崇敬を高めることとなった。なかでも親鸞の太子に対する鑽仰はきわだっていたという[(1)]。

親鸞の太子鑽仰について述べるには、六角堂参籠からとりあげるべきだろう。建仁元年（一二〇一）、二九歳の親鸞は六角堂（頂法寺）で百日参籠を行い、九五日目に太子示現の文を感得したと伝えられる。その結果、親鸞は東山吉水の法然を訪ね、専修念仏の信仰に入ったというのだから、太子示現は、親鸞の生涯における最大の転機ということになろう。

しかし親鸞自身は、六角堂における個人的な体験への感謝というよりは、仏教興隆をもたらした恩人として太子を鑽仰したとされる。「大《だい》日《に》本国《ほんこく》粟散《ぞくさん》王《おう》聖徳《しょうとく》太子《たいし》奉讃《ほうさん》」で、太子を「和国の教主」と讃えるごとくである[(2)]。

和国ノ教主聖徳皇、広大恩徳謝シカタシ、一心ニ帰命シタテマツリ、奉讃不退ナラシメヨ

このほかにも、親鸞の太子鑽仰をものがたる和讃は数多い。建長七年（一二五五）、親鸞八三歳の「皇太子聖

徳奉讃」には七五首が、翌々年の「大日本国粟散王聖徳太子奉讃」には一一四首が、最晩年の「正像末和讃《しょうぞうまつわさん》」には一一首が収められている。

親鸞の晩年において太子鑽仰の和讃が多くみられることについては、宮崎圓遵が善鸞事件の影響を指摘している。東国において異義を説いた息男の善鸞を義絶した親鸞の心理が、太子鑽仰の念を強めたというのである(3)。たとえば次のような和讃がある(4)。

> 如来ノ遺教ヲ疑謗シ、方便破壊セムモノハ、弓削ノ守屋トオモフヘシ、シタシミチカツクコトナカレ

親鸞には、このほかにも物部守屋の異義を厳しく批判した和讃が少なくない。仏教を排斥した守屋を難詰することにより、それと対峙した太子を鑽仰するレトリックは、たしかに善鸞の義絶と深くかかわるように思える。

さらに宮崎は、親鸞が布教した東国の門弟たちに太子信仰が盛んだったことをふまえて、次のように指摘する(5)。

> 元来東国には太子信仰が盛んなので、聖人の門弟も同様に早くから太子敬慕のこころが深かったものと思われます。そうしたところへ、聖人が赴かれたのですから、聖人によって彼らの太子尊信は一層啓発されたでありましょうが、また聖人の教化には、太子信仰が一つの媒体をなしている点があろう、と思われます。

親鸞が、太子信仰を真宗布教の媒体としていたという指摘は重要である。その具体的な様子については、高田派一〇世真慧が『顕正《けんしょう》流義鈔《りゅうぎしょう》』に記録している。

> 親鸞上人当流弘通ノハシメハ、坂東ヒタチノクニ、カサマイナタトイフトコロナリ、カノテラノ本尊聖徳太子ニマシマスナリ、コレイマニアリ、流義ノ上人、ステニ皇太子ヲ本尊トシテ仏法ヲヒロメハシメタマフナリ(6)

親鸞が関東教化の拠点とした常陸国笠間郡稲田郷の寺は、太子像を本尊としており、「流義ノ上人」すなわち

親鸞自身も、太子を本尊として布教していたというのである。宮崎の指摘するように、親鸞晩年の太子鑽仰に善鸞事件の影響が認められるとしても、親鸞にとっては、すでにはやく東国布教の時点から太子信仰は布教のための重要な媒体だったのである。

このようにみてくると、親鸞の太子鑽仰には、①太子示現、②東国布教、③善鸞義絶、という三つの契機があったことがわかる。このうち第一義的な契機は、②の東国布教である。親鸞は自身の教義が、①の太子示現によって導かれたからという理由で、わざわざ太子信仰の盛んな東国を布教の地に選んだわけではない。それは越後流罪の結果でしかなかった。換言すれば、時系列的には①から②の順にみえるが、現実には、太子示現は親鸞が没してから恵心尼の書状に登場するのである。[7] また、③の善鸞の異義を守屋の仏教排斥になぞらえたのは、それ以前から、すなわち②の時点から太子を鑽仰していたことが前提となっている。

それにしても、布教しようとした東国に、ほかならぬ太子の信仰が盛んであったことは親鸞にとって幸いであった。なぜなら、太子は観音の垂迹《すいじゃく》とされるからである。「聖徳太子内因曼陀羅」は、「彼ノ太子ハ本地観音」であり、「仏法伝燈ノ大祖」だといい、法然についても「日本国ノ念仏ノ祖師」であり、「其ノ本地ヲ尋ヌレハ大勢至菩薩」だという。[8] このような太子と法然の位置づけについては、井上鋭夫も次のように指摘する。[9]

> 「和国の教主聖徳王」の本地は救世観音菩薩であり、「大師聖人（法然）すなはち勢至の化身、太子又観音の垂迹なり。是の故にわれ二菩薩の引導に順じて如来の本願を弘むるにあり。真宗因茲興じ、念仏由斯煽也」（『御伝鈔』）となるべきものであった。「抑太子観音。観音弥陀戴頭上。即弥陀第一弟子也。」（『私聚百因縁集』和朝之篇、『大日本仏教全書』）であって、四天王寺念仏と結びつき、念仏門の先達とされていたのである。

親鸞が阿弥陀如来の脇侍である観音（太子）と勢至（法然）に導かれたことを図式化すると次のようになろう。

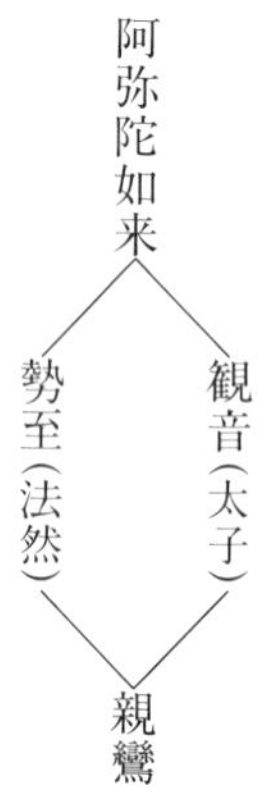

本来の「如来―勢至(法然)―親鸞」のラインを疎外することなく、「如来―観音(太子)―親鸞」のラインを位置づけられるのだから、真宗にとっては好都合であった。また、太子を信仰する人々が、親鸞の教えを受け入れやすい図式であったともいえよう。(10)

なお、法隆寺金堂の本尊である釈迦像の銘に太子とする思想がみえるが、これは真宗にとっては不都合であった。太子が釈迦であるなら、「如来―勢至(法然)―親鸞」のラインとの整合性が図れないからである。

(二) 方便としての太子信仰

親鸞が太子信仰を媒体として東国に布教したことは、初期の真宗寺院に残る太子像からも裏づけられる。宮崎は、初期の真宗寺院に伝わる太子像について次のようにいう。

> 真宗の古寺を訪れてみると、鎌倉時代末期から南北朝・室町時代初期、すなわち初期真宗に造られた太子像が、なお少なからず伝わっている。それらには木彫もあり、画像もある。木彫には童形の南無仏太子を初め、孝養太子や笏と柄香炉とをもつもの、その他いろいろの様式がある。(11)

真宗の古寺に伝わる太子像が、バリエーションに富んでいることは重要である。単に太子像を安置していただけではなく、教化の媒体として積極的に活用されていたことをうかがわせるからである。さらに宮崎は、太子画像も真宗寺院において独特の発展を遂げたという。(12)

> 少なくとも鎌倉時代末期には、真宗において太子絵伝が依用され、その絵解がされていることはたしかです。

しかもそれには、法然上人や親鸞聖人が添えて描かれ、物語られていたのであります。すなわち観音の化身、仏法弘通の太子のご生涯を物語り、法然・親鸞の念仏信仰に及びますので、先に申しましたように、東国の人々の太子への深い関心に対応して太子伝を示し、やがて真宗の教説信仰を説いたわけであります。

初期真宗寺院で太子絵伝の絵解きが行われていたことも、太子信仰の積極的な活用を裏づける。絵解きの具体的な史料としては、正中二年（一三二五）の「聖徳太子内因曼荼羅」がある。[13] これは、太子伝を絵解きするさいの台本と考えられているが、太子の前世・現世の事績を記したあとに、法然や親鸞の略伝が書かれている。まさに太子は真宗に教化するための媒体となっているのである。

このように、初期の真宗にとって太子信仰は布教のための、重要ではあるが、方便でしかなかった。親鸞が太子鑽仰の和讃を数多く残していたとされるにもかかわらず、太子信仰が真宗の教義のなかに明確に位置づけられなかった理由もここにあるのだろう。

ところで、このような太子鑽仰が、初期真宗の時代だけで終息したわけではなく、また東国地域に限定されたわけでもなかったことには留意しなければならない。親鸞の太子鑽仰を東国における布教の方便だったと説明するだけでは、それが南北朝期から室町時代へと継承されていくことを説明できないからである。親鸞が常陸稲田の太子堂を根拠としたことは先に紹介したが、親鸞以後にも太子を本尊とする真宗寺院が建立されている。[14]

> 結句十八カ八九人ハ、新堂ヲ建立スルニ、阿弥陀ヲサヘ背クマテコソ無ケレトモ、不奉為本尊、専以太子安置本尊

これは南北朝ごろの関東の事例だと思われるが、親鸞が既成の太子堂を拠点としたのとは異なり、新しく建立した真宗寺院でさえ、十中八九が太子像を本尊としているというのである。これを、親鸞の東国布教以来の惰性

であるとか、先に述べた平安末期から鎌倉初期の社会不安にともなう背景だけでは説明がつかない。

太子鑽仰が親鸞以降にも継承されたのは、新興の教えである真宗が、他宗・他派の僧俗に布教するさいにも、太子という媒体が必要だったからに違いない。いいかえれば、他宗・他派の僧俗への浸透を図ろうとするとき、いかなる旧仏教の開祖よりも先達にあたる太子を鑽仰することで、布教にともなう軋轢を少しでも軽減するための方便としたということである。はやく元久二年（一二〇五）一〇月の「興福寺奏状」や、貞応三年（一二二四）五月の「山門奏状」によって、南都北嶺が念仏集団を指弾していたことは周知であろう。真宗にとっての太子信仰は、東国布教の媒体であっただけではなく、その後、長く旧仏教対策の方便として必要だったのである。

本願寺三世覚如が、親鸞書写の「上宮太子御記」を転写していることも、[15]八世蓮如が、太子の命日などには子息の実如や宿老などに「太子講私記」を読んだことも、[16]山科本願寺の阿弥陀堂に掛けられた「太子絵像」に「蓮如御筆」の讃があったということも、[17]また、専修寺八世定順が、四天王寺と中宮寺に詣でて「天寿国曼荼羅」の断片を入手したことも、同じ文脈で理解できる。[18]特に、急激な教団の発展を実現した蓮如の場合は、方便としての太子信仰はより重要であったに違いない。結果的には、山門との軋轢を軽減する効果をもたらさなかったとしてもである。

二　真宗と天神信仰

(一) 真宗と神祇信仰

次に真宗における天神信仰についてみるが、それに先立って、真宗の神祇観を確認しておこう。[19]真宗における神祇観については、柏原祐泉が①親鸞、②覚如・存覚、③蓮如の時代における変遷を整理している。[20]①親鸞は

「神祇不拝」を説いたが、門弟たちがそれを「神祇軽侮」に発展させるのを防ぐために、諸神が他力念仏者を護持するという「神祇護念」をも説いたという。その和讃に「天神地祇ハコト〳〵ク、善鬼神トナツケタリ、コレラノ善神ミナトモニ、念仏ノヒトヲマモルナリ」とあるごとくである。[21]

しかし、②本願寺三代覚如とその長子存覚の時代になると、神社を、仏・菩薩が垂迹した神々を祀る「権社《ごんしゃ》」と、未だ迷界に沈淪している神々を祀る「実社」に区別し、前者の崇敬は認めるが、後者へのそれは認めない立場をとった。これは当時の本願寺が貴族化を進めるために、権門勢家と深いかかわりにあった権社に配慮した結果だというのである。

さらに③蓮如の時代には、当時の神祇が「本迹関係を明確にしつつ、旧仏教との関係を密接にし、権門勢家とも密着したものが多かった」ために「諸神諸仏崇敬」を説いたというのである

千葉乗隆によれば、実は蓮如一代の間にも神祇への姿勢は変化しているという。当初の「専修念仏の立場を堅持して神祇を否定する」立場から、「専修念仏の立場を外にあらわに顕示して、神祇などを軽んじないように」と戒めるように変化したというのである。[22]前者の立場は文明五年（一四七三）九月一一日の「御文章」にうかがえる。[23]

一心一向ニ弥陀ヲタノミタテマツリテ、ソノホカ余ノ仏菩薩諸神等ニモコヽロヲカケスシテ、タヽヒトスチニ弥陀ニ帰シテ、コノタヒノ往生ハ治定ナルヘシトオモハヽ、ソノアリカタサノアマリ、念仏ヲマフシテ、弥陀如来ノワレラヲタスケタマフ御恩シタテマツルヘキナリ。

阿弥陀以外の「余ノ仏菩薩諸神」には心をかけずに、ただ一筋に阿弥陀仏に帰すことを説いている。一般に理解されている真宗の教義に忠実な教えといえよう。しかし、蓮如が教化しなければならなかったのは「後生ヲハ

弥陀ヲタノミ、今生ヲハ諸神ヲタノムヘキヤウニオモフ者」[24]たちだった。現世は神に、来世は弥陀に、という考え方は、初詣は神社に、葬儀は仏式で、という現代にも通じるが、それはさておき、蓮如は翌年正月一一日の「御文章」において、「諸神ヲタノム」人びとに対し、本地垂迹思想を援用しながら、神明は衆生を仏法に導くために垂迹したのだと説く。[25]

一神明ト申ハ、ソレ仏法ニオイテ信モナキ衆生ノムナシク地獄ニオチン事ヲカナシミオホシメシテ、コレヲ何トシテモスクハンカタメニ、カリニ神明トアラハレテ、イサ、カナル縁ヲムスヒテ、ソレヲタヨリトシテ、ツヰニ仏法ニス、メイレシメンタメノ方便ニ、神トハアラハレタマフナリ。

では蓮如がこのように、神祇への対応を緩和するようになったのは、どのような理由によるのだろうか。千葉は、次の二つの理由を挙げている。[26]

（ア）「門徒に神祇軽侮の姿勢がみられ、これが他宗とのトラブルの原因ともなり、教団の発達を阻害すること」。同時に「諸仏諸神を軽侮する姿勢は、ひいては浄土真宗の本尊軽視へつながりやすい」こと。

（イ）「弥陀一仏に帰依しながらも、なおも人びとの中に根強くかつ広く残存する神観念への対応、または神に心をよせる人びとの門徒化への対応として、本迹思想がうちだされた」こと。

前節において、真宗における太子信仰の位置づけを考えたが、それは以下の二点に集約できよう。

（1）親鸞の時代には、太子信仰が盛んな東国での布教の方便であったこと。

（2）それ以後、特に蓮如の教団拡大の時代には、旧仏教との軋轢を少しでも軽減するための方便になったこと。

千葉が蓮如の神祇観緩和の理由として挙げた（イ）は（1）に対応し、（ア）は（2）に対応する。いいかえれば、真宗の布教は、他宗との軋轢をさけながら、人びとの心に残る太子信仰と、神祇信仰を媒体としながら進められたのである。

（二）弥陀と観音と天神

数ある神祇信仰のなかでも、特に天神信仰は、真宗にとって重要な意味を持っていた。近江堅田本福寺には蓮如筆の「南無天満大自在天神」の掛軸が所蔵されている。その縁起によると、親鸞が六歳のときに鎌倉の荏柄《えがら》天神に奉納したものを、蓮如が写したもので、右下に小さく記された「鶴満丸」は親鸞の幼名であるという。神祇不拝の教義を持つ本願寺の宗祖が天神名号を書いたと伝えられ、中興の祖がそれを書写していることをどのように考えるべきであろうか。

実は、天神も太子と同じく、観音の垂迹だったのである。しかも、それは末法思想とのかかわりのなかで説かれている。「愚管抄」に次の記載がある。(27)

天神ハウタガイナキ観音ノ化現ニテ、末法ザマノ王法ヲマヂカクマモラントヲボシメシテ、カカルコトハアリケルトアラハニシラルヽコト也

天神の本地が観音であったことは、太子のときと同様に、真宗にとって好都合であった。しかし、前章で示した「如来―観音（太子）―親鸞」のラインを、そのままに適用して「如来―観音（天神）―親鸞」と図式化することは当を得ない。より適切な図式化には、「神道集」巻第九の次の説明がヒントになる。(28)

極楽ニテ称シテ阿弥陀、娑婆テハ北野天神ト示現給トテ、北野天神ヲハ観音ノ垂迹知リ奉ケル

天神が観音の垂迹であるだけではなく、極楽にあっては阿弥陀だというのである。いいかえれば、天神の本地は、観音であるとともに、阿弥陀でもあるということである。この三位一体説を図式化すれば「弥陀＝天神＝観音」となろう。阿弥陀が天神の本地であるという考え方については、北野天満宮の連歌会所奉行を務めた猪苗代兼載

も「天満天神ハ本地、阿弥陀・観音・毘沙門にておはする也」と認めている。[29]

このような本迹思想にたてば、天神信仰の側から念仏へ接近することも容易であった。「建保本・天神縁起」は、延久二年（一〇七〇）九月に仁和寺僧の念西が天満宮に百日参籠した場面で、次のような天神の託宣を載せている。[30]

なむちが望申ことたやすからすといへとも、往生の志ねんころなり、来年の彼岸七日といはむ朝を期すへし、其間をこたることなく念仏申すへし、いかなる人もこゝろをいたせは、往生すへきことなれとも、臨終の時、魔縁きたりて障碍する程に、とくる事かたし、ふたこゝろなくまことをいたして、我にいのり申せは、かならす成就すへきなりと示現をかうふり候。

極楽往生のために「念仏申すへし」と天神が託宣したのは、建保期（一二一三～一九年）における念仏往生全盛への対応といえよう。そして、この「念西」の逸話は「西念」と名を変えて、正安三年（一三〇一）成立の「一遍聖絵」にも引用されることになる。一遍が淡路志筑の北野天神に参拝した場面である。[31]

同国しつきといふ所に北野天神勧請したてまつれる地あり（中略）。仁和寺の僧西念、臨終の事を熊野に祈申けるにも、北野に申へきよし示現ありけり。されは此神は、かりに左遷の名をのこして、濁世末代の人をたすけ給のみにあらす、ことに終焉の障をのそきて浄土無生の門ひらきまします。

「浄土無生の門」を開く天神は、時宗にとっても好ましい存在であった。と同時に、真言宗（仁和寺）、熊野信仰などの天神への接近がうかがえて興味深い場面である。

このような天神の姿は、「北野の本地」「荏柄天神縁起」でも「凡官位福禄正念、臨終正念、往生極楽ののぞみ、何事も申にしたがひて叶わぬはなし」と表現されている。[32] 天神信仰が、現世の「福禄正念」から「臨終正念」を経て、来世の「往生極楽」という功徳を説くのは、念仏への接近以外のなにものでもない。天神信仰は、浄土教盛行の時代に来世救済的な念仏を媒体として広まったわけである。

こうした真宗と天神の相互の接近を考えれば、本願寺門主が天満宮を参拝したとしても不思議はない。元亨元年（一三二一）三月九日、本願寺三世覚如は、長子の存覚、次子の従覚とともに「宿願によて法楽の為に詩歌を勧めて」北野天満宮に奉納している。(33)

「天神名号」を書いた蓮如の末子、順興寺《じゅんこうじ》実従《じつじゅう》も天満宮を身近な存在と受けとめていた。実従の日記「私心記」から、大坂天満宮訪問の記事を挙げると、天文二年（一五三三）七月二八日、同四年二月一四日、同一〇年二月三〇日、同一三年七月二五日のごとくである。(34) この間の天文一〇年八月一一日には、台風のため大坂本願寺の櫓などに大きな被害が出たが、実従はそのことには触れずに、天満宮の松林が吹き折れたことを書き留めているのである。

そして、天文二〇年（一五五一）七月二四日の日記には「昼、小殿ニテ天神絵ヨミ申候」と記す。「天神絵」とは「天神縁起絵巻」のことであろうか。実従の兄の実如が、父蓮如から「太子講私記」を読み聞かされたことは先にみたが、あるいは蓮如は「天神絵」も子弟に読み聞かせたのかもしれない。それはともかく、大坂本願寺の小殿において、門主の一門が「天神絵」を読んでいたことは注目される。

また、実従が兄実孝に宛てた書状にも「天神」があらわれる。(35)

一、天神表帽絵させ候て進之候、色々申候て十疋半ニさせ候事候、代も遣候事候、算用状ニ可被遊入候。

（中略）

一、天神名号御龕願置候。

「表帽絵」は「表褙《ひょうほうえ》=表装」の当て字である。この場合の「天神」は、天神名号か天神縁起絵巻かは即断できないが、それを表装させたり、「天神名号」のための「龕《ずし》」を依頼したり、実従にとっての天神信仰は、布教のための方便という以上の意味があったようである。

また、本願寺一〇世の証如の日記「天文御日記」でも大坂天満宮への訪問が散見されるが、なかでも、天文六年（一五三七）四月一九日条の「天満社為一見相越、百疋出候。女房衆も被行候」の記載は重要な意味を持つ。(36)本願寺の門主が、一〇〇疋の賽銭を奉って天満宮を「参拝」しているのだから。真宗と天神は思いのほか近い存在であった。

おわりに

以上、真宗における太子信仰と天神信仰の位置づけを駆け足で整理してきた。その結果、太子も天神も観音の垂迹であるという本迹思想をふまえ、真宗に教化するさいの媒体とされていたことが明らかになった。さらには、太子信仰・天神信仰の側からも、浄土教の盛行に対応するための念仏への接近がみられたことも指摘した。

太子と天神の違いについては、今堀太逸が次のように説明している。

> 天神信仰においては、天神と観音という神と仏との本迹関係により浄土往生が説かれたのであるが、太子信仰においては、太子と観音という人と仏との本迹関係により浄土往生が説かれたのである。(37)

しかしながら、小論では、神と人との違いよりは、太子信仰が旧仏教勢力を、天神信仰が神祇勢力を意識した方便であったことに着目してきた。その結果、真宗寺院に「太子像」が掛けられている意味が明らかとなった。また、一方の天神像についても、次のように真宗寺院に掛けられている報告がある。(38)

真宗の寺院には神気がないのは宗義から、自然に生まれてきた後世の習慣ではあるが、天満天神の像は毫もこれを忌まない。わが郷里越後の真宗寺の習慣でも正月がくれば、必ず天神の像をかけて祀るのが一般の習慣で、真宗の寺院でも座敷の床の間に菅神の像をかけ、神酒を供え、おかざりも供えれば、燈明も供えること、あたかも三月の上巳の節句に雛祭するがごときものである。

最後に、小論で明らかになった真宗信仰と太子信仰・天神信仰による相互乗り入れ的な習合状態は、決して特異な事例ではなく、むしろ我が国の宗教風土においては普遍的な傾向であったことを確認しておきたい。それは、太子を観音の垂迹とするだけではなく、釈迦そのものと考える説や、天台系から出された南岳大師慧思の後進説、さらには禅宗系に達磨説などがみられたことも、太子信仰の成立・発展の過程における普遍的な傾向であるということである。

また、天神信仰の成立・発展過程においても、法性坊尊意などの逸話にみえる天台宗の影響や、時宗からの接近、渡唐天神伝説にみえる禅宗の影響なども、これまた普遍的な傾向だった。それは、「真宗と太子」「真宗と天神」だけにとどまらない、わが国の普遍的な宗教風土における習合の結果だったのである。

（1）　真宗における太子信仰についての研究は、民衆宗教史叢書『太子信仰』（雄山閣、一九九九年）が、第二篇を「真宗と太子信仰」と題して四本の関連論文を収めているように、真宗史の一研究分野となっている。例えば、真宗史の「宮崎圓遵著作集」全七巻（思文閣出版、一九八六～九〇年）をみても、第一巻『親鸞の研究（上）』、第四巻『真宗史の研究（上）』、第六巻『真宗書誌学の研究』、第七巻『仏教文化史の研究』に数多くの太子関係の論文が収録されているごとくである。本章もそれら先行研究に導かれての考察である。

（2）　「大日本国粟散王聖徳太子奉讃」（『真宗史料集成』第一巻、同朋舎、一九八三年）、三一三頁。このほかにも「日本国帰命聖徳太子、仏法弘興ノ恩フカシ、有情救済ノ慈悲ヒロシ、奉讃不退ナラシメヨ」（「皇太子聖徳奉讃」、同前、三〇二頁）などがある。

(3) 宮崎圓遵「親鸞の太子鑽仰と太子絵伝」（『宮崎圓遵著作集』第七巻、思文閣出版、一九九〇年）、一一〇頁。

(4) 注(2)前掲史料「皇太子聖徳奉讃」、三一〇頁。

(5) 宮崎注(3)前掲論文、一一一頁。

(6) 「顕正流義鈔」（『真宗史料集成』第四巻、同朋舎、一九八三年）、九頁。

(7) 親鸞は、太子を鑽仰する和讃や、六角堂についての和讃を数多く詠んでいるが、太子示現を明記した和讃はない。

(8) 「聖徳太子内因曼陀羅」、注(6)前掲書、四三一頁。

(9) 井上鋭夫「金掘り太子信仰」（『一向一揆の研究』、吉川弘文館、一九六八年）、五七頁。

(10) 「親鸞伝絵」（注2前掲書、五二二頁）に「聖徳太子、親鸞聖人を礼したてまつりまし〳〵」「祖師聖人、弥陀如来の化現にてまします」とあるが、この場合は「観音（太子）」「勢至（法然）」は「弥陀（親鸞）」の脇侍となる。いずれにしても、後述するような、真宗寺院において「太子」が本尊とされるのは方便でしかない。

(11) 宮崎圓遵「初期真宗の聖徳太子像について」（『宮崎圓遵著作集』第四巻、思文閣出版、一九八七年）、四〇六頁。

(12) 宮崎注(3)前掲論文、一一二頁。

(13) 注(8)前掲史料、四二〇～三四頁。

(14) 聖冏「鹿島問答」『続群書類従』三三(上)。

(15) 西本願寺蔵「上宮太子御記」奥書。

(16) 「山科御坊事并其時代事」（『真宗史料集成』二巻、同朋舎、一九八三年）、五五〇頁。「本願寺作法之次第」（同前）、五七〇頁。

(17) 「山科御坊事并其時代事」、同前、五四三頁。

(18) 『本願寺年表』（浄土真宗本願寺派、一九八一年）、五三頁。

(19) 真宗と神祇の関係については、柏原祐泉「真宗における神祇観の変遷」（『大谷学報』五六巻一号、大谷大学、一九七六年、のち『真宗史仏教史の研究（親鸞・中世編）』、平楽寺書店、一九九五年に再録）や、千葉乗隆「天神名号について――真宗における神仏関係の一側面――」（『近世仏教』一六号、一九八二年、のち『千葉乗隆著作集』第四巻、法蔵館、二〇〇二年に再録）があり、また筆者も「戦国期の本願寺と天満宮――真宗の天神信仰観――」

（『日本の社会と仏教』、永田文昌堂、一九九〇年、のち『蓮如大系』第四巻、法蔵館、一九九六年に再録）で検討したことがある。本章もそれら先行研究に導かれての考察である。

(20) 柏原注(19)前掲論文。
(21) 「浄土和讃」、注(2)前掲書、二六三頁。
(22) 千葉注(19)前掲論文。
(23) 注(16)前掲書、一六二頁。
(24) 「第八祖御物語空善聞書」、注(2)前掲書、四二〇頁。
(25) 注(16)前掲書、一八四頁。
(26) 千葉注(19)前掲論文。
(27) 「愚管抄」。
(28) 「神道集」巻第九。
(29) 『兼載雑談』（大阪天満宮所蔵）。
(30) 「北野事跡（健保本・天神縁起）」三九段（神宮文庫本蔵）。翻刻に当たっては、原本の万葉仮名はすべて平かなに改めた。
(31) 「一遍聖絵」巻一一。
(32) 「北野の本地」「荏柄天神縁起」。
(33) 「慕帰絵」、注(2)前掲書、九三四頁。
(34) 「私心記」（『真宗史料集成』第三巻、同朋舎、一九八三年）、四二〇頁。
(35) 「順興寺実従筆　本善寺佐順宛　書状」（大谷家所蔵文書）。
(36) 「天文御日記」、注(34)前掲書。
(37) 今堀太逸『本地垂迹信仰と念仏』（法蔵館、一九九九年）。
(38) 長沼賢海「天満天神の信仰の変遷」（『史林』四巻二・四号、一九一八年、のち村山修一編『天神信仰』、雄山閣、一九八三年に再録）。

［付記］　本稿脱稿後、遠藤美保子「親鸞本人に聖徳太子信仰はあったか」（『日本宗教文化史研究』一二巻二号、二〇〇八年）に接した。本稿では「真宗における太子鑽仰」について論じたが、遠藤論文が説く「親鸞本人」の太子信仰とのズレについては明確にしえていない。今後の課題にしたい。

江戸時代の天神信仰・太子信仰と城下町金沢の文化

濱岡伸也

はじめに

江戸時代の加賀藩というのは特殊である。幕藩制草創期から崩壊までの二六〇余年にわたり、加越能三国を領有して譲らなかった。さらに、地方知行を止めて蔵米知行とし、大部分の藩士を城下町金沢へ集住させた。そのため、城下町でありながら金沢の人口構成は、その六割強が武士身分という極めて歪《いびつ》なものとなっていた。そこで、藩では城の周囲一里の範囲を近郊農村と位置づけ、農民の通い奉公を奨励した。その結果、金沢の周辺部までが都市化し、武家の習俗が広まったと考えられている。こうした特徴を持つ金沢では、城下町＝武士の町というファクターでくくられることが多く、武家の習俗・風習を「城下町金沢[1]」の特色としてとらえ、少数派の町人層の部分がややもすると見過ごされている場合が多々ある。しかし、武家層が示す文化的事象は比較的ポピュラーなものがほとんどで、金沢独自の個性が浮かんでこないという研究の閉塞化の下、町人の生活実態に目を向けることによって、城下町金沢の特徴をより鮮やかに描き出すことができると考えている。

そこで金沢の天神信仰はというと、加賀藩主が前田氏であったことから、他地域のそれとは異なる展開をみせている。前田氏は、その出自を菅原道真に求め、家紋を剣梅鉢（加賀梅鉢という）とし、叙位任官のさいには菅原姓を名乗っていた。しかし、それは金沢前田氏の祖とされる前田利家の時代にはなかったとされ、かの北野天満宮から能順《のうじゅん》を招いて小松天満宮を創設した三代利常以降に、この前田家＝菅原氏、前田家の繁栄∪天神信仰という傾向が顕著となっていったと概論されるのである。そこに確認できうる事象からは、いわゆる天神信仰とかかわるものは極めて少なく、藩主前田家を賛崇する武家のしきたり・慣習として捉えられるものが大半である。

一方、本来城下町の中心として存在しなければならない金沢町人の活動の中には、藩士層を中心とする先の加賀版天神信仰を基盤に据えているようにみせながら、その本質で藩主前田家崇拝を冷ややかな視点で捉えつつ、町人たちが育んできた俳諧連歌と商業活動とを関連させた文化活動を指摘することができる。それは、「講」というかたちで幾重にも重なりながら展開していたと考えられるのである。この視点で捉えなおしたとき、城下町金沢における天神信仰は、どのように捉えなおされることになるのであろうか。

また、天神信仰と、それ自体は直接かかわりがないように理解される太子信仰であるが、加賀藩の藩都であり、江戸時代における加賀国の中心でもあった城下町金沢ではどのような太子信仰の特徴が指摘できるのか。これには、かつて加賀が「一向一揆の持ちたる国」と呼ばれ、近代には「真宗王国」と呼ばれたほどに浄土真宗が盛んな地域であったことと、浄土真宗では開祖親鸞以降、聖徳太子の奉賛を行ってきたこと、さらに江戸時代にいたっては一向一揆の弾圧や武士層の城下町金沢集住による圧迫を受けていた町人・農民層に浄土真宗信者が多かったことから、武士層とのかかわりがほとんどない部分での太子信仰を描き出すことができる。

本稿では、右のように概観される加賀藩内の天神信仰と太子信仰を、いずれも町人・農民層の生活と、そこに育まれた文化活動という点から金沢の文化の一面を描き出そうとするものである。

　まず、城下町金沢の天神信仰から順次検討していくものとする。

一　天神信仰の具現化と文化活動

(1)藩主前田家とゆかりの五社

　藩祖利家と菅原道真とのつながりは、あまり明確にはできない。しかし、尾山神社に所蔵されている利家所用と伝える「鉄甲胴」の正面には、鉄打出しで「天満宮」の文字が浮き上がっている。利家が秀吉の近臣として存在し、大坂城の近くに屋敷を構えていたことから大阪天満宮との関連がありそうだと考えられるが、前田家は菅原道真の後裔だから「天満宮」がついていると考える向きも非常に多い。また、能登羽咋《はくい》郡には平安時代から北野天満宮の社領があり、菅原村と呼ばれていたが、天正八年（一五八〇）に能登へ進攻した利家が、水利を求めてこの地に居を構え、その縁で菅原を姓にしたとの伝承も存在する。

　続く二代利長は、慶長一〇年（一六〇五）に隠居すると富山、次いで高岡に居を移したが、そのさいに天満宮を勧請していた。これは、利長没後、その室玉泉院が金沢へと勧請し、別当の浄禅寺もともに勧請した（後に玉泉寺となる）。

　三代利常は、大聖寺の敷地天満宮を安堵したり、その室天徳院が寄進を行ったりして、天神信仰へのかかわりを深めていく。その中で特筆すべきは明暦三年（一六五七）の小松天満宮造営である。小松城の鬼門にあたる地に、北野天満宮から連歌師としても名高い能順を別当に迎えての初の造営であり、それまでが社領としてのつながりや既存の信仰を移設しての信仰であったのに対し、みずから進んで造営したことにより、前田家＝菅原姓の図式を世に主張する契機と位置づけたものと考えられる。このとき、後水尾天皇から贈られた天神画像が前田育徳会に所蔵されている。この後、北野天満宮との直接的な関係（寄進や月並和歌）を持つようになり、前田家が菅原姓を名乗るのが固定化するとともに、藩の内外に対してもそれを主張していく事となった。加えて、この後歴代藩主は、幕府に対した時に「松平加賀守前田重教」などと松平姓を用い、朝廷に対した時には「菅原朝臣前田重教」のように菅原姓を用いるようになるのである。

さらに、一一代藩主治脩《はるなが》は、はじめて学校（藩校）を創立してその鎮守として天満宮を建立したのである。ここに、前田家と菅原道真と天満宮と学問とが太い絆で結ばれることとなった。続いて、一二代の斉広は現在の兼六園の地に竹沢御殿を造営し、その鎮守として天満宮を祀った。今の金沢神社がこれにあたる。さらに、一四代慶寧《よしやす》は、卯辰山を開拓するにあたって守護神として天満宮を造営している。

このように、藩の施策の中でもとりわけ藩主みずからが中心となって実施する事業に関しては、必ずといっていいほどに鎮守として天満宮を造営してきたのである。(2)

こうした藩主前田家と天満宮との関係のほかに、城下町金沢の中では「五社」と称して、藩主家と縁があって崇敬も篤く、藩側も変異・吉祥にさいして何かと参拝を行う神社があった。卯辰八幡宮・野町神明宮・鍛冶町八幡宮・田井天満宮・山の上春日社がこれにあたった。これらは、いずれも町人社会と直結し彼らを氏子として掌握する市中の神社であった。その中に田井天満宮が含まれていたことは、その後の天神信仰をみていくうえで注目すべき事柄である。

(2)二十五天神巡り

城下町金沢では、庶民の間にも天神信仰が盛んになってくる。その事例の一つが二十五天神めぐりである。大坂や京都で盛んであった「二十五天神めぐり」を仮託して行うようになったもので、その起源ははっきりしないが、現在のところ宝暦二年（一七五二）刊の俳書『北乃梅』に記されたのが初見とされている。(3) この年は、菅原道真の没後八五〇年にあたり、加賀藩でも北野天満宮に対して刀剣や白銀を献納している。加賀でも、小松天満宮では万句の連歌が奉納されている。金沢では、蕉門を中心とする俳人たちが、田井天満宮に集い、二十五ヶ所の天神とゆかりを持つとされる寺社をめぐってそれぞれに句を献じた形式をとった句会が催された。この句を書に編んだものが『北乃梅』である。(4) そこにあげられた天神二十五ヶ所は左のとおりである。

1 綱敷尊影 玉泉寺5＋33	2 鏡尊影 西方寺5	3 稲荷別社 真長寺5
4 祇園摂社 願行寺5＋3	5 袖敷尊像 成学寺5＋5	6 本社 宝来寺5
7 四所明神別殿 宝久寺5	8 三社摂殿 常光寺5	9 長田本社 成応寺5
10 大社別殿 出雲寺5	11 奥院尊像 放生寺5	12 山王摂社 顕証院5
13 三寸天神 灯明庵5	14 白髭別殿 持明院5	15 八幡摂社 安江社5＋6
16 普門品尊像 崇禅寺5	17 二十一社別殿 浅野社5＋3	18 春日別社 神田社5＋5
19 妙義相殿 乗龍寺5	20 多聞天相殿 来教寺5	21 鎮護尊像 感応寺5＋1
22 神明相殿 卯辰八幡5＋3	23 宇賀相殿 天道寺5	24 松尾相殿 乾貞寺5
25 田井本社 天満宮5＋3		

寺社名の後ろの数字は献じられた句数を示している。基本となる五句はすべて同じメンバーであり、幾鶴・布青・一巴・素明・楚雀がこれにあたる。＋以降の分は「其みやげ」「其引」「其飾」などと記され、希因・北枝・見風・千代・麦水・珈涼といった著名人の名前が並んでいる。先の五人の句はそれぞれの社寺にちなんだものが

多いが、その後の部分では、例えば希因（綿屋希因、寛延三年没）や北枝（立花北枝、享保三年没）のように、宝暦二年当時すでに没している人の句も含められており、実際には田井天満宮に集まった五人の俳人が、二十五天神の巡礼をしたような趣向で句を献じたものと考えられる。発起人の一人である楚雀の序によれば、「同行の吟も五々の数に満侍りけれハ今や宝前に此夷曲を奉りぬ」とあって、五人がそれぞれ句を詠み五句で、五五＝二十五が天神の吉数という言葉と数字の遊びであったことが述べられている。さらに、玉泉寺での五句に続く三十三句の前には「眺望は更なり奉納の吟をひろひていかきめくりの土産とす」とあることからも、十以降の句（すなわち五人以外の句）は、この句集『北乃梅』が編まれる以前から知られていたものを採録したものであることがわかる。それらの詳細は別稿に譲るが、ここでは宝暦二年にすでに「二十五天神」が認識されていたという事実に注目しておきたい。これは、すでに人々の間に根づいていたものか、あるいは天満宮八五〇回忌に合わせて組織されたものであるのかはっきりしない。しかし、このとき以後、「二十五天神」や「天神巡り」と呼ばれて金沢の生活にあらわれてくる（表1）。『金砂子久要鑑』[5]（天明八年）や『増補改正　六用集』[6]など、途中の順番は入れ替わるものがありながら、幕末まで続いたと考えられるからである。

一方、『北乃梅』以降の書物にはもとになるものがあり、『金砂《きんすな》子久要鑑《ごきゅうようかん》』では『金砂子』が先行する。『金砂子』は、加賀・越中・能登三国の名所・旧跡・寺社について記したもので、一七世紀末から一八世紀初頭にかけて五代藩主前田綱紀《つなのり》が領内の十村《とむら》に命じて調査・提出させたものをまとめた『加越能旧跡緒』がもとになっている。『金砂子』の名前は、享保一七年（一七三二）に版行された『江戸砂子』に準じて用いられたもの[7]と考えられている。この『金砂子』に「二十五天神」は紹介されておらず、少なくとも享保年間までは盛んに行われているという行事ではなかったと考えられる。ところが、『金砂子久要鑑』になると、金沢中心の記述内容に変更・

集中され、その中で「二十五天神」が紹介されているので、金沢の行事の一つと理解されていたことがうかがえる。

同じように『増補改正　六用集』では、正徳五年（一七一五）に三箇屋五郎兵衛の版による冊子本の『六用集』[8]が先行する。『六用集』は、「新暦要覧」・「金沢寺院名寄」・「金沢より諸方道程」・「年中行事」・「加州湯本之図」・「金沢名方薬有所」の六つをまとめたもので、俗にいうガイドブックにあたるものである。この『六用集』にも「二十五天神」は記されていない。この後、『六用集』は表裏一枚刷りを折りたたんで携帯用とした『改正六用集』となり、「金府産神祭礼日記」・「市中町名寄」などが盛り込まれた。さらに『増補改正　六用集』では、「金沢札所」なども追加された。その中に「二十五天神」も加えられている。

さらに「天神巡り」のように、単なる覚えとして二十五天神を書きとめた資料[9]も存在しており、少なくとも近世中期以降は「天神めぐり」として二十五天神とされた寺社を回る行事が行われていたと考えられるのである。

⑶天神の寺社と由緒書上げ

そこで、江戸時代においていくつも作成されている寺社由来に関する書上げなどから、天神の寺社を探ってみると不思議なことがわかる。表1をみると、寺院に主を置くものが二〇、神社に主を置くものが五とあり、圧倒的に寺院が多い。これは、江戸時代の金沢を含めた加賀の神社の特徴として、神主が常駐する社殿を持った神社が極めて少なかったことと関係がある。そのため、本来は神社で祀るはずの天神が、別当にあたる寺院に所蔵され、御忌にさいして祠前や社へ移されて参詣を集めていた場合が多かった。

改めて、二十五天神にまとめられた社寺の由緒をみると、天神との由緒を伝えるものは一〇に過ぎない。順番が入れ替わったりして不定な社寺ほど、由緒を主張しない傾向にあるといえる。また、寺院については、その由

(『稿本金沢市史　寺社編』の記述をもとに作成。)	
	(明治維新後)
由緒に諸説あり。元和9年の玉泉院没が一つの契機	泉野菅原神社と玉泉寺
もと越前府中。鏡天神画像、菊姫画像を所蔵する	
金沢城内稲荷屋敷の稲荷社を遷して守る	泉野神社の境内に移す
	成学寺
小橋天神。天神木像を有する。また社僧福蔵院とも	小橋菅原神社
山伏蓮華院、後任宝久寺。春日明神を祀る	犀川神社
天台宗。白山(十一面)、春日明神(薬師)、八幡(阿弥陀)	豊田白山神社
長田天神という。山伏成応寺	長田菅原神社
曹洞宗。はじめ禅龍寺。鎮守社は渡唐天神の画像	放生寺
真言宗。広岡山王の別当	広岡日吉社、のち平岡野神社
曹洞宗。利家画像を蔵する	灯明庵
真言宗、白髭神社別当。不動明王と白髭明神	白髭神社と持明院
八幡宮、五社の一つ。安江八幡宮(鍛治八幡宮)という	安江神社
鎮守の天満宮。羽咋永光寺から移す	
	浅野神社
山の上春日社	小坂神社
天台宗。城内東照宮の神役も勤める	西養寺
天台宗。卯辰天神社の別当	廃寺、神職へ
卯辰毘沙門天とも	尾山神社へ
山伏・修験派。天道院とも	浅野川神社
嘉永6年不焼天神画像	
金沢天満宮。田井天神とも。近世の尊像(天神画像)あり	椿原神社

表1　二十五天神の変遷

順序	『北乃梅』		『増補改正　六用集』	金砂子久要鑑	「天神巡」(村松資料)
	宝暦2年(1752)			天明8年(1788)	
1	玉泉寺(綱敷尊影)	時宗	玉泉寺(泉寺町天満宮)	玉泉寺	玉泉寺(泉寺町)
2	西方寺(鏡尊影)	天台律宗	西方寺	西方寺(寺町)	西方寺(泉寺町)
3	真長寺(稲荷別社)	真言宗	真長寺(泉寺町稲荷明神)	真長寺(寺町)	真長寺(泉寺町稲荷)
4	願行寺(祇園摂社)	山伏	願行寺	願行寺(寺町)	成学寺(泉寺町)
5	成学寺(袖敷尊像)	浄土宗	成学寺	成学寺(寺町)	願行寺(泉寺町)
6	宝来寺(本社)	山伏	宝来寺(古寺町天満宮)	宝来寺(古寺町)	宝来寺(古寺町)
7	宝久寺(四所明神別殿)	山伏	宝久寺(才川川原春日社)	宝久寺(才川下)	宝久寺(才川川原)
8	常光寺(三社摂社)	天台宗	常光寺(三社町三社権現)	常光寺(三社)	常光寺(三社)
9	成応寺(長田本社)	山伏	成応寺(長田天満宮)	成応寺(長田)	成応寺(長田)
10	出雲寺(大社別殿)	天台宗	出雲寺(古寺町出雲社)	出雲寺(宮腰口)	出雲寺(宮腰町端)
11	放生寺(奥院尊像)	曹洞宗	顕証院(広岡山王社)	放生寺(広岡)	放生寺(広岡)
12	顕証院(山王摂社)	真言宗	放生寺(広岡)	顕証院(広岡)	顕証院(山王)
13	燈明庵(三寸天神)	曹洞宗	燈明庵(田丸町)	持明院(白髭)	灯明庵(木新保)
14	持明院(白髭別殿)	真言宗	持明院(木ノ新保白髭明神)	灯明庵(白髭前)	持明院(木新保)
15	安江社(八幡摂社)		神主厚見氏(鍛冶町八幡宮)	八幡宮(鍛冶町)	八幡宮(鍛冶町)
16	崇禅寺(普門品尊像)	曹洞宗	崇禅寺(瓢箪町天満宮)	崇禅寺(瓢箪町)	崇禅寺(塩屋町)
17	浅野社(二十一社別殿)		神主厚見氏(浅野山王社)	山王院(浅野)	山王社中(浅野)
18	神田社(春日別社)		春日社(山ノ上)	春日社(高道)	春日社中(山ノ上町)
19	乗龍寺(妙義相殿)	天台宗	乗龍寺(卯辰)	来教寺(卯辰)	乗龍寺(卯辰妙義)
20	来教寺(多聞天相殿)	天台律宗	来教寺(卯辰毘沙門天)	乗龍寺(卯辰明儀)	来教寺(卯辰)
21	感応寺(鎮護尊像)	天台宗	感応寺(卯辰)	感応寺(卯辰)	感応寺(卯辰)
22	卯辰八幡(神明相殿)		神主厚見氏(卯辰本宮多聞天)	八幡社(卯辰)	八幡社中(卯辰)
23	天道寺(宇賀相殿)	山伏	天道寺(並木町)	天導寺(浅野川)	天道寺(浅野川)
24	乾貞寺(松尾相殿)	山伏	乾貞寺(田町)	乾貞寺(田町)	乾貞寺(浅野川上)
25	天神社(田井本社)		天神社(田井)	天神社(田井)	天満宮(田井)

※網掛け部分は時代を通じて順番の移動がみられない社寺である。

緒が貞享二年（一六八五）に書上げたものをベースにしているものが多いので、(10)天神にまつわる話はあえて書上げなかったのかもしれない。

そうした傾向の一つは、『増補改訂　六用集』からうかがうことができる。この書は、表面に「天満宮順拝二十五ヶ所」のほか、「金府産神祭礼日記」・「三州大社」・「市中町名寄」・「年中行事略」・「金毘羅順詣十ヶ所」・「観世音三十三番札所（西国順礼、坂東順礼）」・「諸方道法附」・「三州温泉箇所並ニ効能」が記され、裏面に「金沢寺院名寄」・「山伏」・「越能大寺院」が記されたものである。このうち、裏面の「金沢寺院名寄」の中で曹洞宗に三寺、天台宗に四寺、天台律宗に二寺、真言宗に三寺、浄土宗に一寺、時宗に一寺の一四寺と、「山伏」の中に六寺の計二〇寺が掲載されている。これは、二十五天神の寺院を主とする二〇のすべてであり、その寺院が金沢ではかなり有名な寺院の中に含まれていたことを示している。しかし、その記載には天神とのかかわりを示すものは一つもない。一方、表面の「金府産神祭礼日記」では、二十五天神の中の、神社を主とする五である鍛冶町八幡宮・浅野山王社・山上春日小坂総社・卯辰本宮多門天・田井天満宮のほか、泉寺町天満宮（別当玉泉寺）・木ノ新保白髭明神（別当持明院）・卯辰毘沙門天（別当来教寺）・才川々原春日社（別当宝久寺）・広岡山王社（別当顕証院）・三社町三社権現（別当常光寺）・長田天満宮（別当成応寺）・古道町出雲社（別当出雲寺）・古寺町天満宮（別当宝来寺）・瓢簞町天満宮（別当崇禅寺）・泉寺町稲荷明神（別当真長寺）の一一社が記されており、都合一六社が掲載されている。この中で、田井天満宮（四月八日・八月二五日）、泉寺町天満宮（別当玉泉寺、二月二五日・九月一五日）、長田天満宮（別当成応寺、三月二五日・八月二五日）、古寺町天満宮（別当宝来寺、三月二五日・八月二五日）、瓢簞町天満宮（別当崇禅寺、二月二五日・九月二五日）の五ヶ所については、天満宮を掲出しており、祭日も（　）内に示したように二五日の祭日があり、天神信仰と密接なかかわりを持つと考えられる。

しかし、そのほかについては、天神との関係は浮かんでこない。むしろ別当である寺院のほうが、ほかの順礼の札所としてあげられている。宝来寺は、金毘羅順礼の五番と観音三十三箇所の坂東順礼の十九番に、成応寺は金毘羅の六番、宝久寺は金毘羅の十番と観音三十三箇所の西国順礼の十八番、出雲寺は西国順礼の二十番といった具合である。「金府産神祭礼日記」に書かれなかった寺院においても、願行寺は金毘羅の二番と西国順礼の十一番、乾貞寺は金毘羅の三番と坂東順礼の七番、天道寺は金毘羅の九番と坂東順礼の十八番といったように、この傾向が顕著であった（表2）。

こうした点を確認したうえで、寺社と天神を結びつける由緒について、直接述べているものをみておこう。

宝来寺は、寛延二年（一七四九）の書上げで、本尊として天神を安置していること・大坂の陣にさいし御局様の天神参詣があったこと・のち屋敷地（天神屋敷という）を拝領したことがみえている。[11]

田井天満宮では、所蔵する天神像は、永仁五年（一二九七）に富樫氏の家臣が京都北野天満宮より勧請したものと伝え、その像を秘物として新たに天神像を模写して参詣用とし、正月・五月・九月の各二五日に限って参詣者に公開した。また、その縮小版を刷り物とし二五枚に限り参詣者へ分ち与えたとする。[12]

乾貞寺は、嘉永六年（一八五三）の火災にさいして燃え残った天神の御札が鎮火札として珍重されていくこととなった。[13]

成応寺は、慶応四年（一八六八）の書上げの中で長田村天神社について触れ、後三条天皇の発願によって七堂伽藍が建立され、菅相御像が勧請されたと述べている。[14]

そのほか、西方寺は文化三年（一八〇六）の由来帳に「従　高徳院様鏡之天神画像　御預被為遊候。其以後従

表2　天神以外の祭礼　※○の後の数字は順番を示している

順番		金府産神祭礼日記	金比羅順礼	観音三十三（西国）	観音三十三（坂東）	地蔵札所二十四番	地蔵札納巡所	明治の主な縁日
1	玉泉寺（綱敷尊影）	○						
2	西方寺（鏡尊影）			○15			○4	16日　地蔵、観音
3	真長寺（稲荷別社）	○					○5	
4	願行寺（祇園摂社）		○2	○11				
5	成学寺（袖敷尊像）			○10				
6	宝来寺（本社）	○	○5		○19			
7	宝久寺（四所明神別殿）	○	○10	○18				
8	常光寺（三社摂社）	○						
9	成応寺（長田本社）	○	○6					
10	出雲寺（大社別殿）	○		○20			○22	
11	放生寺（奥院尊像）	○						21日　観音
12	顕証院（山王摂社）							
13	燈明庵（三寸天神）							
14	持明院（白髭別殿）	○					○21	
15	安江社（八幡摂社）	○						
16	崇禅寺（普門品尊像）	○						25日　天満宮
17	浅野社（二十一社別殿）	○						
18	神田社（春日別社）	○						1日　富士権現
19	乗龍寺（妙義相殿）		○10				○18	
20	来教寺（多聞天相殿）	○						10日　金毘羅
21	感応寺（鎮護尊像）							
22	卯辰八幡（神明相殿）	○						
23	天道寺（宇賀相殿）		○9		○18			
24	乾貞寺（松尾相殿）		○3		○7	○1		
25	天神社（田井本社）	○						

微妙院様渡唐天神画像　御預并御直判御制札御改頂戴仕候」とあり、鏡天神と渡唐天神の二像を有していたようである。ところが、いつしか画像と伝承が錯綜して伝えられ、「此の天神は、中納言利常卿の寄附し給ふよし伝承し、画像にて、世人鏡天神と呼べり。甚だ古画にして、霊異殊勝なりといひ伝へたり」と伝わっている。鏡天神画像は利常遺愛の画像と伝えられ、「お預けの天神」とも呼ばれたという[15]。

こうした中で、管見の限り唯一、二十五天神の由緒を謳ったのが放生寺である。天明三年（一七八三）九月の上梁文に、

加賀州石川郡広岡邑養雲山放生禅寺。有鎮守社。奉安天満天神。為護法神。乃配金府二十五社巡礼所之十一番者也。其初在堀川之郷宝集密寺。而未詳厥縁起。天和辛戌。本寺檀越遠州孫津田盛昭・同盛尚。有擁護之所感歟。移放生[16]。

と記されている。すなわち、もと宝集寺にあった天神像を放生寺の檀越であった津田氏が、天和年間に放生寺へ移したという。そして、天明三年の今、金府二十五社巡礼の十一番として名乗っているのである。しかし、二十五ヶ所もありながら順番までを主張しているのがこの一寺のみというのは不自然な感じである。

さらに、この二十五天神に含まれないが天神を祀っている寺社も少なくない。

例えば、真言宗の波着寺は、先に紹介した天満宮八五〇回忌の宝暦二年（一七五二）に天神尊像の開帳を行っている[17]が、神社としては地主権現を祀り、天神の別当として登場することはほとんどない。

また、近江町の市姫宮は、卯辰の観音院が主催する神社であるが、文化六年（一八〇九）に梅田梅川筆の天満宮画像、天保九年（一八三八）にも藤原光貞筆の天満宮画像の寄進を受けている[18]。観音院は、天神の回忌ごとに小松天満宮が金沢で行う出開帳の場所にもなっているのである。しかしこの両宮は天神の巡礼地に数えられるこ

とはなかった。

⑷天神の祀りと金沢町人

このように、さまざまな由緒で天神を祀る社寺と、金沢町人のかかわりを考えておこう。はじめにも触れたが、前田家が先祖を菅原氏に結び、明暦三年（一六五七）に北野天満宮から能順を招いて小松に天満宮を設けて以来、天神五〇年ごとの年忌に北野天満宮への代参・奉納と領内での献句などの行事を行っていた。また、寛政五年（一七九三）に一一代藩主治脩による学校続御鎮守社（天満宮を含む）の設置[19]や、文政七年（一八二四）の一二代藩主斉広《なりなが》による竹沢御殿鎮守として天満宮の設置[20]（現金沢神社）なども行われた。

それと呼応して、居開帳を行う寺院もあった[21]。天神の八〇〇年忌にあたる元禄一五年（一七〇二）には波着寺（真言宗）が、天神八五〇年忌の宝暦二年（一七五二）には玉泉寺（時宗）や感応院（天台宗）がそれぞれ居開帳を行っている。さらに、天満宮の九〇〇回忌にあたる享和二年（一八〇二）には、玉泉寺のほか、明王院・真福院・遍照寺（いずれも真言宗）・宝集寺（天台宗）・天道寺（修験）が行った。また、波着寺は前年に、明王院は前年から引き続いての居開帳であった。九五〇回忌では、前年の嘉永四年（一八五一）に天道寺・崇禅寺（曹洞宗）・感応院で、当年の嘉永五年（一八五二）には宝来寺（修験）・明王院・燈明庵（曹洞宗）で行われていた。田井天神では、前年に修復を行い、その慶賀を兼ねた行事として行われた。

また、節目の年忌以外でも、宝暦一四年（一七六四）に玉泉寺で天満宮の開帳、天明八年（一七八八）に宝久寺で天神の開帳、文化九年（一八一二）には願行寺（修験）で天満大自在天神の開帳、文化一一年（一八一四）に波着寺で天満宮開帳、天保一二年（一八四一）に来教寺（天台宗）で縄敷天満宮厨子等修復の開帳が行われた[22]。

このように、わりと頻繁に行われた開帳に参加した町人の日記があるので紹介しておこう。

同年（文政一一年＝一八二八）五月朔日より廿五日迄玉泉寺御預之天神御開帳に付、仲間見習共九人一統に
参詣、御最花料金弐百疋上ル、何茂上下着用之事

天神様御讃左ニ記

昨為北闕被悲士今作西都雪□□生恨死歎其我奈須応即足護皇基

玉海謹書

と記している。これは、尾張町に住した菱屋彦次の日記の中の一条である。[23] 本来の家業は道具屋であるが、藩から信頼を得て「祠堂銀裁許役」をも務めていた。その役職との関係の有無が明らかにできないので、純粋に「一町人の参詣」としてしまうことはできないが、参詣に関して記録した希少な記事であり、紹介しておく。

そのほか、参詣して天神画像や木像の開帳を見るばかりでなく、御札や刷り物として下付、あるいは買い求めて持ち帰ることもあった。先に、田井天満宮や乾貞寺の例をあげたが、ここでは崇禅寺の御影についてみておく。崇禅寺は、表1で二十五天神の十六番目に数えられ、「普門品尊像」とされている曹洞宗の寺院で、瓢箪町の天満宮の別当であった。崇禅寺では、三三年ごとに御開帳を行ってきたとされ、その時の参詣者には「金沢崇禅寺鎮守天満宮御影」を描いた御守札が下付される。[24] その御影とは、円座の上に座した天神の上に漢字の「一」を書き入れたもので、この「一」が観世音菩薩普門品をあらわすとするが、俗に「一文字天神」と呼ばれている。

こうした御開帳→参詣といった図式の背景に町人の文化活動があったことは見逃せない。中でも、二十五天神の現在の出発点が俳諧『北乃梅』であったことや、市姫宮の記録の起草者が「五世《ごせい》暮柳舎《ぼりゅうしゃ》立介《りつかい》」であったこと[25]など、俳諧文化・それを享受した金沢町人文化との関係は非常に大きいものであった。

(5)天神信仰のまとめ

本来なら、ここで結論めいたまとめがあり論を終えるのであるが、本稿は研究の現状と課題を整理して、研究

の前進・深化への第一歩としたい。

まず、俳諧との関係である。二十五天神の出発点が、現時点では宝暦二年の俳諧『北乃梅』に求められることから、天満宮八五〇回忌にさいして、俳諧の余興として創設された面が強かったのではないかと考えられる。これは、その後の展開の中で、設定された寺社に二十五天神を主張するところが少ないこと、町人をはじめとする人々の中に二十五天神巡礼の痕跡が少ないことからの推測である。また、『金砂子久要鑑』や『増補改正　六用集』などの書物に紹介されるわりに、順序が一定しないことや表記がまちまちなことも、それを編集する側にも購入・利用する側にも二十五の順序や数には大きなこだわりはなく、「③天神の寺社と由緒書上げ」で紹介したそれぞれの祀るところに参詣していた、その中に天神があったという程度のものであったと考えられる。

その一方で、当時の俳諧を考えてみると、『北乃梅』が編まれた一八世紀中ごろは、希因や北枝、千代、麦水などを輩出した黄金時代とでも呼べるほど俳諧の盛んな時期であり、『増補改正　六用集』にいたる一八世紀末から一九世紀初頭にかけては、蘭更、年風、梅室らが出た第二期黄金時代であった。そして、この第二期には狂歌師による「金沢八景」[26]の創出やそれを素材とした俳人たちによる「夷曲百人一首」[27]の句会など、俳諧が町人文化をリードしてきたとみることができる。こうした点を考慮して、二十五天神の成立や設定を再検討する必要がある。

また、諸本を通じて江戸時代の終わりごろまで確認される二十五天神は、明治初年の神仏分離令を経て大きく変化する。明治二年（一八六九）の「御府内天満宮二十五社所附」[28]では、西方寺・成学寺・放生寺・燈明庵・崇禅寺・乗龍寺・来教寺が落とされ、ほかの神社が加わっている。そして、次第に二十五天神はいわれなくなっていく。

こうした背景に、最初に指摘した金沢の町の特異性が大きくかかわっていると考えられる。すなわち、明治維新の後、四民平等による武士身分の廃止→金禄公債証書の発給→武士の困窮という図式の中で、武士階級が大半を占めていた金沢の町の衰退も激しいものがあった。その混乱の中で、金沢再興の拠り所として「加賀百万石」の往時を思い、その藩祖である前田利家を神として祀る尾山神社が創建されたのが明治八年（一八七五）のことである。前田＝菅原＝天満宮の結びつきが直線化、さらに強化されたのもここからである。この動きに呼応するかのように、神仏分離後の天満宮が前田家の神社へと移行・集約されていく。寺院からも天神社が分離され、合祀が行われた。西方寺にあった「鏡天神画像」が明治に入って椿原天満宮（田井天満宮）に移されたのもその一例である。

町人の世界では、学制の進む中で、学問の神としての天神信仰と前田＝菅原による菅原神社などが結びついていくのも当然であり、寺院においては廃仏毀釈による衰退の中で、二五日の天神祭りや天神巡りが、三月二五日（新暦の四月二五日）を中心とする蓮如忌による娯楽に移行していくことで徐々に衰退していったと考えられる。

こうした蓮如忌などの行事から、逆に宗教行事としての太子信仰・太子忌について考えていきたい。

二　城下町金沢の太子信仰

石川における太子信仰の痕跡については、現在刊行されている自治体史をはじめ郷土関係の学術雑誌などに太子に関する記載があり、予備調査を行った結果、二百件を越える事例を拾うことができた。内容も画像・木像・縁起書・絵伝・太子作阿弥陀如来像、太子講・太子忌などの行事と多岐にわたっている。また、大部分は寺院所蔵であるが、なかには職人組合所蔵資料や地区所有、神社所有の資料まで含まれている。その中から、寺院所有の資料を中心に聖徳太子関係資料の確認・紹介を行い、「太子信仰」と呼べるものがあるのか、太子信仰として捉えた場合にどのような位置づけがなされるかという視点からの調査を行い、展覧会を開催した。しかし、展覧会という性格や対象資料の量的制約もあり、事例紹介にとどまった感は否めない。

表3　金沢市域の聖徳太子関係資料一覧

	南無仏像(二歳木像)	所蔵先	高さ×幅×奥行	備　考
1	聖徳太子二歳像	光闡寺	35.0*13.0*11.0	
2	聖徳太子二歳像	蓮生寺	19.0*10.0* 8.5	
3	聖徳太子二歳像	光円寺	45.0*16.0* 9.0	
4	聖徳太子二歳像	常念寺	34.0*13.0*11.0	
5	聖徳太子二歳像	願清寺	36.0*14.0*12.0	
6	聖徳太子二歳像	即願寺	15.0* 6.0* 4.5	
7	聖徳太子二歳像	善行寺	37.0*13.0*10.0	
8	聖徳太子二歳像	等願寺	37.0*14.0*13.0	
9	聖徳太子二歳像	唯念寺	62.0*23.0*19.0	
10	聖徳太子二歳像	仁随寺	24.0* 7.5* 6.0	
11	聖徳太子二歳像	永順寺	48.0*15.0*13.0	
12	聖徳太子二歳像	浄照寺	40.0*13.0*10.0	
13	聖徳太子二歳像	徳龍寺	48.0*22.0*16.0	
14	聖徳太子二歳像	林幽寺	41.5*16.0*14.0	
15	聖徳太子二歳像	本浄寺	36.0*12.0*10.0	
16	聖徳太子二歳像	智覚寺	27.0* 9.0* 8.0	
17	聖徳太子二歳像	信楽寺	31.5*11.0*11.0	
18	聖徳太子二歳像	松栄寺	31.0*12.5*10.0	
19	聖徳太子二歳像	本龍寺	43.0*17.0*12.0	
20	聖徳太子二歳像	幸円寺	8.0* 2.5* 2.0	
21	聖徳太子二歳像	普照寺	34.0*15.0*10.0	
22	聖徳太子二歳像	大野職工組合	33.0*13.0*10.0	伝泉寺保管
23	聖徳太子二歳像	常本寺	36.5*15.0*11.0	
24	聖徳太子二歳像	聖徳寺	21.5* 7.0* 6.0	展覧会後追加

	孝養像(十六歳木像)	所蔵先	高さ×幅×奥行	備　考
1	聖徳太子十六歳像	光円寺	45.0*17.0*17.0	
2	聖徳太子十六歳像	西方寺	34.0*16.0*12.0	
3	聖徳太子十六歳像	浄光寺	38.0*14.0* 9.0	
4	聖徳太子十六歳像	等願寺	6.0* 3.0* 3.0	
5	聖徳太子十六歳像	慶覚寺	48.0*19.0*16.0	
6	聖徳太子十六歳像	正福寺	35.0*11.0* 7.0	
7	聖徳太子十六歳像	徳栄寺	36.0*12.0*10.0	
8	聖徳太子十六歳像	常徳寺	23.0* 8.0* 8.0	
9	聖徳太子十六歳像	本福寺	28.0* 9.0* 7.0	
10	聖徳太子十六歳像	妙覚寺	28.0*10.0* 9.0	
11	聖徳太子十六歳像	大野醤油協同組合	31.0*11.0*10.0	伝泉寺保管
12	聖徳太子十六歳像	聖徳寺	26.0* 8.0* 5.0	昭和56年作

	その他の像	所蔵先	高さ×幅×奥行	備　考
1	聖徳太子立像	仰西寺	32.0*19.0*11.0	

	太子画像	所蔵先	高さ×幅	備　考
1	聖徳太子画像	本浄寺	19.5* 7.0	
2	聖徳太子画像刷物	等願寺	24.0*12.0	
3	聖徳太子十四歳画像	永観寺	91.5*26.5	

	太子絵伝	所蔵先	高さ×幅	数　量
1	聖徳太子絵伝	光闡寺	137.0*79.0	1幅
2	聖徳太子絵伝	即願寺	143.0*71.0	4幅
3	聖徳太子絵伝	西方寺		6幅
4	聖徳太子絵伝	善行寺		8幅
5	聖徳太子絵伝	等願寺	148.0*79.0	4幅
6	聖徳太子絵伝	浄照寺	138.0*82.0	4幅
7	聖徳太子絵伝	林幽寺	160.0*80.0	4幅
8	聖徳太子絵伝	本浄寺	142.0*72.5	4幅

本稿では、先の調査の方向性を維持しながら、資料相互の関連や整理を軸に、「城下町金沢」にみられる資料群と浄土真宗の存在がどうかかわっているのか、そこに町人がどのようにかかわっていたのかという点から再構築して論じてみよう。

⑴城下町金沢の太子関係資料

真宗寺院の木像本尊である阿弥陀如来像の作者が聖徳太子という伝承もかなりあったが、太子を直接対象とするものということでそれを除外したうえで、寺院の訪問・確認調査を行った。その結果から城下町金沢にかかわる資料を抽出したものが表3であり、その内容を紹介しながら論を掘り下げていくこととする。

(ア)二歳木像

この種の像は、太子が二月一五日（釈迦の忌日）の明け方に乳母の懐から這い出して東の方を向き「南無仏」と唱えたという伝承にもとづいて造られたものである。「雪のような肌に緋の袴を着け」といった記述から、木像もほとんどが上半身は裸で袴をはいた無髪の童子が合掌している姿に造られている。

城下町金沢の二歳像も概ねこの通りであるが、今回確認した二四軀の二歳像はいずれも個性的な姿をしている。

なかでも有髪の像が六軀あり、そのうちの二軀は上衣をつけている。徳龍寺の像（№13）は塑像であり、袈裟をつけた姿で合掌している。智覚寺の像（№16）も狩衣袴のような衣服をつけているが、二歳像のなかでは唯一合掌はせず、右手に三鈷・左手に宝珠を持った立像である。残りは、概ね二歳像の定形をとってはいるが、袴のひもの結び方や長さ、袴の裾の捌《さば》き方、合掌する手の位置、表情などはすべてが違うといっても過言ではなく、像の数だけ信仰があるといえるだろう。また、光闡寺（№1）をはじめ五軀は信仰する人々からの寄進による衣や袴を着けている。

(イ)十六歳木像

十六歳像は、父用明天皇の病気平癒を願って祈った姿であるとされ、最近の研究で袈裟をつけているものを「孝養像」、袈裟をつけていないものを「童形像」と分類するようになっている。

城下町金沢の十六歳像をみると、一二軀確認した中で八軀は孝養像であり、「自ら二十五條の御袈裟をかけさせ御手に柄香炉を持ち」の姿に造られている。像自体は、二歳像二四軀の平均が三四センチに対して一二軀の平均が三一センチとやや小柄ではあるが、像のバランスも概ね整っており、彩色や細部の仕上げなどの装飾も見事なものが多く、仏師とは呼べないまでも、像を彫り慣れた工人の存在を感じさせる。

さらに、個々の像をみていくと、大部分は柄香炉を持っているが、そのかたちは千差万別である。短い柄の香炉を左手で持ち、右手は左手の袖にそえられている像もあれば、長い柄を両方の手で捧げるように持っている像もある。両手で持つ像は、持つ手と支える手が左右逆になっているものや、香炉の長い柄の先がまっすぐになっているものや曲がっているものなどがある。柄香炉が失われているものも四軀あるが、手の形や向きからある程度想定することができる。

個々の像についてみると、八軀の孝養像は、現在ではその彩色をとどめていないが「赤衣の上に御袈裟を著し、金の香炉を捧げる」という孝養像の定番とみることができる。童形像としての四軀は、等願寺の像（No.4）は狩衣のような衣服をつけており、正福寺の像（No.6）と大野醤油協同組合の像（No.11／伝泉寺保管）は、長い法衣をまとい腰の部分をひもで縛っている。特に後者は、朱の法衣で金の香炉を持ち、孝養像を意識して造られたとみられるが、寺院蔵ではないことを意識してか、顔は胡粉を盛り、袈裟は表現されていない。

（ウ）その他の太子像

仰西寺の像は、立像で両手で数珠を爪繰《つまぐ》っており、あたかも浄土真宗の歴代宗主画像を想起させる姿であるが、太子像の持物としては異例である。県内他地域の太子像の中には、六歳や一八歳といった定形から外れた伝承を持つ像もみられるが、この像に年齢の伝承はない。

（エ）太子画像

現在県内に存在する寺院の六割以上が浄土真宗寺院であり、そうした真宗寺院の多くに浄土七高僧画像と対になった聖徳太子画像が存在する。この画像は、数が多いことに加えて寺院の存在形態としても画像の形態としてもかなり形式化しているので、あえて最初の調査対象からは除外した。

その結果、三点の画像を確認した。本浄寺の画像（No.1）は、大阪河内の下の太子（大聖勝軍寺）から勧請したもので孝養像である。等願寺の画像（No.2）は、小さな刷り物で、上半身裸で緋の袴をつけた二歳像の姿である。弘法大師作と記されており、参拝者向けのものと考えられる。等願寺には二歳木像も存在し、姿は画像と似ているが、木像に弘法大師作の伝承はない。永観寺画像（No.3）は、文政四年（一八二一）に行われた聖徳太子千二百回忌に大和法隆寺花園院で作られた画像を勧請したものである。天蓋の下に摂政像に似た太子が座している画像で、賛文には匠の技術伝承が記されている。永観寺では太子一四歳の画像と伝える。

(オ)太子絵伝

絵伝に関する資料はほとんどなく、手探り状態での調査であったが、木像確認の訪問時にはじめて存在を知り、調査させていただく場合が多かった。最終的に八件を確認した。一幅本から八幅本まで、三幅と七幅以外は確認できるが、県内・城下町金沢ともに四幅本が多い。成立年代が記された絵伝のうち、最古のものは等願寺の絵伝(No.5)で、文化一四年(一八一七)以降順次作られたことが寺の記録にみえる。また、絵伝のなかには昭和に入って制作されたものや、太子像を所蔵している縁で寄進を受け保管しているという寺もあり、時代を越えた太子信仰のつながりを想起させるものである。

(2)太子・寺院の縁起と御忌

ここまでみてきた太子関係資料に関して、それぞれにまつわる縁起の存在を指摘しておかねばならない。縁起については、ごく一部を除いて、これまで自治体史などで紹介されたものは稀有の状況であった。しかし、表4にまとめたように、表3の調査資料の約半数にあたる二四件の縁起を確認した。これらは、聖徳太子の伝記の一部を記し、その貴人の像を所有している我が寺はこんな由緒があるのだという形式で記されているものが多い。寺の由緒に絡んで、太子像の作者を含む由緒に触れているものも少なくない。

まず、太子像の作者について記されているものは一一件ある。そのうち、聖徳太子自作と伝えるもの八件、蘇我馬子作が一件で、これらについては太子信仰の流れの中ではごく自然な結びつきと考えられる。ほかには、泰澄大師、慈覚大師が一件ずつである。これらの作者については、いずれもその通りには信じがたいものであるが、その人物に比定していくところに何らかの信仰のかたちがみいだせると考えられる。江戸時代に本末制度を受けて寺院の位置付けが固まっていく中で、また明治初頭の神仏分離・廃仏毀釈の中で、太子信仰が再編・構築されてきたのではないだろうか。

次に寺院縁起との関連である。寺院縁起では詳しいことがわからないのに、太子縁起を読んでいくと寺院の成立事情がわかるというものがある。

金沢市徳栄寺の縁起には、「開基　栄空　出所不詳。創立　寛正元年月日不詳(29)」とあるのみであるが、太子縁起には詳しい事情が記されている(30)。

抑コノ聖徳太子ノ尊像ハ人皇百三代後花園天皇ノ御宇当国大野ノ庄長谷ノ郷ニ般若院寂浄ト云フ兼学ノ僧アリ終日華厳天台ノ法門ヲ修学シ終夜三蜜ノ観行ヲコラス尚真言ノ奥蔵ヲ伝ヘンガ為ニ遙ニ高野ノ霊場ニ詣デ、夙夜ニ苦行ヲ励ムト雖モ忘念頻ニヲコツテ出要ホトンド極メガタシ尓ルニ无常ノ風ハゲシクシ後世ノ一大事ニ心イソガル、故爰ヲ以テ諸方ノ霊窟ニ詣デ、解脱ノ径路ヲ祈ル時ニ寛正元年冬ノ頃河内国科長ノ御廟ニ参籠シテ仏法弘通ノ洪恩ノ念シ今度生死ヲ出離セントヲ欲ス感応空シカラス本尊告テ曰ク是ヨリ東南ノ山嶽ニ我遺像アリ是ヲ汝ニ付属スル処ナリ又生死得脱ノ要津ハ洛陽大谷ニ行テ問ベシト　高原ニ蓮ヲ生セズヒシツニ蓮花ヲ生ズ　煩悩ノデイ中ニアツテ　仏正覚ノ花ヲ生ズ　ト、霊告ヲ蒙リ東南ニハコンデ彼山ニ登ニ光明遙ニ照シテ尊容忽然ト立チ玉フ爰ニ寂浄信心肝ニ銘シ尊像ヲ負奉ルソノ後東山ノ禅坊ニ参リ蓮如上人ニ謁シ奉ル上人示シテ曰ク今時相応ノ要法ハ弥陀ノ本願ニアリ汝ヂ速ニ難行ノ陸路ヲ出デ、易行ノ大道ニ帰入スヘシト寂浄歓喜ノ涙ニムセビ立処ロニ他力ノ正意ヲ受得シ入報土ノ真因ヲ獲得シテ蓮如上人ノ御弟子トナリ法名ヲ徳仁坊栄空トタマハリ弥陀如来ノ尊像ヲ授ケ玉フ依テ古郷長谷郷ニ於テ徳仁寺ヲ草創シ此ノ尊像ヲ安置シ奉ル其後寛永元年前ノ徳仁寺ヲ河原町ニ起立シ由縁アリテ新竪町徳栄寺ト号ス抑モ上宮太子ノ御入

滅ハ已ニ一千餘歳ヲ経ト雖モ御尊顔ヲ拝シ奉ルコト宿因深広ノカタジケナキ事ヲ喜ビ称名モロトモ謹デ拝礼ヲトゲラレヨ

とあり、密教系の学を修めた僧と太子像との出会いから、蓮如上人と逢って浄土真宗の寺院を創設したことなどが記されている。

このように、太子縁起は寺院成立の伝承や縁起と密接にかかわっており、太子像を拠り所として寺院を形成していく姿、太子像の伝承（縁起）をもとにして寺院の輪郭をより明確なものにしていく姿を通して、寺院成立の縁起と深くかかわっている太子信仰が浮かんでくる。そこには寺院縁起を補完する意味で太子像が存在するのである。

そして、この太子像や太子縁起が披露される場として太子講や太子忌・太子御忌があり、その中で厚い太子信仰へと移行してきたのである。太子講などの集まりがない場合には、太子像や縁起は所有しているというかたちだけで、周囲にもあまり知られておらず、ひっそりとしている。太子講や太子忌のあるところでは、周辺地域を中心に人々が集まり、料理を食べるところがあり、五色の餅を切り分けるところがあり、ミカンを奉納するところがあるといった具合にとても賑やかである。城下町金沢から周辺の加賀能登へと視点を広げれば、太子像によっては、火伏せの霊験があるとか、海で時化に遭わないとか、畑で蛇に遭わないといった現是利益を付せられているものがあり、実際に火事を防いだ、雨が降ってきたので洗濯物を取り込んだ、女性を暴漢から護った、村の若者たちと踊った、泥棒を防いだといったような俗っぽい伝承を持っているものもたくさんある。[31]その親しさゆえに、太子像は近隣の人々の信仰を集め、現代にいたるまで太子講や御忌が連綿と行われてきたのである。

いくつかの寺院では住職が困惑げに話す。「うちは真宗寺院であるが、一番のお参りは太子御忌である。真宗本来の姿とは違っていると思うが、人々の求めに答えることも寺院の大切な役目であると思ってお勤めしている」と。確かに、太子像を所蔵している寺院でも、単に所蔵しているというだけで太子講も御忌も営んでいないという寺院もたくさんある。現宗派の形態としてはそれが一般的なのである。しかし、それをはるかに上回る数の寺院が、太子講や御忌（あるいは両方）の行事を行い、そこに集う人々は、緋の着物を寄進し、お下がりものの餅やお札を貰って帰るのである。ある地域では、いつの頃からか厄年の人が一緒に混ざってお参りするようになっているといい、ある職人さんたちの仲間は、年初の集まりで賃金や慣習に関する話し合いを持ち、一年間の日当などを決定していると話す。生活の一部として切り離せないようになっている太子像もこれまた多いのである。

(3)太子信仰のまとめ

城下町金沢の太子信仰を示す資料と伝承を持つ寺院、ここまで掲示してきた各寺院は、江戸時代においてはすべて浄土真宗、しかも大谷派の寺院である。一部で真言や天台の伝承を持つ寺院があり、武士を開基とする寺院もあるが、いずれも浄土真宗が浸透してきて広がっていく中で、浄土真宗への転派があって体系化されていったものとみられる。それらは、浄土真宗によくみられる聖徳太子画像や太子和讃による太子奉賛とは趣を異にしており、中央の太子信仰とも異なる、地域に密接に関係したその地域の太子信仰として現在まで受け継がれてきている。地域の人々は、子や孫の成長を願い、漁での無事を祈り、嫌忌回避を期して太子の前に集う。願いを集める太子像は、二つとして同じものがないといっても過言ではないほどに個性的である。各寺院の太子講や太子御忌は、毎月行われるものを除いても、早いものは二月二一日から遅いものは四月二二日と広範にわたっており[32]、聖徳太子の伝記から抜け出してその地域独自の太子信仰として育まれてきたものであった。

しかし、なぜ聖徳太子であったのかと考えたとき、そこに浄土真宗の法脈をみいだすこととなる。親鸞や蓮如を通して聖徳太子をみていながら、実際には太子を通して蓮如、そして親鸞をみているのである。大きく生活全般を包み込むような信仰、それこそ「真宗王国」の面目躍如の感があり、太子信仰はその好例といえる。

三　城下町金沢の住人と文化活動

これまで、城下町金沢を中心に天神信仰と太子信仰をみてきたが、そこに町人や農民の息吹を見、実生活を垣間見ることができる。それらを通して城下町金沢の一面を描き出そうとする試みが本稿の一つの目標である。

天神信仰は、一般に認識されている姿とは異なり、文人の文芸活動から始まり、庶民層へも文芸や社寺参詣といった余暇的な性格を持って享受されてきた。もちろん『北乃梅』以外にも俳諧や連歌、狂歌などでその継承と発展に庶民層が大きな役割を果たしてきた。例えば、小松天満宮へやってきた能順に「夕顔のはずかしげなる小家かな」という連歌の発句があり、(33)これを承知していたのかどうかは不明であるが、千代尼とほぼ同時代、一八世紀の女流俳人の坂尻屋珈凉が「夕顔や男結びの垣に咲く」(34)や「梅が香や築地の崩れなけれども」(35)の自画賛を残している。能順も珈凉も、『源氏物語』の夕顔の巻を意識した句と考えられ、和歌の世界でいうところの「本歌取り」にも似た「遊びの世界」と考えられる。さらに後半には、越中の康工が『俳諧一百一集』(36)を編纂・出版した。著名俳人の座した姿絵とその人の句一句を一頁に納めた木版本で江戸・京・金沢の三都市で発売された。また、この後一九世紀前半には城下町金沢の商人で狂歌を嗜んでいた瀬波屋《せなみや》（西南宮）鶏馬《けいま》が亭主となり、狂歌の会を開いたという設定で『夷曲百人一首《いきよくひやくにんいつしゆ》』(37)が版行された。その作者録には、多くの金沢商人の名前がみえ、なかには小松や本吉の商人も名を連ねている。さらに宝集寺、宝来寺という寺院の僧侶も二人含まれている。なかでも宝来寺は先の『北乃梅』など二十五天神にも数えあげられている寺院である。

このような、町人・庶民層の活躍による文芸活動の隆盛が、かつての和歌の歌枕に求められたように、活動の場や素材の提供という点で、名所案内や名所巡りを求め、霊場・観音札所巡りや八景巡りなどが盛んとなり、俳諧が行われ、句集が作成され、絵画が描かれる。二十五天神巡りもそうした動きのなかで、「天神さんにかかわる二十五の場所」として広く認知されていったのではないか。それが、城下町金沢の天神信仰であり、二十五天神が盛んになることで、維持されていたのではなかろうか。通常いわれてきたような、前田家＝菅原氏という短絡的な結びつけとは異なる文化的活動が指摘されるのである。

そして、浄土真宗寺院のもとで行われた太子信仰もまた、庶民層の活動との関連性を指摘することができる。まず、「講」という組織である。浄土真宗の信徒の間に、寺院や道場、地域単位で信仰の実践を行う講が組織されていた。城下町金沢でも町単位で本山小寄講[38]や廿五日講[39]といった講が組織され、そのなかで宿を決めて会を行い、本願寺とも直接連絡を取り御書や絵像の下付を受けたりしていた。「講」という文字でみた場合のこうした活動はさておき、同じ「講」という字を用いているが、全く異なる活動をしているものがある。城下町金沢に曹洞宗の古刹大乗寺があった。ここで、文政年間（一八一八～三〇年代）に「羅漢講[40]」という講が組織されていたことが分かっているが、活動の内容は全く分からない。しかし、構成員は分かっており、城下町金沢の町人（商人）一一〇人の名前が記されている。さらに、能登にあった曹洞宗総持寺派大本山の総持寺は、幕末期に経営破たんとなり、その再建に名乗りをあげたのが城下町金沢の有力商人米仲買の嶋屋源兵衛であった。源兵衛は、現代でいう「指定管理者」として「財政再建策」を打ち出した。その根幹が「随喜講」と呼ばれる「講」であった。大本山総持寺の財政支援を行うことを大看板とし、藩の公認を取りつけ、頼母子講さながら参加を募る。本山として年毎に入ってくる新参の経費を原資とし、藩の公認ということで町在を問わず藩内全域に募集をかけ、口単価の大きな巨大・巨額投資事業を組織・運用したのである。金沢の外港宮腰（金沢町奉行の兼務地）の町役人が参加したり、羽咋郡の廻船問屋が参加した記録が残っており、入金の記録や計画通りの利益分配が行われた領収などが確認もされている。(41) さらに城下町金沢の北部に隣接する河北郡粟崎村の蓮得寺の太子絵伝では「弘化三年梅軒　南翠　交画」との箱書があり、作者がはっきりしている貴重な例といえるが、四幅の各画面に「嶋嵜」の丸い印が捺されている。これは、彼の地に本拠を置く有力な廻船問屋として知られた「嶋崎徳兵衛」と考えられ、彼からの寄進であることをうかがわせる。さらに、等願寺の十六歳像は天保九年（一八三八）に笠舞屋善兵衛が寄進、本福寺の十六歳像の厨子に天保三年（一八三二）北塚村若講中寄進とあるなど、庶民層の生活と幅広くかかわっていたことを示している。

　城下町金沢を中心とする太子信仰も、浄土真宗との関連を持ちながらも職人講のみならず、現是利益に仮託するかたちで広く人々からの信仰を集め、太子講や太子御忌の名でお祭りや会合など一種の娯楽となっていたのである。そして、太子にかぎらず、寺院を利用した「講」という名前の組織には、異業種・異地域の有力商人たちが集い、さまざまな経済活動や文化活動を行う「場」として利用していたと考えられる。一般の町人や農民たちは、そうした末端に触れ、自らの菩提寺に寄進された太子の姿に、子の成長を願い、日々の無事を祈り、祭りの場を楽しんでいた。こうした要素が大きかったとみられるのである。

むすびにかえて

近世の金沢を考える場合、これまではどの分野においても藩主・藩士たちの武家文化を抜きに語るのがはばかられるような状況であった。そして、そこからは町人をはじめとする庶民の姿が浮かんでこないという矛盾があった。そうした中、神田千里氏の「一向一揆は解体したか」[42]という論点は、閉塞的だった庶民視点の研究に大きな刺激を与えた。加賀前田氏の領国となる加賀・能登両国についてみても、庶民・農民のレベルで検討すれば、最後まで一向一揆が戦った加賀の一部を除き、土豪層（一向一揆では大坊主、幕藩体制下では十村）の在地支配力はほとんど衰えていない。藩の支配は、この有力町人や十村層の既存支配力を無視できない状況にあり、十村制度を立ちあげることでかれらの在地支配権を容認し、年貢の村請制をより円滑に行うこととしたとみることができる。庶民層は、相互のつながりを保持・強化することで在地支配権をより円滑に行使しつつ、藩との関係には一定の距離を置いていたと考えられる。その相互のつながりを強化・確認する一つの手段としてさまざまな「講」が組織されていたとも考えられ、宗門改めのための寺請制度もこうした体制を強化していったものと考えられる。前半で検討した「二十五天神巡り」や後半の「太子信仰」は、有力町人層が領国経済や町方支配を円滑に、そして自在に運営していく打ち合わせの格好の場となり、その会合のツールとして俳諧が重んじられたのである。一般の庶民は、社会生活を担った旦那寺への参拝・参集とともに現是利益の願いをかける場としてそれぞれの寺社を廻り、俳諧に触れ、享受し、さらに参詣を繰り返してきたのではないだろうか。

　こうした実態が、明治初頭からの神仏分離・廃仏毀釈という社会の変革を経て、天神信仰は藩主前田家との関連を主張し学問の神を合資する「菅原神社」を各地に誕生させ、太子信仰は寺院の戸惑いをも包括しながら真宗信仰へと集約させせたのである。

（1）江戸時代の金沢の町（町奉行管理）は、現在の地図では、犀川と浅野川とＪＲに囲まれた狭い地域と概観できる。

そこは、城下に集住している武士層の居住地域でもあった。ところが、実際には相対請地や通い奉公人、都市部の成長などにより、周囲の村々（郡奉行管理）を近郊農村として包括するかたちで都市化していた。こうした状況に加えて、現代の金沢市を呼ぶ「金沢」との区別を明確にする意味でも、実質的な江戸時代の金沢の町をさす場合に「城下町金沢」と用いる場合がままある。本稿でも、特に断らないかぎり、金沢町とその周辺の村々を包括して「城下町金沢」と呼んでいる。

（2）こうした一連の流れを把握するためには西山郷史「天神・人神・藩祖の信仰——都市型信仰の展開試論——」（『都市の民俗・金沢』、国書刊行会、一九八四年）、「天神として祀られた藩主——加賀・能登・越中の天神信仰——」（『宗教民俗研究』第一三号、二〇〇三年）、瀬戸薫「七　天満宮の諸相」（『金沢市史　資料編一三　寺社』、金沢市、一九九六年、六八七〜七一二頁）などに詳しい。

（3）橘礼吉「第五節　お天神さん」（『金沢市史　資料編一四　民俗』、金沢市、二〇〇一年、三七一〜三七七頁）のうち、三七三頁。

（4）ここでは金沢市立玉川図書館所蔵の、昭和二年の写本を用いて検討していくこととする。

（5）『金砂子久要鑑』の石川県立歴史博物館所蔵本は全六冊が帙《ちつ》に収められている。

（6）『増補改正　六用集』は、石川県立歴史博物館所蔵「大鋸コレクション」所収のもの。

（7）日置謙「金砂子」（『改訂増補　加能郷土辞彙』北国新聞社、一九八三年復刻の項目）より。

（8）「六用集」（同前）より。

（9）「天神巡り」（石川県立歴史博物館所蔵「村松コレクション」のうち、番外資料）。

（10）『加越能寺社由来』所収資料による。

（11）「320　寛延二年二月　宝来寺由来書上」（『金沢市史　資料編一三　寺社』、金沢市、一九九六年、六九二〜六九三頁）に詳しい。

（12）「323　年月日不詳　田井天満宮御影縁起」（同前、六九五頁）参照。

（13）「324　嘉永六年　乾貞寺天満宮不焼御像縁起」（同前、六九五〜六九八頁）参照。

（14）「325　慶応四年八月　長田村成応寺天満宮神名書上帳控」（同前、六九八頁）参照。

（15）「四、寺社由緒書上」（『加越能寺社由来』上巻所収）のうち、西方寺の項に詳しい（三〇五頁）。また、『金沢古蹟志』巻一九（金沢文化協会、一九三三年）のうち、「○西方寺鏡天神」の項参照（二一九頁）。

(16)「○放生寺鎮守祠」（『金沢古蹟志』巻二六、金沢文化協会、一九三四年、五三頁）参照。

(17)「331　宝暦二年二月　波着寺天神宮開帳記録」（注11前掲書、七〇〇～七〇三頁）参照。

(18)「322　天保十二年三月　市姫宮右脇之伝記」（同前、六九四～六九五頁）参照。

(19)「寛政五年七月　学校構内に天神社を造営するを以てその神職を命ず」とある（『加賀藩史料』第拾編、四三五～四三六頁）。命じられたのは、田井天神の神主高井氏であった。

(20)「文政七年二月　竹沢御殿内に新たに天満宮を勧請し、その祭日を四月廿四・五日と定む」（『加賀藩史料』第拾参編、四〇三頁）。

(21)宇佐美孝「加賀藩開帳年表――加賀・能登を中心に――」（『加能史料研究』一〇、一九九八年）に表示されている。

(22)ここまでの記述は宇佐美注(21)前掲論文所収の表による。

(23)「翻刻菱屋彦次日記」（『石川県立郷土資料館紀要』三、一九七二年）による。この史料は、現在、石川県立歴史博物館所蔵の「村松コレクション」所収、No.210。彦次が就いていた「祠堂銀裁許役」とは、加賀藩がゆかりの社寺に対して補助金を出すにあたり、信用できる町人（商人）にその運用を委託していたものである。

(24)橘注(3)前掲論文に同じ。特に三七二頁。

(25)暮柳舎は、綿屋希因の門弟に継がれた俳号である。

(26)金沢八景とはもちろん近江八景になぞらえたものであり、いくつか説があったようであるが、天保一一年（一八四〇）に俳人の西南宮（瀬波屋）鶏馬が、その著「夷曲百人一首」の巻頭に中山李喬《なかやますえたか》の挿絵とともに掲載したものが一般的となった。「鞍嶽《くらがたけ》時雨《しぐれ》」「犀川《さいがわ》夏月《かげつ》」「戸室《とむろ》日出《ひので》」「笠舞《かさまい》残雪《ざんせつ》」「一本松《いっぽんまつ》夕嵐《ゆうらん》」「長谷山《はせやま》暁鐘《ぎょうしょう》」「粟崎《あわがさき》帰雁《きがん》」「宮腰《みやのこし》出帆《しゅっぱん》」の八景とされる。風景を詠んだ和歌から出発し、次第にその景観を描くものが流行した。

(27)「夷曲百人一首」は金沢の古今亭に俳人たちが集まって句会を開いた形式をとり、西南宮鶏馬によって編纂されたもの。

(28)「御府内天満宮二十五社所附」（注3前掲書、三七四頁）。

(29)「石川県寺院明細帳」（一八七五年／『加越能寺社由来』下巻、石川県図書館協会、一九七五年、四八三頁）。

(30) 展覧会図録『太子信仰と北陸』(石川県立歴史博物館、一九九七年、八五頁)。

(31) 表1に収録した太子像のある自治体史の宗教、あるいは民俗編に伝承や民話として収載・紹介されている。

(32) 末尾の表①参照。

(33) 「能順短冊幅」(石川県立歴史博物館　2-18-2-1088)。

(34) 「珈涼自画賛幅」(同前　2-18-2-1053)。

(35) 「珈涼自画賛幅」(同前　2-18-2-518)。

(36) 『俳諧一百一集』は、宝暦一四年五月の序を持ち、明和二年に墨色単色で版行された。芭蕉から麦林まで俳人百人の姿絵と句を記している。末尾の表②参照。

(37) 『夷曲百人一首』(石川県立歴史博物館　2-18-2-307)。末尾の表③参照。

(38) 本山小寄講は、城下町金沢の鍛冶町で行われていたもので、文政一二年(一八二九)の達如消息を有する。のち「七日講」として存続した。

(39) 廿五日小寄講といい、城下町金沢の春日町で行われていたもの。鍛冶町と同様、文政一二年の達如消息を有している。

(40) 「羅漢講」は、曹洞宗の大乗寺で行われたといい、大乗寺には「羅漢講員画影像」が残されている。文政七年(一八二四)の銘を持ち、裃姿の模式図化した人物画像一一〇人が描かれ、一人一人に名前が記されている。山崎屋彦三郎(安江木町・米仲買)、森下屋八左衛門(尾張町・散算用聞、干菓子)、茶屋次郎八(野町・古手、質)、小倉屋太右衛門(下堤町・蔵宿)など、当時の有力町人のほとんどが名を連ねている(なお(　)の記載は金沢市立図書館『金沢町名帳』をもとに筆者が付す)。末尾の表④参照。

(41) 随喜講については、拙稿「能登総持寺の随喜講運営と金沢町人——領内資本の運用と米仲買——」(『石川県立歴史博物館紀要』一七、二〇〇五年)。

(42) 神田千里『信長と石山合戦　中世の信仰と一揆』(吉川弘文館、一九九五年)。

[付記]　本稿は、「石川の太子信仰と真宗」(『日本の歴史と真宗』自照社出版、二〇〇一年)および「江戸時代金沢の天神信仰」(「太子信仰と天神信仰の比較史的研究——信仰と表現の位相——」平成一四~一七年度科学研究費補助金

研究成果報告書、二〇〇六年）をもとに、地域を城下町金沢にかぎって論考したものである。

表① 金沢市域の太子講カレンダー

	月　日	寺　院	行事名称	中　心	備　　考
1	2月21・22日	林幽寺	太子御忌	二歳像	
2	2月21・22日	本浄寺	太子御忌	二歳像	
3	2月21・22日	信楽寺	太子御忌	二歳像	餅を食べると頭が良くなる
4	2月21・22日	本浄寺	太子御忌	画像	勝軍せんべい。大聖勝軍寺
5	2月22日	等願寺	太子御忌	二歳像	
6	2月22日	大野醤油協同組合	太子講	十六歳像	醤油業。輸送の自転車屋。伝泉寺
7	2月24・25日	妙覚寺	太子御忌	十六歳像	
8	3月21日	仁随寺	太子御忌	二歳像	
9	3月21・22日	光円寺	太子御忌	二歳像	十六歳像も
10	3月21・22日	常念寺	太子御忌	二歳像	男は太子講、女は尼お講
11	3月21・22日	善行寺	太子御忌	二歳像	かつては2月
12	3月21・22日	永順寺	太子御忌	二歳像	もと徳善寺、絶えて継嗣した
13	3月21・22日	松栄寺	太子御忌	二歳像	文政2、二の丸御広式から小袖
14	3月21・22日	光円寺	太子御忌	十六歳像	
15	3月21・22日	浄光寺	太子御忌	十六歳像	
16	3月21・22日	徳栄寺	太子御忌	十六歳像	
17	3月21・22日	本福寺	太子御忌	十六歳像	
18	3月21～23日	蓮生寺	太子御忌	二歳像	彼岸団子
19	3月21～23日	常本寺	太子御忌	二歳像	
20	3月22日	願清寺	太子御忌	二歳像	
21	3月22日	唯念寺	太子御忌	二歳像	新湊市善休寺に分身像がある
22	3月22日	浄照寺	太子御忌	二歳像	
23	3月22日	徳龍寺	太子御忌	二歳像	
24	3月22日	大野職工組合	太子講	二歳像	職人仲間。伝泉寺
25	3月22日	常徳寺	太子御忌	十六歳像	
26	3月22日	聖徳寺	太子御忌	二歳像	かつては半月形のらくがんあり
27	3月22・23日	普照寺	太子御忌	二歳像	赤飯・ぬた料理。紅白の餅・安産
28	4月1・2日	光闡寺	太子御忌	二歳像	万年講。かつては3月22・23日
29	4月17・18日	幸円寺	太子御忌	二歳像	
30	4月22日	即願寺	太子御忌	二歳像	
31	8月1～5日	智覚寺	(虫干し)		
32	毎月22日	等願寺	太子講	二歳像	
33	毎月22日	浄照寺	太子講	二歳像	

表③　『夷曲百人一首』の人名

望月	森津左衛門		成丸	斎藤氏	
儘世	金屋九郎兵衛		可居	吉田慶助	
桃成	杉部清左衛門		神垣	額見屋勘右衛門	小松
白雪	佐野伴之進		玉蔵	松島宗三郎室	
風琴	堀越作太郎		音児	伊藤孫助	
名鞠	岩崎屋徳左衛門		可貫	堂後屋綜太郎	
牛丸	栗原喜太夫		鈴麻呂	藤田玄登左衛門	
汐満	玉屋多々助		時告	能登屋長右衛門	
米積	鍋屋伊兵衛		庄田丸	綿屋理右衛門	
雀翁	堀越左源次		良秀	高岡屋五郎兵衛	
丘道	岡田道仙	本吉医	只石	酢屋五兵衛	小松
不吃丸	村田元哲		直続	金平屋清左衛門	小松
多民	畳屋九良三郎		三室	浅ノ屋弥三兵衛	
音成	千田金左衛門		稀鳴	森下屋甚兵衛	
老松	柄崎屋太兵衛		芹斉	松田東英	
帯丸	直山宗四郎		鼎	島川彦右衛門	
友也	西田勘蔵		峯高	山崎屋長兵衛	
真白	山田監太夫		味好	飯野屋平助	
音琴	堀越左源次		笠成	菅谷義右衛門	
菜摘	中条屋茂右衛門		睡雲亭	玉屋理助	
竜躬	柳橋屋与三右衛門		辰麻呂	鍋屋弥五郎	
壺主	相河屋猪平		登志雄	妙玄寺	
崔芝	能登屋半三郎		真杉	古酒屋四郎兵衛	本吉
畠守	宮崎宗敬		文居	松村屋喜三郎	
稲長	近岡屋次左衛門		居織	柴屋吉兵衛	
月雄	崔来屋円右衛門		大道	藤田逸斎	
馬騎	崔来屋宗右衛門		文好	高桑宇内	
子日女	小松屋源右衛門室		葉久紫	菊井卓二	
高樹	中村八郎		鷹丸	篠井源五右衛門	
土師米	新屋次助		初文	番匠屋宗兵衛	小松
巻筆	上山市蔵		住吉	小杉屋六兵衛	小松
笠形	戸板屋助五郎		玉斎	玉田屋斎助	
米雅	小松屋五右衛門		梅山	久保田玄仙後室	
八尋	越后屋多吉		匊廼屋	今村八方軒	
朝彦	村東旭		平太丸	古酒屋孫左衛門	本吉
菊翁	宮竹屋七右衛門		栄堂	宝集寺	
八千世	辰巳屋彦蔵		臼丸	木村屋喜作	
芦城	簗田耕雲		道好	茶屋七右衛門	
今居	今市屋彦兵衛		梅景	太良田屋又右衛門	
日都始	新屋治平		清重	古酒屋小輔	本吉
歌春	泉屋庄七		寸衛成	同姓(古酒屋)孫次	本吉
豊年	上山吉十郎		翠	野口文作	
香菊	木蔵屋甚九郎		頼寿	瀬波屋清吉郎	
馬葛ラ	鈴木柳崖		居鶴	金平屋与三右衛門	小松
長介	河内屋太右衛門		葭根	狩谷平作	
竹由	水野与二郎		西南宮	瀬波屋犀輔	
持光	堺屋平七		別号	東北斎飲居	
蛙孫	坂井次郎右衛門		或	託花閣	雛馬
沖名	堀馬左衛門			暖雪楼	
十楪園	宝来寺			革山人	

表②　『俳諧一百一集』の人名

1	芭蕉	51	重軌
2	守武	52	すて
3	宗鑑	53	とめ
4	望一	54	従吾
5	貞徳	55	巴静
6	貞室	56	弁三
7	立圃	57	兎士
8	重頼	58	左静
9	季吟	59	五竹
10	湖春	60	素心
11	宗因	61	淡々
12	其角	62	司鱸
13	支考	63	舎朶
14	嵐雪	64	春波
15	去来	65	素風
16	丈草	66	杜菱
17	涼菟	67	秋瓜
18	許六	68	千代
19	北枝	69	珈涼
20	野坡	70	麻父
21	素堂	71	岸虎
22	尚白	72	禹洗
23	杉風	73	生可
24	信徳	74	左菊
25	鬼貫	75	鳥酔
26	言水	76	蓼太
27	木因	77	見風
28	一笑	78	涼袋
29	任口	79	晩九
30	千那	80	也有
31	木節	81	封卜
32	露川	82	其汀
33	万子	83	交琴
34	秋坊	84	柳几
35	智月	85	大阜
36	浪化	86	門瑟
37	正秀	87	麦水
38	越人	88	巻阿
39	芳樹	89	芳人
40	野水	90	闌更
41	曾良	91	可枝
42	句空	92	汪由
43	凡兆	93	既白
44	その	94	馬明
45	友吉	95	或静
46	李由	96	康工
47	木導	97	柳居
48	二水	98	廬元
49	とよ	99	希因
50	和及	100	麦林

表④　羅漢講の名前(羅漢講員画影像／大乗寺蔵より)

	左1	左2	左3	左4	左5
		開禅玄則和尚		副寺本光和尚	
1	〔?〕屋庄三郎	中屋彦右衛門	井波屋八良兵衛	山崎屋彦三郎	森下屋甚兵衛
2	木屋藤右衛門	松任屋半右衛門	喜多村屋彦左衛門	宮竹屋伊右衛門	森下屋八左衛門
3	梯屋八右衛門	鶴来屋円右衛門	松任屋清兵衛	山本文玄斎	堀昌安
4	金浦屋治良助	茶屋六良衛門	村屋清右衛門	宮竹屋庸二郎	能登屋又五郎
5	桜田屋孫右衛門	田井屋宗兵衛	越中屋長衛門	酒屋多四郎	舛屋伊左衛門
6	田之嶋屋喜平	松任屋善兵衛	野代屋孫兵衛	酢屋長次郎	井村屋佐兵衛
7	太郎田屋与右衛門	油屋平兵衛	庄田次良兵衛	有松屋吉良兵衛	越中屋久平
8	青木平右衛門	津幡屋伊兵衛	多葉粉屋〔記なし〕	嶋屋九良兵衛	竹橋屋作兵衛
9	鶴来屋久左衛門	森下屋次兵衛	吉田屋小右衛門	釜屋文左衛門	鶴屋九兵衛
10	浅野屋佐兵衛	山崎屋長右衛門	網屋弥兵衛	木折屋九兵衛	能登屋半助
11	衣屋弥兵衛	八百屋太助	米永屋五兵衛	松釜屋九兵衛	高岡屋武助

	右1	右2	右3	右4	右5
		祇陀耕雲和尚		〔灯滴天裔〕和尚	
1	茶屋次良八	山崎屋長兵衛	小倉屋清右衛門	加登屋次良衛門	本占屋宗右衛門
2	香林坊茂太郎	金屋九良兵衛	木倉屋長右衛門	富津屋七左衛門	島崎徳兵衛
3	福久屋景寿	桝屋東橋	越中屋治左衛門	油屋半四郎	木屋治助
4	木屋孫太郎	富田屋長兵衛	小松屋五右衛門	小倉屋太衛門	酒屋宗左衛門
5	浅野屋惣四郎	千代屋久平	菱屋彦次	敦賀屋甚右衛門	平松屋平兵衛
6	若村屋治兵衛	諸江屋和右衛門	高岡屋五良兵衛	蚊爪屋又五郎	墨屋伝右衛門
7	紙屋長三郎	松任屋幸助	鍋屋忠兵衛	扇子屋権太郎	塩屋伝右衛門
8	野代屋徳兵衛	碇屋伊右衛門	越中屋喜左衛門	墨屋治助	釜屋四良兵衛
9	杉本屋弥三兵衛	浅田屋長次郎	小倉屋治助	石浦屋甚助	相模屋甚左衛門
10	大聖持屋伝助	能登屋権兵衛	林屋新兵衛	油屋善助	瀧屋吉兵衛
11	美濃屋長作	佐賀野屋次良助	不動寺屋庄平	中村屋伊兵衛	佐賀野屋甚助

※『金沢市史　資料編七　近世五』(金沢市、2002年)所収、口絵カラー写真より判読した。
　石川県立歴史博物館2009年度春季特別展「肖像画にみる加賀藩の人々」による展示で現物画像と照合し校訂した。

II

聖徳太子伝の史料的性格――宗教的テキストの生成・流伝形態――

下鶴　隆

はじめに

いかなる信仰といえども、その信仰の内容を時間や空間を超えて伝えるには、信仰テキストの作成と流伝を必要とする。それだけに、信仰の特徴を比較したり、時にはその相互関係を検討する場合、文献史学の主たる検討対象が信仰テキストの分析にむかうのはいうまでもない。

本稿は、太子信仰と天神信仰の比較史的研究をめざす上で基礎となる、信仰所伝の流伝形態をとりあつかう。この課題をとりあつかうさいに注意を要する点は、これらテキストの流伝には、一般的に流布させることを目的とした内容とは別に、ごく限られた人々にのみ受けつがれるいわば秘伝的な内容があるということである。こうした限定的なテキストの流伝を前提に、後述する如く複雑で多様な信仰テキストが生成されてくるのである。

本稿は、断片的な抄写注文たる「秘事・口伝」を媒介に成り立つ、中世の宗教的テキストの流伝形態を、太子伝を起点的素材として検討する。そこでうかびあがってくる所伝の流伝形態は、太子伝のみに限定されるものではなく、天神信仰テキストにも適用可能な流伝形態であり、中世までの宗教的テキストに広く適用可能なものと考えられる。そしてそのことは、単に中世の宗教的テキストにとどまらず、古代史料の再評価をも展望させるものとなろう。

一　『上宮聖徳法王帝説』の史料的性格

　まず、検討の対象となる太子伝は『上宮聖徳法王帝説』（以下『帝説』と略す）である。[1]『帝説』は、『記』『紀』編纂以前にさかのぼる聖徳太子の記録を部分的に伝えるものとして重要な史料であるが、その史料的性格は必ずしも十分に明らかにされてこなかった。まず、この史料の性格を検討することからはじめる。

⑴知恩院本『帝説』の研究略史

『帝説』の根本本たる知恩院本が成立したのは院政期にさかのぼるとされ、この根本本にもとづいた部分引用が、鎌倉時代、顕真の『聖徳太子伝私記』に初めてなされて以来、室町期までの太子伝諸史料にその引用が散見されるようになる。ただこのさい注目されるのは、引用史料名があげられる場合、すべて「上宮聖徳法王帝記」（以下「帝記」と略す）の名前で引用がなされている点、また、肝心の根本本たる知恩院本の所在が近世後期まで全く知られなかった点である。知恩院本が発見されるのは、近世後期の大日本史編纂過程を通じてであり、これを契機に狩谷棭斎《かりやえきさい》の史料公刊と基礎研究がなされることとなった。明治に入ってから、この知恩院本は、法隆寺勧学院を離れて知恩院に所蔵されることとなる。

　こうした研究史をふまえて、『帝説』を体系的に研究し、今日の水準を築いたものこそ家永三郎『上宮聖徳法王帝説の研究』である。[2]家永は、書誌的な基礎研究を尽くした上で、知恩院本の内容を大きく五部に分類し、それぞれ成立事情の異なる史料が、パッチワークのようにまとめられて『帝説』の古本が成立し、これを書写したものが知恩院本であるとした。さらに、中世の諸太子伝に引用される『帝説』がことごとく「帝記」として引用される点について、これは単なる誤写であると考え、引用にあたって参照されたのは、知恩院本ではなく、おそらくそれを抄写したものを見て間接的に引用したものと指摘した。この指摘は正しいだけではなく、本稿でのちに考察するごとく、太子伝全体の史料的性格を考える点で非常に重要なものである。

　これに対して、田中重久は、中世法隆寺の史料にあらわれる『帝説』が、一貫して「帝記」として引用されることから、『帝説』の原本たる『帝記』が、『帝説』書写にあたって、それこそ誤記されたものとした。[3]また、太田晶二郎も、田中とは異なった視角から、知恩院本に先行する原本を想定し、本来は『上宮聖徳法王』とその標目にすぎなかった「帝記」が結合した結果、『上宮聖徳法王帝記』の書名が成立したと主張し、『帝説』はやはりこの誤記と考えた。[4]しかし、中世法隆寺の史料にあらわれる「帝記」の祖本が、いずれも知恩院本の『帝説』であることが家永によって論証された以上、知恩院本『帝説』に先行する祖本を想定し、これを『帝記』だったとする所説の実証的根拠は失われているとしなければならない。

　そもそも、田中や太田の学説は、独立した著作として成立した原本に加筆・転写の手が入り写本が発展してゆくというオーソドックスな書誌学的理解に貫かれている。この点は、知恩院本『帝説』の前に、「古本」の成立を想定する家永も同じ立場である。しかし、そのような理解のみで、後論するような範囲も内容も限定された「秘事」に位置づけられる宗教的テキストを理解してよいのだろうか。知恩院本『帝説』の中世における引用形態・書承形態を検討する中で、流布が極限にまで限界づけられたいわば「秘事」が、どのように形成・流伝されるのかを考え、それをもとに知恩院本『帝説』の成立を考えてみたい。

⑵「秘事・口伝」の史料的性格

知恩院本『帝説』は、鎌倉以降寺内に伏在しその所在がつかめなくなってしまうけれども、いくつかの太子伝にその内容の一部が密やかに引用されてゆく。それらは先述したように、いずれも「帝記」の表記をともなうものであるが、家永の指摘するようにいずれも知恩院本を源とする引用であろう。その最も早い例が、法隆寺僧顕真による『聖徳太子伝私記』（以下『私記』と略記）下巻に引用される「帝記」（史料一Ⓑ）である。

この「帝記」は、引用形式などから、すぐ後に続く「飢人哥」とともに、『私記』によって「此等皆秘事也、不レ可二他見一耳」と評価されている。すなわち、顕真にとって「帝記」は「飢人哥」とともに、他見を許すべからざる「秘事」なのであった。ここでいう「秘事」とは、そもそもいったいどのような性格をもつ史料なのであろうか。それは、『私記』自体の史料的性格の中にうかがうことができる。

林幹弥によると、『私記』上下二巻は、巻ごとに成立事情を異にしている。上巻は顕真がその師隆詮五師から「令然此伝之器也」といわれ口授された「年来秘事・口伝」を内容とし、これら増覚入寺～隆詮五師と相伝されてきた「秘事・口伝」に、「世間流布口伝」を加えて成立したものだとされる。これに対して下巻は、法隆寺に調子丸信仰を確立し、みずからをその子孫と位置づける顕真が、康仁以来伝承してきた「秘事・口伝」を集成したものだという[5]。

ここでいう「秘事・口伝」とは、「世間流布口伝」に対照されるものであり、一般には知られていない所伝、密かに限られた人々にのみ伝えられる所伝といえよう。それら密やかな伝授は、僧侶から僧侶へまさに「師資相承」のごときかたちで受けつがれるものであった。では、そのような伝授はどのようになされてゆくのであろうか。そのあり方を知恩院本『帝説』とその部分引用たる『私記』所引「帝記」とを比較することから考えてみたい（史料一）。

〔史料一〕『帝説』と「帝記」の比較対照

Ⓐ『上宮聖徳法王帝説』

1 伊波礼池邊雙槻《ナミツキノ》宮ニ治天下橘豊日天皇娶庶《マイテツ》「妹穴穂部間」人ノ王ヲ為大后ト生《メル》児厩戸《ト》豊聡《サト》耳ノ聖徳法王《ナリ》次久米《メノ》王　次殖《ウエ》栗ノ王　次茨《スイ》田王

2 〔又天皇娶蘇我ノ伊奈米《ミノ》宿祢大臣ノ女子名ハ伊志支那ノ郎女生児多米《メノ》王

3 〔又天皇娶テ葛木ノ當麻ノ倉首《クラヘ》名ハ比里古カ女子伊比古郎女ヲ生児ヲ乎《ヲ》麻呂古王次須加弖古《テコ》ノ女王 此王ハ拝祭伊勢神前ニ至ル于三天皇也 合聖王ノ兄□王子也

4 ○○○聖徳法王娶テ膳部《カシハテ》ノ加多夫《フ》古ノ臣女子名ハ菩岐々美郎「生」児ヲ舂米《ツイシネノ》女王、次長谷《ハセノ》王　次久波太《クハタノ》女王　次波《ハ》止利《トリノ》女王　次三枝王　次伊止志古《イトシコノ》王　次麻呂古王　次馬屋古女王已上八人

5 〔又聖王娶テ蘇我馬古叔尼《マコシクニノ》大臣ノ女子名負古郎《ハフコノ》女ヲ生児山代大兄《エ》ノ王 此王ハ有賢尊之心棄身命而愛スル人民也後人与父聖王相濫トイフ非也 次財《タカラ》王　次日置《ヒオキノ》王　次片岡《カタノ》女王已上四人

6 ○又聖王娶テ尾治王ノ女子位奈部《井ナヘ》ノ橘ノ王ヲ生児

Ⓑ「上宮聖徳法王帝記」（『私記』所引）

1 用明天皇娶間人皇女生児聖徳王久米《メノ》王値（殖）栗王茨《スイ》田皇

2 又天皇娶蘇我ノ大臣伊奈米ノ女子伊悉支那ヲ生児多米王

3 又天皇娶當麻倉首《クラヘノ》比里古カ女子伊比古女生児乎麻呂古王須加弖古女王此王ハ拝祭伊世神前ニ至于三天皇世也　聖皇兄弟王子也

4 次聖徳王娶膳部ノ加多夫古臣女子菩岐々美《ホキキミノ》女生児八人　舂米女王長谷王久波太女王波止利《ハトリ》女王三枝王伊止《ト》志古王麻呂古王馬屋古女

5 又聖皇娶蘇我馬古叔尼《マコシクニノ》大臣女子負古《フコ》女生児四人　山代大兄王此王有賢尊之心棄身命而愛人民也後人与父聖王相濫非也財王日置王片岡女

6 又聖王娶尾治王ノ女子位奈部橘《ヰナヘタチハナ乃》王ヲ生児ヲ二人之内一人本破不見給云
（朱書）「敏達与推古之王子也」

白髪部《シラカヘノ》王　次「乎嶋女王」合聖王児十四王子也
7 ○山代大兄王娶テ庶妹舂米ノ王ヲ生児ヲ難波ノ麻呂古王・次麻呂古王・次弓削王・次佐々《ササノ》女王・次三島女王　次甲《カム》可《カノ》王　次尾《ヲ》治王
8 聖王庶兄多米《チメ》王其父池邊天皇崩下後娶テ聖王ノ母《ハワ》穴太部間人王生児佐冨《サトミノ》女王也
9 祖斯貴嶋宮治天下阿米《メ》久尓於志波留支廣《ヒロ》庭□(天)皇聖王祖父也
娶テ檜《ヒノクマノ》前天皇女子伊斯比女命《ヒメノミコヲ》生児他田《オサダ》宮ニ治天下
怒那久良布刀《フト》多麻斯支《シキノ》天皇ナリ聖王伯叔《オチ》也
10 又娶宗我稲目足尼《ミノタリニ》大臣ノ女子支多斯比賣命《シヒメノミコ》ヲ生児
伊波礼《イハレ》池邊宮ニ治天下橘ノ豊日天皇聖王父也

白髪部次此不見合御子十四人也
7 次山代大兄王娶庶妹舂米女王生児難波麿古王麿古王弓削王佐々女王三嶋女王甲可《カムカ》王
尾治王
8 次聖王庶兄多米王父用明天皇崩後娶
間人皇女生児佐冨女王也
9 次欽明天皇
娶檜前天皇女子伊斯比女命生児
敏達天皇也太子伯叔
10 又取(娶)蘇我稲目足尼大臣女子支多斯比賣命生児
用明天皇也

注：番号は内容にもとづく仮の整理番号。Ⓐは章末注(1)所引テキストにもとづき付訓を添えたが、一部は同書所載知恩院本写真版によって独自に改めたところがある。なお、「　」部分は後補筆。Ⓑは荻野三七彦考定『聖徳太子傳古今目録抄』（名著出版復刻、一九八〇年）所載の根本本テキストにもとづく。

まず、両者を比較すると『私記』所引の「帝記」は、『帝説』の完全な部分コピーではなく、諸所で簡略化や省略がなされていることに気づく。しかし、料紙の破れ目を記載するなど、「帝記」が知恩院本『帝説』に源を有することは確かである。しかも、家永が指摘したように、『私記』は『帝説』のうちから「帝記」の部分しか引用しないので、『帝説』から「帝記」の内容を抄写した注文に依拠して『私記』への引用がなされたと考えなければならない。すなわち「帝記」は『帝説』から直接引用されたものではないのである。このように考えると、

『帝説』から部分的に抄写された注文（図1のXn）が生成されてくる過程で、所伝の簡略化や省略がなされてきたことになる。こうした部分的抄出になる所伝注文の例は、現実の史料として確認できるのであろうか。

そこで注目されるのが、良訓によって法隆寺中院の反故中より発見され、現在『法隆寺文書別集（良訓本）』に所収されている『帝説』の抄写注文（史料二）である[6]。

〔史料二〕「法隆寺金堂中尊光背銘釈文他」

端裏書「金堂尺迦銘等」
法隆寺金堂中尊光銘《ヲ》尺云
尺云法興元世一年《イハ》　此能《ク》不知《コト》也、但案レ帝記《ヲ》云小治田《ノ》天皇之
世東《トウ》宮厩戸豊聡耳《トヨサトミミノミコト》命　大臣宗我馬子宿祢《ト》共《ニ》平章《テ》
而建立下三寶《ヲ》始興《カ》大寺故《ニ》曰《フ》二法興之世一《ト》也、此即銘《ニ》云《フ》
法興元世一年也、後見《ニン》人若《シ》可レ疑年号一《カト》此不然也
然即言一年、字其意難《シ》見二然所見一者《ハ》聖王母穴太部《ノ》王
薨逝辛巳年者《ハ》即小治田天皇御世《カ》故《ニ》即指《テ》其年、
故《カレ》云一年《ト》、其元異趣鬼前大后者《ハ》即聖王母穴太部間
人王也、云鬼前者《イハ》　此神也、何故《カトナラハ》　言神前皇后者《ハ》此皇
后同母弟《ナリ》　長谷部《ノ》天皇石寸《イハムラ》神前《ノ》宮治天下《シ下ナリ》　若疑《ハ》其姉
穴太部王即其宮坐故《ニ》称神前皇后也、言明年言者即
壬※午年也二月廿一日癸酉王后即世者《トイハ》　此即聖王妻膳《ノ》
大《ヲ□》刀《トノ》自《ミ》也二月廿一日者《ハ》壬午年二月也　翌日法王登遐者《ハ》

※帝説には「午」字無し

即上宮聖王也　即世登遐者《イハ》　是即死之異名也故今依《テ》
此銘文、應言壬午年二月廿二日聖王枕病也　即同時《ニ》膳
大刀自得勞也大刀自者二月廿一日卒也聖王廿二日薨
也、此以明二知《ヌ》膳夫人《ハ》先日《ニ》卒也聖王後日《ニ》薨也即證歌曰
伊我留我乃止美能井乃美豆伊加奈久尓多義弖麻之母
乃止美乃井能美豆　　是歌者膳夫人臥レ病而将臨没時
気《下ヲ》水一然聖王不《レ》許一、遂夫人卒也即聖王誄《セメテ》而詠《ナハ》是歌一即其
證也但銘文意《ハ》顕《ハス》夫人卒日一也不注聖王薨年月《ヲハ》一也然《トモ》

諸記文《ニ》分明二云※壬午年二月廿二日甲戌《ノ》夜半《ニ》上宮聖王薨
逝《ト》也、出生入死者《イハ》若其往反所生之辞也　三主者若
疑《クハ》神前大后上宮聖王・膳夫人・合此※所也等文

※帝説では「壬年午」
※帝説では「三」字有り

以下、「法琳寺縁起」ニ貼り継ガル

この文書は、かつて荻野三七彦・家永三郎や飯田瑞穂も注目したものだが、『帝説』のほぼ忠実な抄写が行われたものである。[7]内容は、金堂釈迦三尊光背銘に対する注釈を書きつけたもので、背面は、応永を下らざる仮名文断簡になっている。これには「金堂釈迦銘等」という端裏書以外に、本来の史料名を明示するものはいっさい記載がない（『帝説』のほぼ忠実な抄写というのには、この注文が知恩院本の誤りを正しく訂正していることによって、知恩院本と若干の相違が生じたことも含んでいる）。

こうした部分的抄写注文が、所伝の流伝を媒介したと類推できる史料が、同じ『帝説』にかかわって存在している。それは、現岩瀬文庫所蔵『聖徳太子伝抄』である。[8] この史料の詳細は飯田瑞穂による紹介にゆずるが、大略室町初期から中期頃の写本で、『聖徳太子伝暦』の本文にさまざまな太子伝を挿入したものである。そのなかに、『帝説』の50~77行に相当する部分（史料三）が記載されている。

〔史料三〕『聖徳太子伝抄』（下冊四丁オ~五丁ウ）

ⓐ法隆寺金堂中尊光後《ウシロノ》銘文云　法興元世一年歳次辛／巳十二月鬼前《サキノ》太后崩《シ下》明《クル》年《シ》正月廿二日《ニ》上宮法皇枕病
弗／悆干食《ニ》王后仍□勞《ラウ》疾《シ下》　並《ヒ》著《キ下》　於床《カニ》時《ニ》王后王子等及與《トモニ》／諸臣深《ク》懷《テ》愁毒《ヲ》共相□願仰依三寶當《ニ》造《シ》釋像《ノ》尺寸王
身／蒙《シメテ》　此願力《ヲ》転病延《ヒテ》　壽《ヲ》安住《シメ上》世間《ニ》若《シ》是定業《ニシテ》　以背《下》世者往登／浄土《ニ》早《ク》昇妙果《ニ》二月廿一日　癸《ミツノトノ》　酉王后《ニ》即世《シ下》翌《ヨク》
日《ニ》《タツヒ》　法皇登遐癸／未年三月中《ニ》如《ク》願敬造《テリ》釋迦尊像并俠侍及荘厳具竟／乗《テ》斯《ノ》微福《ニ》信道知識現在安隠出生入死《ノトキハ》随奉《シ》
三主紹隆《セム》三寶《ヲ》／遂共彼岸普遍六道法界含識得脱苦縁同趣菩提《ニ》使司馬鞍／首《ヘノ》止《ト》利《リ》佛師《カナリ》造《ル》云々
ⓑ釋曰法興元世一年《イハ》此能《ク》不《コト》知也但案《シテ》帝記《ヲ》云少治田《ノ》天皇之世／東宮厩戸豊聡耳　命《ミコト》　大臣宗我馬子宿祢《ト》共《ニ》平章《テ》而
建／立《下》三寶《ヲ》始《テ》興《カ》大寺故曰《フ》法興之世《ト》也此即銘《ニ》云《フ》法興元世一年也／後見人若可疑年号《カト》此不然也然即言一年字其意
難《シ》見然所見／者聖王《ノ》母穴太部《ノ》王薨逝辛巳年者即小治田天皇御《世カ》故《ニ》即／指《テ》其年故《カレ》云一年《ト》其无異趣鬼前大后者即聖
王母穴太部／間人王也云鬼前者《イハ》此神也何故《カトナラバ》言神前皇后者《ハ》此皇后同／母弟《ナリ》長谷部《ノ》天皇石寸《イハムラ》神前《ノ》宮治天下《シ下ナリ》　若疑《ハ》
其《ノ》姉穴太部王／即其宮坐故《ニ》稱神前皇后也言明年者即壬午年也二月廿一日／癸酉王后即世《トイハ》者此即聖王《ノ》妻膳大刀《ノヲホトノ》
自《ミ》也二月廿一日者《ハ》壬年午《レ》／二月也　翌日法王登遐者《ハ》即上宮聖王也即世登遐者《イハ》是即／死之異名也故今依《テ》此銘文
應言壬午年二月廿二日聖王枕／病也即同時《ニ》膳大刀自得勞也大刀自者二月廿一日卒也聖王廿／二日薨也是以明
知膳夫人《ハ》先日卒也聖王後日薨也則證歌曰　／伊我留我乃止美能井□□豆伊加奈久尔多義弖麻之母乃止／美乃

図1

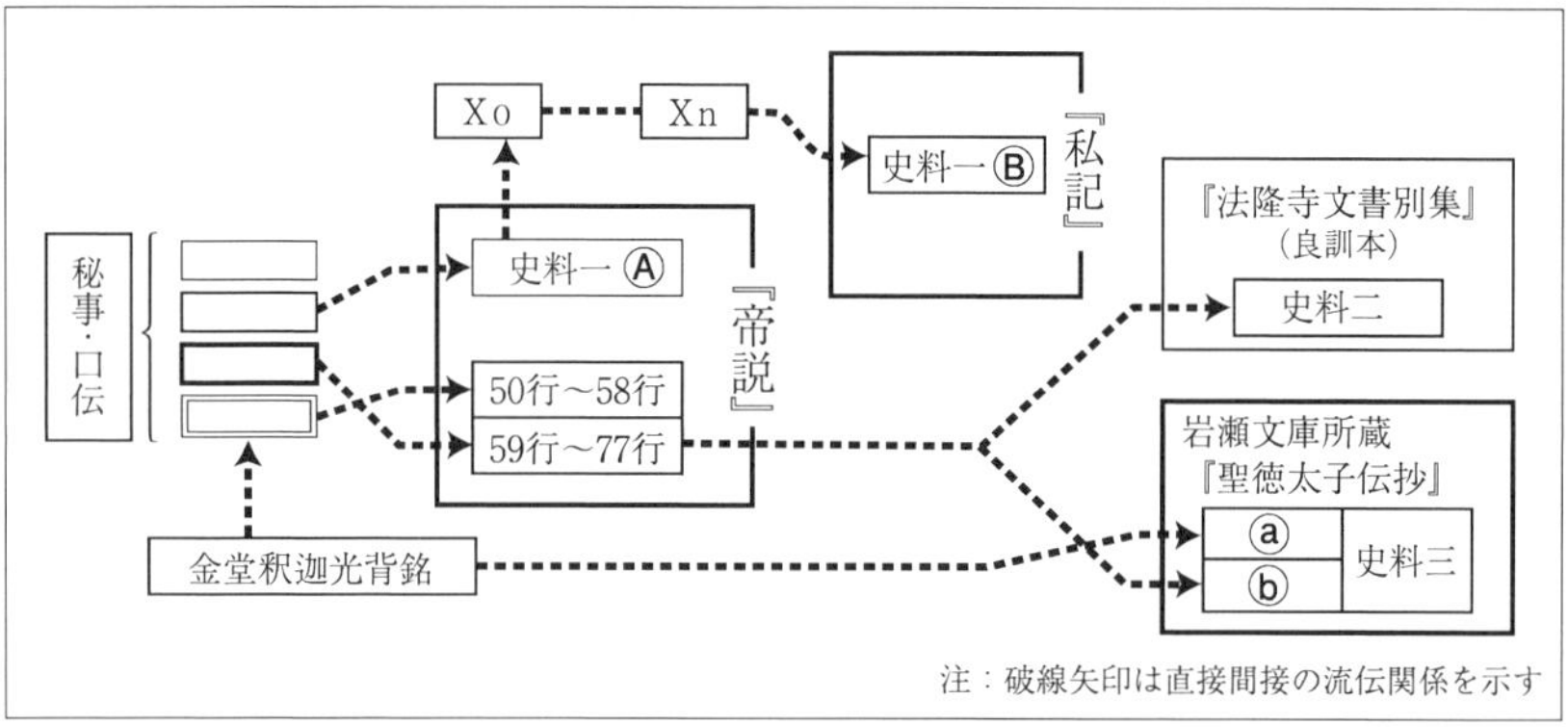

井能美豆是歌□膳夫人臥病而将臨没時乞水《ヲ》然聖／王不許《シテ》遂夫人卒也
即聖王誄而詠《ス》是歌即其證也但銘文／意《ハ》顕《ハス》夫人卒日也不注聖王薨年
月也《ヲハ》　然諸《トモ》記文《ニ》分明《ニ》云／壬午年二月廿二日甲戌《ノ》夜半《ニ》上宮聖王薨逝《ト》也
出生入死／者《イハ》若其往反所生之辞也三主者若疑《クハ》神前大后上宮聖／王膳
夫人合此三所也等文

この史料は、途中の改行によって大きくⓐ金堂釈迦三尊光背銘文とⓑその注釈を記す部分の二つに分けることができる。そしてⓑの注釈部分については、先述の史料二に相当する内容となっている。飯田瑞穂は、史料三と『帝説』の相当部分について比較検討を行い、ⓑの部分については、直接間接の系譜関係を認めたが、金堂釈迦三尊光背銘文を記すⓐについては、『帝説』からの系譜関係を認めなかった。金堂釈迦三尊光背銘文から『帝説』を介さずに別系統で銘文が断片的に伝えられたというのである。

飯田の指摘に依拠した上で、これまでの叙述をまとめ、『帝説』を中心に史料一・二・三の関係を図示してみると図1のようになる。

このように個々の所伝が、諸太子伝から抄写注文を媒介に切り出され、時には系統の組み替えをともないながら、流伝していっている様子がうかがえる。

結局、顕真が呼んだところの「秘事・口伝」とは、この図1に示されたような所伝の流伝を媒介するもので、具体的には所伝を抄写した注文にほかならない。『帝説』や『私記』に見られたような僧から僧へと血脈をかたちづくる所伝の伝承は、実はこうした抄写注文を媒介として伝承されてきたのである。では、この図1に示された所伝の流伝形態から、いわゆる「秘事・口伝」とは、いったいどのような史料的性格をもつものといえるだろうか。簡単にまとめてみたい。

①秘伝性　『私記』が「帝記」や「飢人哥」をみな「秘事」とし、他見すべからざるものと捉えていたことや伝承の範囲が非常に限られていること。

②相伝性　『私記』みずからが、師僧からの「秘事」を受け継ぐ中で成立してきたものであること。

③断片性　史料二に示されたように一枚物の抄写注文のかたちをとって所伝を媒介する。まとまった著作物を全巻披見したり、写本をとること自体、今日ほど容易でなかった古代中世において、ましてや宗教的な「秘事」ほど、部分的抄写の繰り返しで伝承されたと考えられる。

④無題性　一枚物の抄写注文のかたちをとるために、しばしば史料自体の名称を欠くこととなる。史料二にも、後人の附したとおぼしき端裏書がある以外、全く史料の名称が附されていない。注文自身、宗教的な「秘事」のメモであるから、名称のつけようもない場合も多い。もともと、宗教的な「秘事」ほど、大々的な流布をはばかる。その意味からも「秘事」はあくまで「秘事」であって、しばしば無題性をもつのである。

⑤可変性　「秘事」の抄写は必ずしも正確なテキストの転写にもとづかない。転写のさいの不作為の誤写とは別に、意図的な改変が行われるのである。史料一のⒶ→Ⓑの過程（図1のXn）を例にとると「伊波礼池邊雙槻宮治天下橘豊日天皇」を「用明天皇」とするなど簡略化や省略が目立つ。これは、転写の回数や条件（転

写可能な披見時間や転写の環境など）に恵まれない場合、内容の概略を変えない範囲でテキストの簡略化などの改変が行われることを示す。これに対して、史料二は『帝説』（59〜77行）の精巧なコピーで、かなり恵まれた条件で転写されたと考えられ、『帝説』の誤りを一部訂正すらしている（それでも、転写のさいの誤りは皆無ではなかった）。こうした意図的な改変に加えて、「秘事」どうしが伝写されるさいに異なった系統で組み替えをおこすこともありえる。飯田が指摘したように史料三ⓐが『帝説』（50〜58行）とは異なる系統のテキストによったのに対して、史料三ⓑは『帝説』（59〜77行）の系譜に連なるテキストに依拠している。一見類似するテキストでも「秘事」の流伝系統を異にするものが組み替えられたといえる。このように「秘事」は、宗教的な所伝としてテキストが固定的かというと、決してそのようなことはなく、むしろ流伝過程での流動性は組み替えも含めて高いものと考えられる。

⑥追記性　「秘事・口伝」の集成ともいえる『私記』には、本来の「秘事・口伝」に対して、顕真自身の追記がしばしばなされている。図1に示した「帝記」（史料一Ⓑ）の場合、前提となる「秘事」（Xn）に顕真がそれとは異なる補記として朱筆にて追記を行っている。これが、また『私記』から「秘事」が切り出されると顕真の追記も加わったかたちで流伝してゆくことになろう。⑤の可変性ともかかわる論点になろうが、決して固定的なテキストの機械的転写に収束しない史料的性格が、追記性という点でも「秘事・口伝」に確認できるのである。

このような「秘事・口伝」が所伝を媒介する事例は、図1に示されたような『帝説』だけに限られない。たとえば、法隆寺内の史料に例をとれば、中院良訓の発見にかかる反故文書集成『法隆寺文書別集（良訓本）』に所収されたいわゆる「法琳寺縁起」をあげることができる。[9]この「法琳寺縁起」は一紙もので、前掲史料二の左端と接続しているようであるが、同内容のテキストが『聖徳太子平氏伝雑勘文』や『私記』巻子本などにも所載されているものである。

また、同じ『法隆寺文書別集（良訓本）』には、のちに『私記』や『嘉元記』の記載とも関係する「法隆寺花山龍池縁起」も含まれている。[10] この背面は、顕真宛消息であり、これを二次利用することで顕真が「法隆寺花山龍池縁起」を書きとめたものと思われる。彼がこれに依拠して『私記』所収の「花山龍池縁起」を書いていることは想像に難くない。

このように「法琳寺縁起」や「花山龍池縁起」にしても、一枚物の注文に所伝が記載され流伝していることにかわりはなく、先掲の『帝説』での事例と基本的に同じ流伝形態であるといってよい。

(3)「秘事・口伝」集成としての諸太子伝

さて、以上のように短い抄写注文＝「秘事・口伝」によって所伝が媒介され、ほぼ同質ながら細部に可変性を秘めたテキストが密かに流伝してゆくとしたら、所伝の結節点となる諸太子伝自体の史料的性格は、どのようなものと考えられるだろうか。

かつて坂本太郎は、「秘事・口伝」による所伝の媒介流伝を知ってか知らずか、『帝説』の史料的性格を「雑記帳」のようなものとたとえたことがある。[11] 果たして、『帝説』はそのような「秘事・口伝」を無原則に書き連ねただけの「雑記帳」的なものなのだろうか。そのことを考える前に、中世太子伝の一つの到達点を示す『私記』の構造にあらためて立ち返ってみよう。

『私記』の構造は、先述した如く上巻・下巻で、別系統の「秘事・口伝」をもとにある程度系統立った叙述をつくりあげている。その叙述の材料となった「秘事・口伝」は、彼の死後、聖霊院に安置され、その構成や形態は、「数十余本」「或巻物、或芝紙」のものであったらしい。[12]『私記』は、こうした種々の「秘事・口伝」に、伝得系統や内容をもとに一定の構成を与えて成り立っているのであり、決して雑然とこれらを記載したものではない。

こうした『私記』の構成をふまえ、あらためて『帝説』の史料的な構造を吟味してみれば、無秩序に「秘事・口伝」が書きつけられた「雑記帳」的なものとは必ずしもいいがたい。かつて家永も指摘したように、『帝説』は、太子にかかわる諸系譜から筆を起こして、太子の諸事績とそれにかかわる伝承を記し、その死と一族の最後、関係する諸天皇の宝算・陵墓に終わるといった、緩やかながらも『古事記』の記載に相応するかのような体系性を読み取ることは可能である。また、文体面でも伝得の系統ごとに史料の選別配置がなされたことを示唆する点が見られる。ゆえに、「秘事・口伝」のような断片性はもたないし、『上宮聖徳法王帝説』という立派な内題をもつことも、「秘事・口伝」の原則からはずれている。

このように『私記』にしても『帝説』にしても、素材としては、「秘事・口伝」を用いているけれども、決して「秘事・口伝」が単に累積し量的に拡大しただけのものではない。これらは、先行する「秘事」「口伝」を一定の体系性のもとに集成し、あらたに個々の私見を盛り込むことで、単なる「秘事」「口伝」の集積にとどまらない太子伝となっている。おそらく、最初の筆録僧が生涯にわたって伝得しえた「秘事・口伝」を一定の系統や構成のもとで集大成した史料といってよい。もちろん、あくまで集成であるから、同じ内容を伝える「秘事・口伝」が別系統であるがゆえに重出するなど、厳密な体系性という点では甘さを残すものであることは否めない。しかし、あくまで緩やかな体系のもと、一人の僧が生涯にわたって受け継いだ太子の「秘事・口伝」が集成されているということに変わりはなかろう。そして、それをやがて「相承」した僧により、新たな所伝の追加がはか

図2

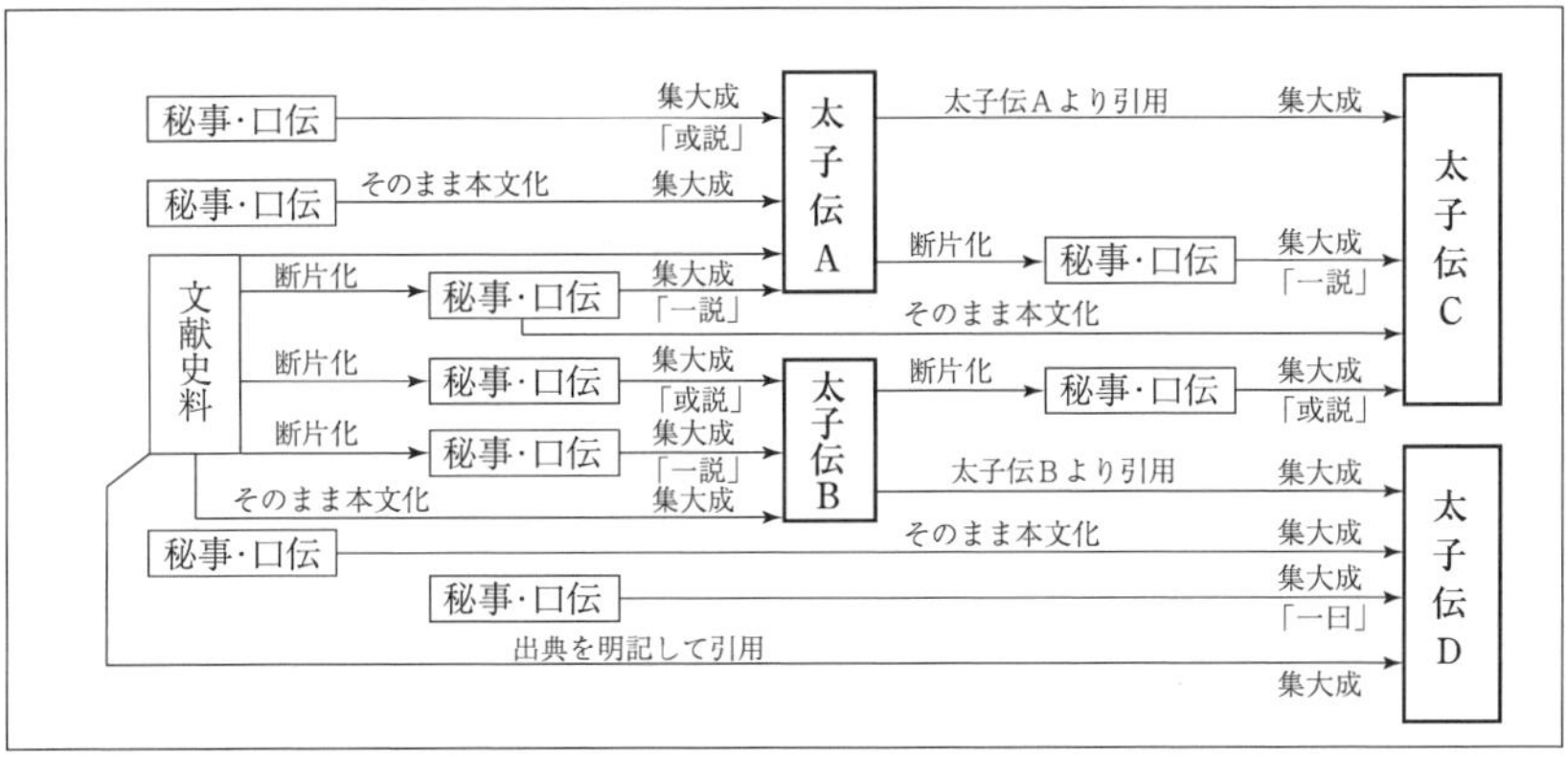

られたり、あるいは部分的に切り出された所伝が新たな「秘事・口伝」を構成するなどして、次の太子伝に再び集大成されてゆくのである（図1）。

このような所伝の流伝過程をふまえると、個々に切り出され断片化した所伝が「秘事・口伝」として流伝することにより、諸太子伝のあいだをとりもち、媒介することが理解できる。諸太子伝に集成される過程で「秘事・口伝」が追記を施されたり、あるいは内容を改変されるなどして変異をこうむり、また、所伝どうしが組み替えを起こしたりしたために、一見すると同系統ながら、細部に変異をともなったテキスト群が形成される。こうしたあり方は、「秘事・口伝」という遺伝子の変異と組み替えによる諸種の太子伝形成を予測させるものといえよう（図2）。

二　「秘事・口伝」の体系的集成としての『上宮記』

前節までの検討によって析出されてきた「秘事・口伝」による所伝の媒介・流伝形態は、主として法隆寺内での史料を根拠とするものであったが、果たしてこうした所伝の流伝形態は、法隆寺だけに限られるものであろうか。結論からいうと、決して法隆寺に限られるものではなく、それどころか太子信仰テキストのみに限定されるものでもないと考える。この事実を明確にするために、まずは法隆寺を離れて初期的な太子関連史料の生成・流伝形態を検討してみよう。検討対象となる史料は、『記』『紀』に先行する史料を伝えるとされる『上宮記』である。[13]

(1)『上宮記』の内容

『上宮記』は、古い上宮王家系譜を唯一伝えることでも有名な史料であり、「古代の史書」、あるいは初期的な「太子伝」の一つと、これまで二様の評価がなされてきた。[14] しかし、その実態は、『釈日本紀』と『聖徳太子平氏伝雑勘文』などに逸文を残すのみの逸書にすぎない。このわずかばかりの逸文から、その史料的性格を確定する必要があるが、そのためにもこれまで確認されてきたことを以下に略記してみよう。

・『釈日本紀』所引逸文↓神代にかかわる記述を含んでいる。
・継体天皇系譜や上宮王家系譜など『記』『紀』に所載されない王族系譜を含んでいる。
・これら王族系譜は七世紀代に遡源できる古い用字法を伝え、『記』『紀』の前提史料となった「帝紀」の一部を含む可能性もある。

このような『上宮記』に、果たして太子伝の性格を認めることができるのか、また、前節で析出したような「秘事・口伝」の体系的集成としての性格を認めることができるのかどうかを考察する。検討の対象は、『聖徳太子平氏伝雑勘文』下三における引用形態である。

〔史料四〕『聖徳太子平氏伝雑勘文』下三[15]

A　上宮記下巻注云、

『……(上宮王家系譜記事省略)……』文

B ⑴已上御子孫等、惣三十人也、以レ之為二本説一、可レ勘二同異一、
⑵凡上宮記三巻者、太子御作也、尤可二秘蔵一レ之、
⑶仁和寺殿平等院経蔵有レ之、以二関白御本一書了云云、 ⑷但注後人撰云云、

C 私云、「……(内容省略)……」

ここでは、『　』部分に上宮王家系譜が「上宮記下巻注」本文として示された後（A）、これにかかわる諸口伝が記載され（B）、最後に著者法空の見解が「私云……」と示される（C）構成となっている。

まず、史料四冒頭にあげられる「上宮記下巻注」とは、いかなるものなのだろうか、検討を試みる。これについて、横田健一はこの「上宮記下巻注」とはA部分に附された分注のこととし、これがB⑷の「但注後人撰」に対応するとした[16]。これについては、黛弘道も支持している[17]。

この一見すると論理的に見える指摘には、いくつかの問題点がある。まず第一に、両先学の指摘通りなら、ここは「上宮記下巻并注云」という表現でなければならないのに、「上宮記下巻注云」となっている点である。これを素直に読めば、A部分全体が上宮記下巻本文ではなく、それに附された注を示すのみになるはずである。さらに、それ以上問題となるのは、B⑵の部分で「凡上宮記三巻者、太子御作也」といっておきながら、その「本文」に上宮王家の系譜が記される矛盾を、筆者の法空が全く意識していない点である。

このことを先の問題点に関連づけて解決するとしたら、結局のところ、A部分全体が『上宮記』下巻本文を含まない、それに対する「注」の部分のみであると考えるしかなかろう。しかも、それが「後人撰」であるからこそ、「太子御作」の『上宮記』に注載されていても矛盾はないのである。

しかし、そのように考えると、どうもB⑴⑵⑶の記述が落ちつかない。ここでは、A部分＝「注」を太子系譜

の「本説」としたり、あるいは『上宮記』の由来伝来をかたるなど、単なる「注」では説明できない「権威」をその記述のうちに含んでいるのである。どうして「後人撰」といわれる「注」が、本文並みの「権威」を獲得できるのか。

その謎を解くためには、次の史料が注目される。

〔史料五〕『太子伝玉林抄』巻十九(18)

一伝云、天皇記文、口伝云、上宮紀上中下三巻御筆也、注ハ他ノ作也、云々

この史料は、先の史料四[B](2)と(4)の波線部に対応する内容となっているが、「御筆」と一歩踏み込んだ表現をしている。ここに見られる意識は、『上宮記』が太子自筆のもので、それに附された「注」は後人の筆記とするニュアンスである。しかも、『上宮記』を「天皇記」に比定する意識が垣間見られる。その真偽はさておき、「御筆」＝自筆とする以上、天下の孤本として『上宮記』を考えてよい。それに対する「注」であるから、「自筆原本」に直接書き加えられたようなかたちの「注」であったと考えられる。このように『上宮記』「自筆原本」に直接書き込まれていた「注」であったからこそ、本文に準じた所伝として、上宮王家系譜の「本説」たりえたのであろう。[B](2)(3)のような『上宮記』の由来伝来が語られるのも、その「自筆原本」に[A]部分＝「注」が書きつけられていたからである。まさに「自筆原本」に直接書きつけられ本文との異同が問題となるような「注」であったからこそ、「本説」としての「権威」をもつと同時に、太子系譜を記すことの矛盾を「後人撰」との口伝で説明する必要があったのである。

以上の如く考えると、[A]部分は確かに古い仮名遣いをともない七世紀代にさかのぼる史料と考えてよいとは思うが、『上宮記』本文には直接含まれなかったものと判断せざるをえない。これまでは、その名称と[A]部分の存

在から、『上宮記』を初期的な太子伝とする理解も成り立ちえた。しかし今、その重要な根拠たるＡ部分が本文より除かれることになったのである。こうなれば、内容的にも神代にかかわる記述や継体天皇系譜を引載するなど、『上宮記』は太子伝というよりも『古事記』や『日本書紀』に類比できる史書的な史料と考えるべきである。

では、『上宮記』が太子伝ではないとすれば、なぜこのような名称がつけられることになったのであろうか。それはもちろん、上述の史料四・五に示されたように「太子御作」「御筆」の書物であると信じられてきたことに求められよう。すなわち、『上宮記』という名称は、「太子御作」「御筆」の著作と信じられたことから名づけられた通称であった可能性が強い。

(2)『上宮記』の流伝形態

以上のように『上宮記』の内容をおさえた上で、その「自筆原本」下巻に記された「後人撰」の「注」が、いかにして法空の『聖徳太子平氏伝雑勘文』に収められることとなったのか、その流伝形態について考察する。具体的には、先掲のＢ(3)の部分に示された『上宮記』の伝来記事を読み解くことで、その流伝形態にせまってみよう。

これまでこの部分の解釈にもとづく『上宮記』伝来論としては、㋐『上宮記』が仁和寺平等院の経蔵に所蔵されていた（藤原融雪説[19]）、㋑仁和寺殿と平等院の経蔵に所蔵されていた（西田長男説[20]）という二つの伝来論が示されている。仁和寺に平等院という院家は存在しないようなので[21]、㋐説は成り立たないと考えられるが、その一方で㋑説が成り立ちうるのだろうか。

㋑説の場合、仁和寺殿と平等院の二経蔵に併存していた二本のうち、「関白御本」であったいずれか（おそらく平等院経蔵本か）を用いて、ここには明示されない誰かが書写したということになる。法空の伝聞を記したとはいえ、これではあまりに曖昧で不明確といわざるをえない。特に「書了」の主体が不明確なのは、伝来の経緯を語る史料の趣旨からいっても不審とせざるをえない。

こうした㋑説の問題点を克服するには、「書了」の主体を明確にしてB(3)部分を読み下す必要があると考える。そのためには、㋑説のように「仁和寺殿」を法親王の住まう御所として捉えるのではなく、そこに住まう法親王自身を指すと考えるべきではないか。そのような例は、中世史料中にも確認できるし、全体の文意も明確となる。[22]B(3)の訓読例としては「仁和寺殿、平等院経蔵に之（『上宮記』）有るを、関白御本を以て書き了りぬ。云云」ということになり、その文意は、平等院経蔵所蔵の孤本たる関白御本を仁和寺殿が書写したということになる。

平等院経蔵は、摂関家の経蔵として、院や皇族など摂関家以外ではきわめて限られた人物しか閲覧できない経蔵であった。[23]その閲覧形態は、摂関家当主ですら一人で入蔵して披見するというものであったらしく、この場合もまさに仁和寺殿本人が書写したと考えなければならないだろう。また、仁和寺殿が全三巻すべての書写を許されたかどうかも疑わしく、おそらく法空が引用した上宮王家系譜部分など一部を抄写して、その経緯を記したというのが実情ではなかったろうか。法空が手にしたのは、さらにそこから転写を経たまさに「秘事・口伝」と考えられる。彼は、それに自分の見解Cを加えてみずからの太子伝に収録したのである。このように史料四A部分が、『上宮記』「自筆原本」から抄出されて「秘事・口伝」化し、法空の『聖徳太子平氏伝雑勘文』に所収される流伝の形態と過程を考察したが、これはまさに前節で検証した「秘事・口伝」の流伝形態・流伝過程に合致する。

(3)『上宮記』の史料的性格

では、『上宮記』テキストそのものは、「秘事・口伝」の集大成たる性格を示しているのか。なにぶん残された史料は極限された逸文にしかすぎないので、この課題に答えることは困難である。ここでは限られた史料のうちから『上宮記』逸文に「秘事・口伝」にもとづくテキスト構成が見られるのかどうかを検討することで、この課題に接近することとしたい。

まず、第一に『上宮記』は、平等院経蔵に秘蔵された秘本で、それを抄出した「秘事・口伝」ですら、「尤可㆓秘蔵㆒㆑之」とされるほどものであった。このことは、まさに「秘事・口伝」の史料的性格のうち、①秘伝性にあたるものといえよう。また、『上宮記』の内容は、神代から継体系譜にいたる多様なソースから成り立つ史書的なものであった。特に『釈日本紀』所引継体天皇系譜については、系譜が「一曰、……」というかたちで引用されており、この部分が別のソースから引載されたものであることを明示している。すなわちこうした古系譜や神代にかかわる記述などが③断片性をもつ「秘事・口伝」のかたちをへて、広範に集成されていたと考えるべきだろう。さらに、『上宮記』の名称が、「太子自筆」の孤本であることに由来する通称とすれば、明確な内題をもたないものとなり、④無題性ともかかわってくる。最後に、史料四・五に見たように『上宮記』は「自筆原本」のみが知られる天下の孤本であり、そこには「御筆」とは異なる「注」が施されていた。このことは、「秘事・口伝」の⑥追記性を反映する事実といわなければならない。

このように考えると、『上宮記』は、いくつかの古伝承を「秘事・口伝」として集成し、新たな情報が追記された史書的史料だったといえる。おそらくその集成は雑然としたものではなく、史書的な体系の上に「秘事・口伝」が整理されていたのだろう。局限された逸文からの考察ではあるが、『上宮記』にも「秘事・口伝」の集大成という史料的性格を推定しておきたい。「太子自筆」の伝えをもつ『上宮記』は法隆寺外に存在した名にし負う秘本であったと考えられるが、その内容構成の原理は、法隆寺内に伏流してゆく秘本『帝説』と同様な構成原理にもとづくものであったわけである。おそらく南北朝期に平等院が楠正成により焼き討ちされて以降、経蔵内にあった『上宮記』も散逸してしまったものと考えられ、結局我々に残されたものは、わずかばかりの逸文にすぎない。以上は、『帝説』を「帝記」として引用する法隆寺内の諸史料から、『帝説』原本をうかがおうとするような考察になってしまったが、『上宮記』と『帝説』に「秘事・口伝」の集大成という、共通する史料的性格を見いだせたと考える。

三　宗教的テキストの流伝形態――展望と課題――

以上、二節にわたって、図2に概示されるような「秘事・口伝」の流伝形態を、『帝説』などの太子伝を起点に、『上宮記』にまで範囲を広げて考察してきた。前述の如く『上宮記』は、古伝承を集成した史書的な史料であり、決して太子伝の範疇に入る史料ではないのだが、「秘事・口伝」の集大成という点で『帝説』と共通する史料的性格をもつものであった。たしかに、『上宮記』には「太子自筆」の秘本として、その記述にはある種の「権威」が感じられ、広い意味で太子信仰に関連する史料ということはできよう。しかし、一般的な太子伝テキストの枠組みには、おさまらない史料であることに変わりはない。

こうなると、「秘事・口伝」の流伝形態を太子信仰テキストの狭い枠組みのみに限定して捉えることは、もはやできない。この流伝形態を広く中世までの宗教テキスト全体の文脈で捉え返す必要が出てくる。次にこうした観点から、いくつかの問題点について展望と課題を示し、全体の結びとしたい。

(1)流伝形態の一般性

先の『上宮記』に関する分析をふまえれば、「秘事・口伝」の流伝形態を、太子信仰テキストに限定せず、中世までのさまざまな宗教的テキストに拡大して適用できるのではないかと思われる。具体例をあげるときりがないが、典型的な検討素材を一つあげるとすれば、本書の研究対象たる天神信仰テキストをあげることができる。具体的には、天神信仰の基礎テキストたる北野文叢所引『日蔵夢記』と『扶桑略記』所引『道賢上人冥土記』の関係がそれである。[24] 非常に類似したテキストを共有する両者が、単純な先後関係・抄出関係に立つものでないこと自体は、すでに指摘されているが、[25] 両者のテキスト関係をテキスト形成のしくみにまでさかのぼって説明したものは、これまでなかったように思われる。紙幅の関係で詳細は別稿にゆずるが、[26] その要点のみを略述すれば以下の通りである。

(ア) 一僧侶の臨死体験にもとづく密教テキストを本源として、それに一一世紀以降、天神信仰にかかわる「秘事・口伝」が結合され、現在見るような両者のテキストが発展・生成されてきた。

(イ) 強い類同性を共有する両者は、そうした「秘事・口伝」の流伝・集成の異なる局面を示すものであって、単純に成立の先後関係をおさえようとする従来の研究姿勢では、両者の史料的性格を捉えきれない。

(2)原典から新テキストへの媒介・流伝過程

このように「秘事・口伝」の流伝形態を中世までのかなり広範な宗教的テキストに適用できるとすれば、それらが諸テキスト間に与える影響関係が問題となる。次にこの点について考えてみよう。

上述の所伝の媒介・流伝のプロセスにより、ある所伝が「秘事・口伝」として切り出され、それがさらに新たな所伝の集大成に組み込まれる時、元のテキストと非常に類似しながら、語句表現や内容配置に微妙な偏差を持つ一連のテキストを生み出すこととなる。いくつかの太子伝においても、こうした現象がすでに指摘されている。例えば、『聖徳太子伝暦』に『聖徳太子伝補闕記』『暦録』の本文が取り込まれている例、また『日本書紀』が『暦録』本文に取り込まれている例、などである。[27]

こうした場合、「秘事・口伝」が本文に取り込まれるさいのあり方は、大略三つの形式を取る。(α)出典を明記する場合、(β)「一云」「或説」などと原典でなく出典が「秘事・口伝」であることを明示する場合、(γ)全く出典にふれずそのまま本文化する場合、以上である(図2参照)。現代と比べ完備した文献に接することが非常に困難であった時代性を考慮すると、新たな所伝の集成・著述を行う場合、(β)や(γ)のような形式で先行文献を利用することが多かったに違いない。そのさい、利用した「秘事・口伝」の原典がどれほど意識されていたかは、はなはだ疑わしい。

(3)テキスト生成の二つの側面

このように原典から新テキストへ本文が受容されてゆく過程で、両者を媒介するのが「秘事・口伝」ということになるが、この媒介過程で問題となるのが、「秘事・口伝」の⑤可変性である。先述した如く、筆録の条件によっては、媒介される本文に偏差が生じる。この偏差の多少が新テキストの本文のあり方を規制するのである。

この偏差が少ないか、ほとんど同じの場合、時として類同性の強い本文を共有する複数のテキストを生成することとなる。太子伝で例をとれば、「四天王寺障子伝」・「七代記」・『異本上宮太子伝』・「明一伝」などのテキスト関係がそれにあたる。これに対して、偏差が多い場合を考えてみよう。史料一のⒶ→Ⓑに見られたような比較的強い偏差をもつ「秘事・口伝」が、(γ)のようなかたちでそのまま本文化された場合、生成されてくるテキストは、原典本文を「圧縮・切り継ぎ」したようなものになってしまう。こちらの場合は、同系統であることは確かであるのに、ひどい場合には原典本文を切り貼りしたようなテキストを生成させてくることになる。このようなテキスト生成のあり方を思うとき、これまで、しばしば、『古事記』や『日本書紀』のテキストを「圧縮・切り継ぎ」して創作されたと考えられてきたテキストの存在に思いあたる。西宮一民が早く指摘した『年中行事秘抄』所引の「旧記」はその代表例だろう。[28]

西宮は、『年中行事秘抄』所引の「旧記」なるテキストの内容を検討し、このテキストが『古事記』に依拠して成り立っていることを明らかにした上で、その特色を次のように述べる。

> 古事記をよく読んでその筋書だけは自分のものにしてゐる。その結果、文章は古事記にそつくりではなく、圧縮・切継ぎをしてしまつた。剰へ、他の古典の文辞を以て部分的にすりかへてゐる。さらに解説ないし解釈をも付加してゐる。

この特色は、これまで述べてきたような「秘事・口伝」の史料的性格にかなりの部分で一致している。事実、「旧記」は「新撰亀相記」との間でも相互の節略関係を見せるなど、両者の史料的関係も、「秘事・口伝」の流伝形態でかなりよく理解できる。

(4)古代史料と「秘事・口伝」の流伝形態

従来、こうした原典を「圧縮・切り継ぎ」したようなテキストのあり方は、『古事記』研究において本文受容のあり方を示すものとして注目されてきたけれども、[29]そうしたテキストが生成されてくるメカニズム自体は、全く解明されてこなかったように思う。それどころか、『古事記』『日本書紀』の文章を切り貼りしたような文章であるために、一方的に「偽書」と断ぜられた『先代旧事本紀』のような例すらある。[30]もっともこの場合は、後附の序文の問題もあったのだけれど、その史料性をテキストの生成メカニズムにさかのぼって理解することは、いまだ大きな課題であるといってよい。

そして、この課題に本格的に接近するには、「秘事・口伝」の流伝形態の理解が大きく寄与するのではないか。『先代旧事本紀』の場合、ある程度まとまった巻数の『古事記』『日本書紀』を用い、原典から直接「圧縮・切り継ぎ」してわざわざ新しい本文を「偽作」したと考えるよりも、『古事記』『日本書紀』、あるいはそれらが依拠した前提的史料から切り出され変質した「秘事・口伝」の集積をもとに、本文が再構成されたと考えた方が、実状に近いのではないか。

　こう考えてくると、論点は単に中世の宗教的テキストにとどまらず、古代史料の問題にも広がりうるものになってくる。思い浮かぶものだけでも『日本書紀』所引「一書」や『令集解』所引の「或説」「一説」なども、「秘事・口伝」の流伝形態に位置づけて検討すべき対象ではないかと考えている。

(5)残された課題

以上、二節にわたって論述してきた「秘事・口伝」の流伝形態に依拠して、中世までの宗教的テキスト一般への適用の問題、類同性の強いテキスト群の形成メカニズム、中世文献に引用される古代史料の再評価問題などについて若干の愚見を述べた。

　このようなテキストの流伝形態のもとで、太子信仰も天神信仰も、その信仰内容を時には組み替え、時には編成替えを行いつつ発展させてきたと考えられる。本書所収髙島幸次論文では、両信仰の接点を真宗に求め、それを媒介として両信仰の関連に接近しているが、本稿ではテキストの流伝形態という接点を両者に見いだすことができたと考えている。今後は、この流伝形態の分析に依拠して、両信仰の発展形態の具体相を捉えてゆく各論的な仕事が求められよう。その課題は、今後にゆずることとして、ひとまず擱筆したい。

（1）　使用するテキストは沖森卓也・佐藤信・矢嶋泉『上宮聖徳法王帝説　注釈と研究』（吉川弘文館、二〇〇五年）による。以下、後掲の『帝説』テキストの行数もすべてこれによる。

（2）　家永三郎『上宮聖徳法王帝説の研究　増訂版』（三省堂、一九七二年）。以下、家永の所説はすべてこれによる。

（3）田中重久「上宮聖徳法王帝記と上宮聖徳法王帝説の研究」（『聖徳太子絵伝と尊像の研究』、山本湖舟写真工芸、一九四三年）。

（4）太田晶二郎「『上宮聖徳法王帝説』夢ものがたり」「［書評］家永三郎博士著『上宮聖徳法王帝説の研究 総論篇』」（ともに『太田晶二郎著作集』第二冊、吉川弘文館、一九九一年）。

（5）林幹弥『太子信仰の研究』第三部第一章第一節「『私記』下巻について」（吉川弘文館、一九八〇年）。

（6）『昭和資財帳8 法隆寺の至寳 古記録・古文書』（小学館、一九九九年）、図版番号三六（同書四二頁上段）・目録番号（指定文書）三四（同書三二九頁）。

（7）荻野三七彦「法王帝説書写年代に関する新史料」（『画説』第四七号、一九四〇年／『日本古文書学と中世文化史』、吉川弘文館、一九九五年）、飯田瑞穂「法王帝説の引用例の紹介」（『古事類苑月報』一三、吉川弘文館、一九六八年／『飯田瑞穂著作集1 聖徳太子伝の研究』、吉川弘文館、二〇〇〇年）。以下特に断らない限り、飯田瑞穂の見解はこの文献による。

（8）架号番号 卯―四二一―六二四六（『岩瀬文庫図書目録』、二八三頁）。

（9）前掲注(6)に同じ。

（10）注(6)前掲書、図版番号三七（四二頁中上段）・目録番号（指定文書）三五（三二九頁）。

（11）坂本太郎『聖徳太子』（『坂本太郎著作集第九巻 聖徳太子と菅原道真』、吉川弘文館、一九八九年、四頁）。

（12）「顕真得業口決抄」（『聖徳太子伝叢書』、名著普及会復刻、一九七九年、一三六頁）。

（13）『上宮記』逸文の集成としては、藤原融雪編『聖徳太子傳』（臨川書店復刻、一九七七年）を参照。

（14）『国史大辞典』第七巻（吉川弘文館、一九八六年）「上宮記」の項目（飯田瑞穂執筆）では、「古代の史書」とする。一方、『聖徳太子事典』（柏書房、一九九七年）の同項目（石上英一執筆）では「聖徳太子の伝記」とする。

（15）「聖徳太子平氏伝雑勘文」（『聖徳太子伝叢書』、名著普及会復刻、一九七九年、二三九〜二四一頁）。

（16）横田健一「『記』『紀』の史料性――とくに継体天皇の世系の問題をめぐって」（『日本書紀成立論序説』、塙書房、一九八四年）。

（17）黛弘道「継体天皇の系譜について」「継体天皇の系譜についての再考」（ともに『律令国家成立史の研究』、吉川弘文館、一九八二年）。

(18)『法隆寺蔵尊英本太子伝玉林抄』（吉川弘文館、一九七八年）下巻、一七冊一三ウ、一二二頁。
(19) 藤原融雪「聖徳太子傳（上）解題」（同編『聖徳太子傳』、臨川書店復刻、一九七七年）。
(20) 西田長男『日本古典の史的研究』第一章第二節「『上宮記』の逸文」（理想社、一九五六年）、九九頁。
(21) 古藤真平「仁和寺の伽藍と諸院家（下）」（『仁和寺研究』第二輯、古代学協会、二〇〇二年）では、「平等金剛院」の存在を指摘する。この指摘に依拠して、仁和寺に「平等院」を推定する考えを本稿ではとらない。その由来が不詳である上に、「仁和寺殿平等院」と表記するとも思えず、問題の「平等院」とはとうてい考えられない。
(22) 西田長男は注(20)前掲論文で、このような仁和寺殿の例はないとしたが、必ずしもそうではない。東寺百合文書ち九号「廿一口方評定引付」永享五年一一月七日条（『大日本古文書家わけ十ノ二　東寺文書之二』九八一頁等を参照。
(23) 福山敏男「平等院の経蔵と納和歌集記」（『日本建築史研究　続編』、墨水書房、一九七一年）。
(24) 基本的なテキストについては、真壁俊信校注『神道大系　神社編11　北野』（神道大系編纂会、一九七八年）を参照。
(25) 真壁俊信「日蔵上人の伝承にみえる天神信仰」（『天神信仰の基礎的研究』、近藤出版社、一九八四年）。
(26) 拙稿「『日蔵夢記』の成立」（発表予定）。
(27) 新川登亀男『上宮聖徳太子伝補闕記の研究』第一章第二節、第三章第二節（吉川弘文館、一九八〇年）など。
(28) 西宮一民「古事記に依拠した『旧記』の発見――『新撰亀相記』・『年中行事秘抄』の研究から」（『皇學館大学紀要』第一三輯、一九七五年）。
(29) 青木周平『古事記受容史』（笠間書院、二〇〇三年）。
(30)『先代旧事本紀』については、鎌田純一『先代旧事本紀の研究　研究の部』（吉川弘文館、一九六二年）、上田正昭・鎌田純一『日本の神々』（大和書房、二〇〇四年）を参照。特に前者において、鎌田が国造本紀の史料性の根源に『古事記』『日本書紀』とは異なる、むしろそれらが依拠した前提的史料をおいていることは重要である。そうした前提的史料が「秘事・口伝」的な形態をもって流伝してきたものと考えることは、あまりにうがちすぎた考えであろうか。今後の課題としたい。

拡散する聖徳太子伝承

——近江に広がる聖徳太子寺院建立伝承と守屋合戦譚の展開——

松本真輔

はじめに

本稿は、聖徳太子信仰の地域的な広がり、特に、琵琶湖東南部をはじめとする近江国における太子伝承に関する考察である。

太子に関する信仰が日本各地に伝播し、さまざまなかたちで現在もその命脈を保っていることは、よく知られている。法隆寺や四天王寺といった、太子信仰の中核となる寺院はもちろんのこと、真宗寺院と太子信仰の結びつきもよく知られているが、大阪府の大聖勝軍寺《だいせいしょうぐんじ》のように太子を本尊として祀る寺院や、滋賀県の油日神社《あぶらひじんじゃ》のように太子を信仰の核にする神社も存在する。また、太子を祀る太子堂が各地に点在する一方、「まいりの仏」として太子が祀られたり[1]、井波別院瑞泉寺《ずいせんじ》のように、太子絵伝の絵解きが今も受け継がれていたりする。

本稿では、こうした太子信仰の地域的な広がりの一例として、近江国、特に琵琶湖東南部に広がる太子伝承をとりあげてみたい。この地域には、先にあげた油日神社以外にも、太子とのゆかりを自認する寺院が数多く存在し、それにともなう太子伝承も少なくない。特に目立つのが、太子の寺院建立譚である。太子建立をうたう寺院は全国に散在し、その数は三〇〇を越えるともいうが、[2]近江国、なかんずく琵琶湖東南部は、その密集地域の一つである。また、太子作とされる仏像を安置する寺院も多く、さらには、太子と物部守屋《もののべのもりや》が争ったとされる合戦が近江国で行われたという伝承も存在する。この地域は、太子と深い因縁で結ばれている、とされているわけだ。

むろん、こうした伝承は、太子伝の基礎となる『聖徳太子伝暦』（以下『伝暦』）や、そこから派生した中世太子伝とは異なった内容であり、一種の「ご当地化」された伝承である。その多くは近世を下るものではないだろうが、これらを検討することで、太子伝承の拡散の様相が、一端であれ見えてくるのではないだろうか。

一　太子伝と近江

近江国、特に琵琶湖東南部には、百済寺《ひゃくさいじ》・瓦屋寺《かわらいじ》・観音寺のように、聖徳太子の建立を主張する寺院や、太子作の仏像が数多く存在する。また、油日神社のように、太子信仰を中核にする神社もある。神仏入り乱れて太子伝承を取りこんでいる地域といえるだろう。

ところが、この地域がどのようにして太子と結びついていったのか、この点が、はっきりしない。そもそも、聖徳太子（の伝記）と近江国との結びつきは、それほど強いものではない。太子の伝記を伝える古代文献、例えば『日本書紀』や『上宮聖徳法皇帝説』には、太子と近江の関係は出てこないし、太子信仰の中核となった一〇世紀頃成立の『伝暦』には、わずかに次の二つの記事があらわれるのみだ。一つは、太子三五歳条の記事で、丈六仏二体を造った鞍作鳥《くらつくりのとり》に対して「近江坂田郡水田二十町[3]」を与えたとある。また、太子四八歳条の記事では、太子が近江を巡検して、天智の近江遷都を予言する場面が描かれている。

便越二近江一。巡二検志賀粟本等郡諸寺一竟。駐二駕粟津一。命二左右一曰。吾死之後五十年後。有二一帝王一。遷二都此処一。治レ国十年。

ここに記された「粟津」は、『日本書紀』天智天皇二年六月条に記された大津宮のことであろう。『伝暦』が預言としてこの場所に遷都されるとしているのは、この『書紀』をふまえたものかと思われる。ただし、すでに指摘があるように、[4]『伝暦』はその地名を粟津と記し、『今昔物語集』などもこれを受け継いでいることから、平安時代には、大津宮の位置が粟津だという理解があったようだ。

『伝暦』のこの記事にあらわれる太子の諸国巡検は、畿内諸国に及んでおり、特に近江国だけをとりあげたものではないが、近江に関する記事の分量は相対的に豊富で、太子との接点を示すものとして注目される。また、「近江坂田郡水田二十町」が本来太子の所領と考えられていたとすると、太子と近江は決して無関係だとされていたわけではないことになる。ただ、『伝暦』の編者が太子の所領に関してどういう意識を持っていたかが定かではないため、この点の深読みは禁物であろう。

『伝暦』が、どういう意図、あるいは根拠で、近江巡検の話をはさみこんだのかははっきりしないが、『伝暦』が後代に大きな影響力を持ったテキストであり、そこに近江の話が見える点が、中世から近世にかけて広まっていた「近江に来ていた聖徳太子」伝承の広がりを支えていたのではないかと思われる。

そして、中世になると、太子と近江の関係が、徐々に文献で確認できるようになる。太子建立寺院の中に、近江国の寺院が数多く含まれるようになるのだ。太子建立寺院に関しては、すでに先行研究に詳しく整理したものがあるが、[5]これらによると、『日本書紀』推古天皇三二年条に、日本全土に寺が四六あったという記事があり、これを全て太子の建立と考えて、その寺を実際のものに対応させるという作業が、中世太子伝において行われていた。しかし、『日本書紀』には具体的な寺の名前が記されているわけではなく、四六の寺院がどれであるかは、のちに記される太子伝ごとに違いがあった。そのうち、近江国に関係するものをあげると、次のようになる。出典となるのは、『聖徳太子伝私記』をはじめとする、法隆寺系の太子伝注釈で、諸書によって若干の違いは見られるが、一〇以上の寺の名前があげられている。

金剛寺（東近江市）、石塔寺（東近江市）、蒲生堂廃寺（東近江市）、阿弥陀寺（栗東市）、観音寺廃寺（草津市芦浦町）、長命寺（近江八幡市長命寺町）、石馬寺（散寺か、東近江市）、敏満寺？（犬上郡）、勝善寺（東近江市？）、大般若寺（草津市）、長光寺（近江八幡市）、瓦屋寺（東近江市）、懐堂？（彦根市？）、百済寺（東近江市）[6]

こうした寺院は、現存しないものもあるため、現時点で比定が難しいものもあるが、琵琶湖の東南部に多くの太子建立寺院が存在していることがわかる。このうち、古い記事としては、嘉禄三年（一二二七）に四天王寺で作られた『天王寺秘決』の百済寺に関するものがある。

一　倶多羅寺事

在近江国。太子御建立。云々。縁起在天皇寺。云々。但百済寺縁起ヲ云歟。[7]

倶多羅寺は今にいう百済寺を指してのものと思われるが、すでに、一三世紀の段階で、太子が百済寺を創建したという縁起が存在していたようだ。そして、この記事に見える「縁起」と同一のものかは不明だが、永正三年（一五〇六）の年号を有する勧進文が『百済寺勧進状』に収められていて、そこには、百済寺と太子の因縁が記されている。百済寺の龍雲寺に収められた観音の材料となった杉の木を発見した太子は、これでさらに観音を刻み、百済寺を創建したという内容だ。

光充三年之当初山中ニ夜々光物アリ。太子問テ云。是イカナル物ソ。高麗ノ恵慈答テ申サク、彼光明ノアル山ハ、釈迦如来昔シ、五戒十善ヲ持テ衆生ヲ利益シ給ヒシ処也ト云々。太子則深山ニワケ入リ光明ヲ尋給フニ、是杉ノ杭ナリ。群猿来テ菓ヲ捧テ杉ノ杭ニ供養シ、行道礼拝スル事退転無シ。其時恵慈法師ノ申サク。昔百済国ニ龍雲寺ト云寺アリ。観音ヲ作ラン為メニ御衣木ヲ求ルニ、龍神忽ニ雲中ヨリ霊木ヲ降シテ観音ヲ造ラシム。仍テ其名ヲ龍雲寺ト号ス。彼龍雲寺ノ観音ノ御衣木ハ此杉ノ梢也ト云々。太子奇特ノ思ヲ成シ彼ノ光ル木ヲ立テナカラ、十月廿一日ヨリ廿七日ニ至マテ一七箇日之間、手ツカラ十一面ノ尊像ヲキサミ、同廿八日ヨリ十一月晦日ニ至マテ三十三日之間百済国ノ龍雲寺ヲ模テ御堂ヲ造リ、高麗ノ恵慈ヲ以テ呪願ト為シ、百済ノ道欣ヲ以導師トシテ供養ヲ遂給ヘリ。[8]

文中に「光充三年」という私年号があらわれるが、これは、絵解きとの関係も深い太子伝、『正法輪蔵《しょうぼうりんぞう》』（光久寺蔵本）太子三七歳条に見えるものだ。『正法輪蔵』では、この年の八月、太子が夢殿に籠もって衡山にある『法華経』を将来したという話だが、百済寺に関する記事はない。私年号の使用は、のちに見る油日神社の縁起にも見られ、あるいは絵解きが私年号の流布にかかわっていたのかもしれない。

さて、このような太子伝承は、東近江市の瓦屋寺にも見出すことができる。同寺は、四天王寺建立のさいに瓦を焼いた地であったという伝承を持っており、四天王寺ないしはその近辺で作製されたといわれる『聖法輪蔵』（先の『正法輪蔵』と同系統の太子伝）の末尾に「四天王寺建立事」があり、その中に、次のような記述がある。

彼ノ寺ノ葺瓦ハ、太子自リ百済国ノ所ノ渡ル瓦造ノ大公ヲ召具シテ、近江国越ノ郡ニ御行シテ、多ノ瓦造リ焼カセ、如ク山岳ノ積置キ給ヘリ、而時近従ノ人々申サク

抑、摂津国河内国等ニテモ、多クノ瓦造ラセ侍ルヘシ、加様ニ隔国ヲ遠クシテ境ヲ、運済人夫ノ之悩ヒト罷

リ成リ侍リ、向後遠国ノ土木営ヲハ思食留ラセ給ヘト被申ケレハ、太子答ヘテ云ク、夫仏閣ノ建立者ハ、詮ク非ス私ニ、皆ナ悉ク依テ諸天善神之擁護ニ、成就スル者也、其ノ勝利ヲ可シト顕、如ク山岳ノ積ミ置キ侍リケル向テ土瓦ニ、暫ク有リ御祈念ケレハ、紫雲忽ニ聳瓦ノ上ニ立チ覆ヒ侍リケレハ、数千万枚ノ瓦如ク村鳥ノ虚空ニ飛ヒ連テ、従リ東近江越郡、遙ノ摂津国難波ノ浦ノ四天王寺ノ諸堂ノ上ニ、人ノ如葺ケルカ、女瓦男瓦成シ並ヲ、一枚モ不増不滅、悉ク被葺合ヒケル也、

如斯、以奇特ヲ、太子御一期ノ不思議トシ給ヘリ、彼ノ瓦造置キ侍リケル在所ハ、東近江ノ越ノ郡ニ、海道ヨリ東ニ瓦屋ト申ス山寺ニテ侍也(9)

太子二二歳の時に、四天王寺の建立が始まったのだが、その時、百済より職人を呼んで近江の国で瓦を作らせ、その瓦は、「諸天善神」の力によって、空を飛んできれいに屋根に並んだとする。おそらくは、瓦屋寺の縁起を取りこんだものとも考えられるが、なぜ、太子伝にこの伝承が挿入されるようになったのかは不明だ。

同様の記述は叡山文庫天海蔵『太子伝』(享徳三＝一四五四年写)にもある。同書は、増補系と呼ばれる物語的太子伝の一本だが、そこにとられた太子二二歳条四天王寺建立譚の中に、瓦屋寺が登場する。

七《ニハ》金堂《ノ》枢《ノ》トシキツヒサル事、太子未来記《ニ》、玉造《ノ》岸《ノ》西《ノ》下《ニ》、瓦二万牧(ママ)焼置《テ》、竃《ノ》穴《ヲ》埋《ミ》隠《セリ》。修造《ノ》時《ニ》顕《ル》ヘシト云ヘリ。是《ヲ》堀出《シテ》七間四面《ノ》講堂《ヲ》可レ葺云々。此修造《ノ》瓦《ノ》土《ヲ》蘇我大臣《ヲ》以《テ》日域《ヲ》尋サセラル、ニ、近江国蒲生郡石崎山《ノ》崖《ニ》可レ然土《ト》有撰、太子奏《ニ》奉《ル》。太子《ノ》曰《ク》、相応《ノ》土以現、思《ニ》末世濁乱《マテモ》仏法《ノ》可レ有事眼前覚《ル》也。聽《テ》彼霊山《ニ》行《テ》瓦《ヲ》造《リ》運《ヒテ》御幸《ナル》、目出カリケル事也《トテ》、十万六千牧《ノ》瓦《ヲ》彼山《ノ》麓《マテ》造焼《テ》運之。今二万牧《ノ》瓦是也。此峯依二霊地一《タルニ》寺《ヲ》建立御《シテ》、等身《ノ》千手観音《ヲ》安置《シ》給《フ》。其処《ヲハ》当時《モ》瓦屋寺名《ク》。近江国《ニ》太子御建立《ノ》寺十二《ケ》処アリ。瓦屋寺《モ》是内也。(10)

玉造に二万枚の瓦を埋蔵させ、末法の世に寺が荒廃した場合に備え、近江国の瓦を用いたという伝承である。

建立の時ではなく、未来に備えるものだという点で、『聖法輪蔵』とは異なっている。また、千手観音を安置したというのも、『聖法輪蔵』にはない記事である。瓦屋寺に関する説明が何を元にしてここに挿入されたかは不明だが、瓦を埋蔵するという記事は、『四天王寺御手印縁起』の「玉造岸西方、瓦焼㆓置二万枚㆒、埋㆓蔵竈穴㆒、至㆓修造時㆒、鑿取用而已[11]」にあり、おそらくはそこから派生してきた伝承ではないかと思われる。

そして、近世になると、太子創建伝承は増加していく。「厩戸の皇子の事跡を、当国にいふもの多し[12]」といわれるように、先にあげた太子建立寺院として登場する寺院以外にも、太子建立をうたう寺院が多くあらわれるのだ。ここでは、近世の地誌を手がかりに、太子の寺院建立伝承を見てみよう。むろん、地誌に採録されたものであるという点で、まだまだ不十分な調査であるが、おおよその傾向はつかめるのではないかと思われる。以下、太子伝において太子建立寺院とされている寺を除いた伝承をあげてみたが、すでに太子建立寺院に含まれる寺々を合わせると、おおよそ、琵琶湖東南部に、その伝承が集中していることがわかる（以下は、享保一五＝一七三〇年成立の『近江国輿地志略』による）。

栗太郡願行寺「同村（矢倉村）に在。往昔聖徳太子建立の地、石仏五体を安置す。始石仏寺と号す[13]」
蒲生郡中村庄長命寺「西国巡礼所第三十一番近江国蒲生郡姨崎屋山長命寺は、聖徳太子の御開基[14]」
坂田郡蓮華寺「聖徳太子の叡願として、憲崇律師の開基なり[15]」
神崎郡能登川村安楽寺「聖徳太子開基の霊地なり[16]」
神崎郡能登川村乾徳寺「聖徳太子の建立[17]」
神崎郡金堂村「聖徳太子当村に金堂を御建立あり。依て村の名とす[18]」
神崎郡金堂村浄栄寺「聖徳太子此地に憩息し玉ふ。不動坊という僧、はなはだ尊敬し、太子に遇する殊によし。

相与にはかりて計て寺院を建立し玉ふ(19)」

神埼郡金堂村大宮天神社「中世あやまり付会して金堂は聖徳太子の建立の地なりと牽合せり(20)」

神埼郡善勝寺「其始聖徳太子草創の霊場にして良正上人の開基なり(21)」

蒲生郡長光村長光寺「武川綱の草創厩戸皇子の建立なり。略縁起に云。聖徳太子老蘇森に来り、太子の夫人高階姫産に臨ではなはだ悩めり。（中略）太子后と共に此地に来り。自精舎の事を掌り金堂及び鐘楼僧坊等を建立し、彼白檀を以高階姫等身の千手観音の像を造り、彼宝石の上に安置し、武佐寺を改、長光寺と号すと云(22)」

蒲生郡西方寺「吾有願為資逆心物部守屋之冥福、欲建於此地精舎、是年春三月奏聞四箇寺(23)」

蒲生郡石塔寺「往昔聖徳太子四十八箇寺を建立あり。石塔寺は乃四十八にあたり、其願の成就したるを以て、諸本山本願成就寺と名付らる(24)」

蒲生郡願成寺「上宮太子の開闢なり。本尊観音は聖徳太子の彫刻なり(25)」

蒲生郡正明寺「寺乃聖徳太子開闢道場也(26)」

蒲生郡西明寺「夫当寺は三十二代用明天皇の皇子聖徳太子建立の地にして、堂宇仏像荘麗たり(27)」

地誌によるものなので、資料的に限定された部分があるのは確かだが、こうした記述から、太子との由来を主張する寺院が、琵琶湖東南部に多く見られるという傾向は確認できる。また、太子が作ったという仏像（観音像が多い）の伝承もこれ以上に多く、この地域には、太子との因縁を持つ寺院がひしめいているといえるだろう。これらの伝承が全て古代や中世までさかのぼるとは考えにくいが、瓦屋寺や百済寺のように、太子との因縁を語る寺伝を持つ寺院が存在し、それが周囲に波及していったのではないかと思われる。

二　守屋合戦と近江

さて、先に紹介した伝承において少し注意したいのは、この地域の太子信仰が、「太子が来た」という前提になっている点だ。太子が寺院を建立したという場合、むろん、その地を訪れたという意味が自動的に含まれているとも考えられるが、寺院建立の指示を出したという解釈も可能だ。仏像の場合も、太子が作ったものを将来した、というふうにもとれる。例えば、栗太郡常光寺の「慶長三戊戌年開基なり。本尊阿弥陀。立像長二尺九寸、聖徳太子の作[28]」といったような伝承は、当然、ほかから仏像が持ち込まれたと考えなければ時間的な説明がつかない。

しかし、この地域の太子伝は、太子がこの地に訪れたという伝承をともなっている場合も多い。先に紹介した『百済寺勧進状』に見える縁起には、太子がこの地の山に分け入って霊木を発見する話があり、また、石馬寺《いしばじ》の縁起にも、

> 寺記にいはく、推古天皇二甲寅の年聖徳太子近江国の霊場を撰て伽藍を草創し給ふ。古に所謂良馬は地道に霊なるものなりと。是に於て、駿馬に乗りかれが行に任せ玉ふに、果してこの地に止る。太子此地の霊なるを見て、一寺を草創し、繖山石馬禅寺と号し給ふ[29]。

と、太子がこの地を訪れた、とされている。ちなみに、推古天皇二年にあたる『伝暦』太子一八歳条には「以二近江臣蒲田一遣二東山道一」という記事があるだけで、右のような伝承は存在しない。一方、輪王寺天海蔵『太子伝』二七歳条に、甲斐の黒駒を得た太子が全国を巡回したという記事があり[30]、こうしたものが、近江を訪れた太子という伝承の生成に寄与しているのではないかと思われる。

さらに、近江の伝承と太子が深くかかわるのは、守屋合戦の場面だ。守屋合戦とは、太子一六歳条に描かれる、仏法興隆をめぐる戦いであるが、『日本書紀』や『伝暦』では、摂津国で争われたという話になっている。ところが、琵琶湖東南部がこの合戦の舞台だったという話が、近世の地誌には散見される。

栗太郡安興寺「土俗或は云、上宮太子、守屋の連と戦ひ、暫此地に蟄居することあり。其後守屋を亡し、此地に伽藍を建立す。安興寺是なりと云。信用しがたし(31)」

栗太郡矢倉村古城跡「相伝、土俗守屋大連築し処なりと。此説信用しがたし(32)」

坂田郡上矢倉村「古昔聖徳太子守屋の連と戦を挑為に太子此処に矢倉をかまへ、守屋を征伐せんとしたまふと云々。然れども此説信用にたらず(33)」

犬上郡大堀村比久和山「土俗守屋連と厩戸皇子との戦争の地なりと云。虚説なり(34)」

各傍線部からわかるように、考証的な見地から「信用しがたし」とはされているが、その例は一つだけではないことから、守屋合戦が近江で行われたという伝承は、それなりの広がりを持っていたと考えられる。また、最終的に元禄一二年（一七〇〇）に序が付された近江の地誌『淡海録《たんかいろく》』巻一一「八幡神」の項目に「犬上郡太子守屋射玉夫勧請云原ノ八幡(35)」の存在が伝えられ、やはり守屋合戦と近江との関係が見られる。しかも、単に戦闘があったというだけではなく、その過程が詳しく描かれている。例えば、太子建立四六寺院に含まれている草津市観音寺の創建記事を見てみよう。

守屋合戦のさいに、太子が一旦守屋に敗北し、ただ一人で芦浦に逃げてきた。その時、太子は、農作業をしていた農夫に頼み、穴を掘ってその中に隠れ、危機を逃れた。その後、この場所に観音像を安置して、寺を建立したという。以下は近江の地誌『淡海温故録(36)』の記事である。

芦浦ノ観音寺ハ聖徳太子ノ開基ニテ本尊モ太子ノ作也ト云。草津矢倉ノ合戦ニ弓削ノ守屋ニ太子打《チ》負従者モナク只一人此芦浦ヘ逃去給《リ》シカ、敵急ニ追掛ケル処、折節菜ヲ蒔ケル田夫アリ。彼ヲ頼ンデ我ヲ穴ヲ堀テ其中ヘ隠セト教ヘ玉ヒケレバ、田夫教ノマ、ニ穴ヲ堀テ埋隠シ上ニ菜種ヲ蒔ケレバ、立処ニ菜生セリ。追手共彼方此方ヲ尋レドモ、其処ヲ知ラズ帰リケレバ、田夫頓テ太子ヲ堀出シ助ケルト也。太子御感アリテ彼男ヲ則チ菜生氏ト号シ、爰ニ後伽藍ヲ建テ観音ノ像ヲ彫テ安置シ、寺領ヲ附テ此寺ノ守リニ彼男ヲ申付ラレシガ（以下略）[37]

似たような例は『近江国輿地志略』に引かれる栗太郡長束村太子塚の記事にもある。

往古聖徳太子、守屋と戦ひて敗北し、太子此処に走来て、土民にかくさん事をもとむ。土民則穴を掘て、太子を土中に隠し、其上に菜を蒔ば、即時に菜生ず。太子後に彼土民に菜生の称を賜。菜生は芦浦の先祖なりと云。臣按ずるに、浅井郡青菜村も、かゝる事に似れり。同日の談にして妄説なり。厩戸の皇子の事跡を、当国にいふもの多し。一も当らず。厩戸皇子、守屋と戦ひ玉ふ事はあれども、近江国にて戦ひ玉ふ事をきかず。[38]

これも、傍線部のように、考証としては疑念がはさまれているが、似たような伝承が琵琶湖東部（浅井郡は東北部）に広がっているともされ、太子がこの地域で合戦を行い、土の中に隠れたという伝承が広がっていたようだ。

また、観音寺については、『近江国輿地志略』に、太子塚があることも記されている。

同観音寺界内に、菜生半左衛門屋敷と云処あり、此処に太子塚ありしを、三十年以前に、伊岐代明神の社の界内へ移さる。[39]

また、このバリエーションとして、地面に穴を掘るのではなく、岩窟に隠れるという話もある。野洲郡岡村の西隆寺の縁起がそれだ。同寺は、現在の守山市にある古刹で、先に見た観音寺より少し北に位置している。同じような地域に、似たような伝承が広がっていることがわかるだろう。

僧云。古昔厩戸皇子守屋大臣と戦敗して、岡村にのがれ来れり。一岩窟にかくれて、幸に免る、ことを得たり。然して後一寺を建。今の西隆寺是なり。太子の隠れ玉ひし岩窟一二年以前までも存せり。其岩窟の中方十間許、常人の家宅のごとし。[40]

地面に掘った穴にしろ、岩窟であったにしろ、逃亡して「穴」に隠れるという、母体回帰すら想起させる話だが、この類例として、太子が守屋に負けて逃げた途中、椋木《むくのき》に身を隠したという伝承がある。これは、中世太子伝の中でもよく知られたもので、例えば、増補系と呼ばれる物語的太子伝の一つ、内閣文庫蔵『太子伝宝物集』(天正一二=一五八四年祐珍写)太子一六歳条には、次のように記述されている。守屋に破れて危機におちいった太子が、椋木に仏法の守護を訴えると、椋木が二つに割れてその中に太子を隠し、太子は危うく危機を逃れた、という内容である。

爰《ニ》、太子、既《ニ》危ク見ヘ給《ヒ》タリケルガ、太子、御馬《ニ》鞭《ヲ》アテ、、造等《ニ》示シテ云。汝等、児ガ方ヘ来《ル》ヘシトテ、静《ニ》ヒカセ給所《ニ》、道ノ傍《ニ》、大ナルノ木アリ。太子誓《テ》曰。仏法我国《ニ》弘ルヘクハ、非情ナリトモ、椋木、吾《ヲ》助クヘシ。吾、又三世《ノ》諸仏《ノ》冥慮《ニ》不レ替ンハ、此軍《ニ》勝ベシト令旨アリ。其時、椋木忽《ニ》破《テ》、太子《ヲ》カクシ奉リヌ。守屋《カ》軍兵、此木《ノ》下《ニ》来《テ》、太子《ヲ》尋奉《ルニ》、太子不レ在、椋木《ヲ》怪ケルモノハ、即御方《ニ》打レテ死ケリ。サテ、ツワモノドモハ空《ク》引帰リヌ。
其後、椋木又ワレテ太子《ヲ》奉《ル》レ出《シ》。其時、太子、神妙《ナリ》椋木トテ、渋川《ノ》城ニ引退《ソキ》給ヘト、彼木ハ当代《マテ》神妙椋木トテ此在《リ》。大聖ノ化儀、不思議ナリシ御事共也。[41]

『太子伝宝物集』の成立は鎌倉時代末期ともいわれ[42]、叡山文庫蔵『太子伝』や同じ時期に書写されている輪王寺蔵『聖徳太子伝』、あるいは『八幡愚童訓』にも同様の記事があることから、椋木伝承は、室町時代にはある程度知られていたものではないかと想像される。

これらの伝承が、中世にさかのぼるものなのか、あるいは、近世になって生まれてきたものなのか、その点は定かではないが、守屋合戦での敗退と、穴の中に隠れるという要素の共通性を見れば、観音寺の伝承は、これをアレンジしたものと考えていいだろう。

また、椋木伝承が、『伝暦』に存在しないことにも、注意しておきたい。この伝承は、中世に編纂された太子伝に頻出するもので[43]、さらに、近世太子伝で広く普及していた寛文版本にもとられている。近江地方の太子伝承も、中世以後の太子伝の世界を前提にしていることがわかる。『伝暦』は、中近世にかけて、太子伝の根本テキストとして尊重され、数多くの注釈が作られてきたが、太子伝承の広がりを考えるさいは、『伝暦』よりも、中世太子伝の影響に注意を払う必要があるのかも知れない。

三　油日神社の太子伝承

さて、太子信仰を持つのは、寺院だけではない。滋賀県甲賀市の油日神社は、油日岳に鎮座する油日大明神を祀る神社で、油の神として今でも製油業に携わる人々からの信仰を集めているが、それと同時に、近江における太子信仰の一つの拠点として知られている。室町時代中期頃の制作と推定される四幅の聖徳太子絵伝を有するほか、同社に残されている慶長一四年（一六〇九）の宝蔵覚には、七巻の『太子伝抄』を有していた旨が記されている。

そして、油日神社には、三種の創建縁起が伝えられており、[44] その成立は、室町末ではないかと推測される。[45] 以下、『江州甲賀郡油日大明神縁起』によって縁起の内容を見てみよう。

縁起は、守屋合戦の前夜から始まる。守屋を討つべく、信貴山で「弓箭之加護」[46] を祈った太子に、「神明之告」があり、「近江・伊賀・伊勢三箇国之境」にいたったところ、「乗二白馬一化現」した翁があらわれ、太子に「兵法之秘書并鏑矢」を授ける。そして、守屋との合戦を「自二通山大明神一所レ賜神通鏑矢」と、通山大明神（油日大明神の別称）の力で勝利した太子は、

> 太子其後神恩為二報謝一、勝照四年（戊申）卯月日比、国有二行幸一。先郡号二甲賀一。是勝軍之因縁也。太子叡二覧此山一、有二一本榊一。太子手伐レ之、結二幣帛一懸二榊枝一、勧二請通山大明神一、再拝銘レ肝敬信合掌、誠惟平二仏敵法敵一、顕二理政撫民之徳一、偏此神之威徳也。依レ之称二日本無双勝軍神一。

と、戦争の勝利を通山大明神に報告した、というのである。合戦の場所は「河内国守屋館」とされているものの、太子を勝利に導いたのが油日大明神とされている点は興味深い。太子の兵法伝受譚は、『正法輪蔵』や増補系と呼ばれる物語的太子伝にも見られるものだが、縁起作成に関しては、そのモチーフを利用して、油日大明神の位相を高める記述を行ったものと考えられる。守屋合戦を利用して、太子との結びつきの強さを強調した伝承となっている、といえるだろうか。

四　おわりに

さて、本稿では、近江国に広がる太子伝承を、古代から近世の伝承を視野に入れつつ概観し、そのご当地化と

でもいえる様相を検討してきたわけだが、本書のもう一つの主題である、天神信仰に関しても、やはり似たような事例が確認できる。

近江国と天神信仰のかかわりで知られるのは、何といっても、比良宮の伝承であろう。『扶桑略記』や『北野天神縁起』などにあるように、道真が比良宮の禰宜神良種の子について、天満宮の創建を託宣するという話だ。天神信仰は、その発端から近江と深く結びついていたわけだが、むろん、これ以外にも、道真と近江を結びつける伝承は、数多く存在している。たとえば、伊香保郡菅山寺には、「時に人皇五十九代宇多天皇の御宇寛平元年勅史として、菅丞相中興の修造を加へらる。伽藍甍をならべ、層塔鐘楼雲に聳へ、塔には五智如来を安置す(47)」という道真の中興伝承があり、さらに、同地の天満天神社の縁起として、道真がこの地で生まれたという逸話を紹介している。すなわち、この地の「酋長」である「桐畑太夫」が「天女」の羽衣を隠して妻に迎え、その間に「美質端正」の男子をもうけるが、それがのちの道真であったという話だ(48)。この話を引く『近江国輿地志略』では、「以上の縁起の説虚偽の甚だしき事論ずるにたらず(49)」と厳しい評価が下されているものの、この地では広く知られた話だったようだ(50)。ただ、天神に関する伝承は、太子伝承以上に全国に拡散しており、その内容も多種多様で(51)、これについては、別途に詳しく検討する必要があるだろう。

さて、本稿でとりあげた太子伝承は、『伝暦』の遷都預言記事に端緒が見られ、これが「太子がこの地を訪れ寺院を建立していった」という伝承に結びつき、守屋合戦の場が近江だったというような、さらなる拡散を生んでいったものと思われる。これらの伝承の背景には、古代の太子伝ではなく、おそらくは中世太子伝の存在があったが、瓦屋寺の例でもわかるように、太子伝がこの地方の伝承を取りこむというケースもあり、相互に輻輳しながら、新たな太子伝承が拡散していったのではないかと思われる。

(1) 門屋光昭「まいりの仏と聖徳太子」(『岩手の民俗』三、一九八二年)、「まいりの仏(一〇月仏)の祭祀・前編」(『岩手県立博物館研究報告』三、一九八五年)、ＮＨＫ「聖徳太子」プロジェクト編『聖徳太子信仰の旅』(日本放送出版協会、二〇〇一年)。
(2) 大脇潔「聖徳太子関係の遺跡と遺物」(『聖徳太子事典』、柏書房、一九九七年)。
(3) 以下、『伝暦』の引用は、日中文化交流史研究会編『東大寺図書館蔵文明十六年書写『聖徳太子伝暦』影印と研究』(桜楓社、一九八五年)による。
(4) 『国史大辞典』第二巻(吉川弘文館、一九八〇年)「近江大津宮」条。
(5) たなかしげひさ「太子伝にもれた聖徳太子信仰の寺々」(『四天王寺』三三一、一九六八年)、前掲注(2)大脇論文。
(6) 前掲注(2)大脇論文。
(7) 『四天王寺古文書(一)』、五三頁。
(8) 東大史料編纂所謄写本による。句読点は私に施した。
(9) 『真宗史料集成　第四巻』、五四五~六頁。
(10) 『中世聖徳太子伝集成(四)』、三七三頁。
(11) 注(7)前掲書、一〇頁。
(12) 『近江国輿地志略(上)』(『大日本地誌大系』一二)、三三二頁。
(13) 同前、二一四頁。
(14) 『近江国輿地志略(下)』(『大日本地誌大系』一六)、五六頁。
(15) 同前、二一五頁。
(16) 同前、一六〇頁。
(17) 同前、一六一頁。
(18) 同前。
(19) 同前。
(20) 同前。

(21) 同前、一五六頁。
(22) 同前、八一～二頁。
(23) 同前、四九頁。
(24) 同前、一〇三頁。
(25) 同前、一〇五頁。
(26) 同前、一一二頁。
(27) 同前、一一五頁。
(28) 注(12)前掲書、三一八頁。
(29) 注(14)前掲書、一六一頁。
(30) 近世において広く普及していた寛文版本にも受け継がれている。
(31) 注(12)前掲書、三七一頁。
(32) 同前、三一三頁。
(33) 注(14)前掲書、二〇七頁。
(34) 同前、一九七頁。
(35) 滋賀県地方史研究家連絡会編『近江史料シリーズ(4)』（一九八〇年）、一〇六頁。
(36) 石川正知「淡水海故録について」（滋賀県地方史研究家連絡会編『近江史料シリーズ(2)』、一九七六年）は、貞享年間（一六八四～八八年）頃の編と推定している。
(37) 同前、五頁。
(38) 注(12)前掲書、三三二頁。
(39) 同前、三三一～二頁。
(40) 注(14)前掲書、一二四頁。
(41) 引用は国立公文書館内閣文庫蔵本による。
(42) 阿部泰郎「中世太子伝の伎楽伝来説話――中世芸能の縁起叙述をめぐりて――」（『芸能史研究』七八、一九八二年）。

(43) 文保本や増補系といった物語的太子伝はもちろん、『伝暦』注釈にもあらわれる。

(44) 『油日大明神縁起』『油日大明神濫觴記』は『神道大系』に翻刻があり、さらに『江州甲賀郡油日大明神縁起』が同社に蔵されている。

(45) 松本真輔「中世聖徳太子伝と油日神社の縁起――聖徳太子の兵法伝受譚と武人としての太子像――」（『日本文学』五三巻六号、二〇〇四年）。

(46) 以下、同書の引用は油日神社蔵本による。

(47) 注(14)前掲書、三〇一頁。

(48) 同前、三〇六頁。

(49) 同前。

(50) 山中耕作編『天神伝説のすべてとその信仰』（太宰府顕彰会、一九九二年）、一五～二六頁。

(51) 前掲注(48)は、全国の天神伝承を類型別に分類しており、参考になる。

唐本御影の伝来過程をめぐって――背負わされた法隆寺での役割――

伊藤　純

はじめに

聖徳太子、日本に住いする者にとっては歴史上の人物の中で最も顔が知られた人物であろう。それというのも、昭和五年（一九三〇）一月一一日に発行された「乙百円券」に登場し、昭和五九年（一九八四）に、五千円と一万円紙幣が新渡戸稲造と福沢諭吉に変更されるまで、戦前・戦後を通じて五〇年以上にわたり高額紙幣の顔として使われ続けてきたからである。

皆に親しまれた聖徳太子のお顔は「唐本御影」（図1）と呼ばれている画像からとったものである。「唐本御影」がいつ頃作成されたのかについては多くの議論があり、人物が身につけている冠や服の検討から、奈良時代に制作されたという見解、あるいは平安時代に模写されたものとする見解もある。本稿は「唐本御影」それ自体の製作年代を検討することが目的ではないので、ここでは触れないことにする。

本稿では「唐本御影」が作成されて以降、法隆寺でどのように伝わってきたのかをあとづけたい。具体的には

図1　唐本御影

史料にどのようにあらわれるのか、また、模写・転写された「唐本御影」をみていきたい。この作業を通じて「唐本御影」が法隆寺で果たした役割を考え、さらに、個人に対する信仰としては聖徳太子と双璧をなす菅原道真＝天神画像のあり方と、「唐本御影」とのいささかの比較も試みたい。

一　「唐本御影」の伝来にかかわる近年の見解

「唐本御影」は、明治一一年（一八七八）に法隆寺から皇室に献上された寺宝に含まれていた。皇室への献納宝物のほとんどは、第二次世界大戦後に国有化され、東京国立博物館で保管・展示されている。しかし、「唐本御影」と「法華義疏」は皇室に残され〈御物〉となり現在にいたっている。

〈御物〉となってしまった「唐本御影」は、法的には国宝・重要文化財といった〈文化財〉の範疇とは異なる世界のモノとなってしまった。そのためか、研究の世界でも古来より「唐本御影」が人々の目から離れた場所で秘蔵されてきたというふうな見方がある。

以下、私の目にした「唐本御影」の伝来について述べている近年の見解をみたい。

〔石田茂作　一九七六〕

ただしこの像は法隆寺において秘蔵して衆目する事の少なかったためか、模本が二、三ある以外、この像様によって作られた太子像はまったくないと云ってよい。

〔田中一松　一九七七〕

なお聖徳太子に関する伝記や著作の刊行は鎌倉以降近世に至るまで絶えないが、唐本御影に関してはあまり著しい研究の発展を見なかったようである。ところが明治時代に入ると、にわかに古代史学や風俗史学の先覚大家たちの間にこの御影をめぐって活発な論議や考証が進められるようになった。

〔石川知彦　一九九七〕

平安時代末期においても顔貌や服制など図像上ほかの太子と異なる特殊な像として認識されていた。ところが鎌倉時代に至り、法隆寺復興につとめた慶政や顕真らの努力によって、「唐本御影」「阿佐太子筆」として一躍太子像の古本として脚光を集めた。そのため鎌倉後期以降ことさら注目され、現在管見の限りでも御物本の強い影響下にある薬師寺本（鬚を蓄えない独尊像）のほか、法隆寺に二本と、冷泉為恭の二本の模写本が知られる。

石田は「唐本御影」が法隆寺において秘蔵されており、そのため人々の目に触れることが少なく、模写が二、三あるのみと述べる。田中は、聖徳太子そのものについての研究は鎌倉時代以降さかんになされたが、「唐本御影」に関しては研究されることがなかったとする。この理由については言及していないが、おそらく石田のいうように「唐本御影」が秘蔵されていたということが前提になっているのであろう。石川が、平安時代末期に「唐本御影」が特殊な像として認識されるようになり、鎌倉時代以降脚光を集めるようになった、と述べていることは重要な指摘である。

「唐本御影」は法隆寺において秘蔵されてきたのであろうか。石川のいう鎌倉時代以降「唐本御影」はどのように扱われてきたのだろうか。

二　「唐本御影」に関する記述と絵画史料

以下、管見に入った「唐本御影」に関する史料を示す。

Ⓐ保延六年（一一四〇）　大江親通『七大寺巡礼私記』

宝蔵

北有七間亭、其東端二間号宝蔵、其内種々宝物等、

太子俗形御影一鋪、

件御影者唐人筆跡也、不可思議也、能々可拝見、

Ⓐは「唐本御影」に関する最初の史料である。大江親通（?〜一一五一）が保延六年（一一四〇）の時点で見たのは「太子俗形御影」であり、この時点ではその作者については「唐人筆跡也」と語られている。

Ⓑ嘉禎四年（一二三八）　顕真『古今目録抄　上』

次太子御影、但於此有多義、当寺相伝者、唐本御影也、唐人為申結縁　詣御前、其人前為彼　応現給、而間書二複、一本ヲバ留日本、一本ヲバ本国持帰、故云唐本御影、唐人書故云唐本、西山聖人云、非唐人、百済阿佐之前現給形云々、或摂政関白殿下兼経宣、更非他国之像、日本人装束、其昔皆如此也、故日本之様云々、御冠太刀ヲ帯給ヒ持笏立像也、二人ノ童子ハ二人ノ王子也、此真実御影也、

或云、唐人染筆写之故云唐本御影云々、西松慶政上人勝月房為令久故、御裏押絹給、其時表紙令替錦給、

嘉禎四年戊戌八月十四日近衛殿下

『古今目録抄』は別名『聖徳太子伝私記』、四天王寺本の『古今目録抄』（一二二七）とは別本である。上巻に

図２　聖徳太子摂政像

は法隆寺と太子に関する秘伝が、下巻（一二三九年頃成立）には太子の舎人、調使麻呂が完成したとする秘事口伝を載せる。顕真によるこの『古今目録抄』によって、新たな法隆寺の歴史がつくられるのである。この過程において「唐本御影」が再発見される。そして大江親通の時代には「唐人筆跡也」であったものに、百済国の阿佐筆といったような新たな由来がつくられ、付加されるのである。

Ⓒ一三世紀　聖徳太子摂政像（薬師寺蔵／図2）

この絵については「唐本御影の影響下で制作された中世の唯一の遺品とみられる。……両肩から袖にかけての袍衣の形を忠実に写す一方、褐色地の袍衣に唐本御影にはない白茶の繊細な花唐草文を施し、鎌倉後期頃の作と考えられる。他本への影響関係が希薄な孤本として伝来してきた唐本御影の、中世における受容の様がみてとれる」（『聖徳太子展』図録 二〇〇一）とあり、「唐本御影」との直接的な関係が指摘されている。

Ⓓ正中二年（一三二五）　九月二八日『嘉元記』

御重宝、関東より御上洛畢、（割註）為鵤庄之沙汰、梵網経一巻、箭前一、唐本御影、関東御下使、慶賀延了子五師、」

法隆寺領の播磨国鵤《いかるが》庄をめぐる訴訟のさい、法隆寺の立場を通すため、幕府を威圧する道具として関東まで持ち出された品の一つに「唐本御影」があったのである。

Ⓔ貞治三年（一三六四）『法隆寺縁起白拍子』

上宮太子異朝人為現□給時、唐朝之絵師、御姿移留唐本御影像、

Ⓕ文明一五年（一四八三）『法隆学問寺御舎利殿宝物以下目録』

太子御影二輔、（割註）云唐本御影也、但有異説之」箱入之、

ここでは「太子御影二輔」とある。この時点で法隆寺に「唐本御影」の原本とは別の写しがあったことがわかる。Ⓒの現在薬師寺に蔵されている「聖徳太子摂政像」（鎌倉時代）のようなものが法隆寺にもあったのだろう。

Ⓖ天文二三年（一五五四）『金堂并聖霊院曼陀羅事』

唐本太子御影事

吾朝上宮太子御誕生之後、自唐朝被渡絵師、日本救世観音御誕生、可奉移御姿之由、被仰含而渡吾朝、奉拝見太子奉移之、御姿不似常御姿、随機、令現給之間、異様御影云々、一本止置此日本、彼正本唐紙也、奉納于御舎利殿畢、吾朝絵師又絹図奉移之、安置于金堂畢、

……

Ⓗ元禄七年（一六九四）「元禄七年江戸開帳目録」

一　唐形御影

……

江戸での出開帳、この時に出品された宝物の中に「唐本御影」が含まれているのである。

Ⓘ宝暦一三年（一七六三）　幽竹法眼筆の模写図（法隆寺蔵／図3）

（裏書）

皇太子唐形之御影、先師僧正千懐依頼当寺奉納御蔵、阿佐太子之真筆、課幽竹法眼奉令写了、今節苟令修覆法沢、律師招請令開眼了、永以可奉仕供養者也

図3　幽竹法眼筆の模写

宝暦十三年癸未歳二月　千範僧都

（別筆）

該真像者、献于天朝因而斯模写之尊像、蔵之于宝庫以為寺鎮焉

明治十一年八月　法隆寺主千早定朝

作者の幽竹については残念ながらほかにわかるところはない。(補注1)

Ⓙ寛政四年（一七九二）『寺社宝物展閲目録』

法隆寺

一　百済阿佐太子筆太子画像

画法も古拙に而、鴨毛屛風と筆法も相似、并衣冠之躰も、其時代者、箇様にも可有哉と存候、世上に有之候烏沙帽帯剣之座像よりは、此図之方、当時之実録歟と相見候、

Ⓚ寛政四年（一七九二）一一月二一日　屋代弘賢《やしろひろかた》『道の幸　中』

空はる、けふは綱封蔵といへる叉庫にて宝物拝見。……百済の阿佐太子筆、上宮太子の肖像あり。是ぞ此庫中第一の物とみえたり。阿佐は平氏の太子伝に見えし人なり。

「宝物拝見」とあることから、屋代は「唐本御影」を直接見ていることがわかる。

Ⓛ寛政六年（一七九四）『好古小録』

〔二十六〕上宮太子画像、

法隆寺所伝也。国朝古画の存する者、此に過たる有べからず。衣服の制も聊考ふべし。

Ⓜ寛政七年（一七九五）『古画類聚』（図4）

古画目録稿

……

聖徳太子像　同（大和国）法隆寺蔵

　　　百済阿佐太子筆

Ⓝ寛政八年（一七九六）『文晁過眼録』

法隆寺

……

百済阿佐太子筆太子画

Ⓞ寛政一二年（一八〇〇）『集古十種』（図5）

大和国法隆寺蔵　百済阿佐太子所画

Ⓙの『寺社宝物展閲目録』からⓄの『集古十種』までは、寛政年間に行われた一連の「文化財調査」に関連するものである。『古画類聚』や『集古十種』という当代一流の集成図に掲載・紹介されたことによって、さらに

図4　『古筆聚集』

図5　『集古十種』

「唐本御影」は超一流の絵画、宝物となっていったのであろう。

Ⓟ文化三年（一八〇六）伴資芳《ばんすけよし》『閑田《かんでん》次筆《じひつ》』（図6）

聖徳太子の古画といふもの、法隆寺の宝物にて、写しは所々にあり。御冠は巾と見えて透額《すきひたい》なり。いづこの御像も此透額を書もらせり。眼目を忘たりといふべし。故、今ここに写せり。また、此御衣も袖甚だ狭く、凡胡服に法弗たり。

ここにみえる「写しは所々にあり」とある記述は重要である。宝暦一三年（一七六三）の幽竹の模写図のほかにも、別の模写が各所に存在していたことがわかる。「今ここに写せり」とあり、この時にさらに新たな写しがつくられていることもわかる。

Ⓠ文化九年（一八一二）長野美波留『県居《あがたい》雑録《ざつろく》　補抄』（図7）

大和国法隆寺蔵聖徳太子像称唐本御影右に所写の植栗王像、これいにしへのあけまきなるへし、此像は百済国王使阿佐午拝太子、所写像也一本は日本に留一本は本国へ持返て示此像已模刻して家蔵、

図6　『閑田次筆』

図7　『県居雑録　補抄』

「此像已模刻して家蔵」とあることから、模写本をもとに木版をつくり、これを用いて印刷された普及版ともいうべき「唐本御影」が存在しているのである。

Ⓡ文政二年（一八一九）『皇朝名画拾彙（続本朝画史）』

百済王子阿佐、同書《(日本紀)》云 推古天皇五年四月、百済王遣王子阿佐朝貢 ○阿佐所画聖徳太子像、今猶在南都法隆寺、見其模本、筆法高古、規度宏淵、実為海内之珍、

「見其模本」とあることから、『皇朝名画拾彙』は「唐本御影」の原本ではなく、Ⓘの幽竹筆のような精巧な模本を見たのであろう。

Ⓢ文政二年（一八一九）栗原柳庵『柳庵随筆 初編』（図8）

画の古きもの、法隆寺に伝はれる。太子真影に過たるはなし。……是百済国阿佐太子の筆なりといひ伝たり。よっておもへば、独我国にのみ宝とするにあらず。緝熙睿思の殿にも籠らるることなく、建業奉華にも蔵めしことをきかず。宇宙第一の宝絵といふべくして、会匱百重、緘蔵すべき宝蹟にあらずや。嘗て其影鈔本を購求し得たり。縮写してここに出す。

図8 『柳庵随筆 初編』

「嘗て其影鈔本を購求し得たり」という記述は重要である。Ⓟ『閑田次筆』のいうような、所々にあった写しを見出し、入手したのか。

Ⓣ文政二年（一八一九）「聖徳太子画像」（図9）

『京都古書籍・古書画資料目録 六号』（二〇〇五年）に掲載されたもの。文政二年の写しで「文政五年裏書 四天王寺正舎利法印静心院善順識文有」と解説にある。

Ⓤ天保七年（一八三六）『斑鳩《いかるが》古《こ》事《じ》便覧《びんらん》』

一太子唐形御影

右推古天皇五年丁巳夏四月一日、百済国威徳王太子阿佐来朝時、皇太子引殿内、其時御対面尊容、阿佐奉写尊容也、因云唐形御影、阿佐筆也、

Ⓥ嘉永三年（一八五〇）朝岡興禎『増訂　古画備考』（図10）

百済王子阿佐

○阿佐所画太子聖徳像、今猶在南都法隆寺、見其模本、筆法高古、規度宏淵、実為海内之珍、拾彙　○阿佐画太子像、画法も古様にて、鴨毛の屛風と、筆法相似、世上にある、鳥紗帽帯剣の坐像より、此図の方、当時の実録かと相見候、展閲目録　○国朝古画の存する者、此に過たる有べからず、衣服の制も、聊考ふべし、好古小録

Ⓦ嘉永三〜安政元年（一八五〇〜五四）冷泉為恭《れいぜいためちか》の模写（図11）

大和州法隆寺綱封倉所護上宮法王真影阿佐王所奉名絵也

図 9　『京都古書籍・古書画資料目録　六号』

図10　『増訂　古画備考』

図11　冷泉為恭の模写

秘蔵秘蔵絵本也　不出戸外

「唐本御影」はⒶ史料にみられるように一二世紀の中頃（平安時代末）にはその存在が法隆寺で確認できる。Ⓑの顕真（一二三八）による「再発見」によって、百済の阿佐筆という由来が付加される。一三世紀（鎌倉時代）になると「唐本御影」をもとにした作品がつくられる（図2）。また、Ⓓ史料（一三二五）からは、荘園をめぐる争いのさいには、法隆寺の立場を通すために関東にまで運び出されているのである。「唐本御影」は幕府の判断をも左右させるような大きな宗教的〈力〉を持っていたのである。(補注2)

江戸時代にはⒽ史料（一六九四）にみられるように、「唐本御影」は江戸での出開帳にも運ばれ、法隆寺の宗教活動にとって欠くべからざる宝物になっている。「唐本御影」は開帳の目的、すなわち集客（＝集金）のための、法隆寺を語る有力な宝物の一つとなっているのである。

元禄七年（一六九四）の江戸出開帳を経て、法隆寺＝「唐本御影」の評判がさらに高まり、拝観の願いが多くなったことは想像に難くない。このような状況が、殺到する拝観に対応するため、原本と瓜二つの模作をつくらせることになったのだろう（図3）。

江戸時代も後期になると、Ⓟ史料（一八〇六）のいうように「写しは所々にあり」、Ⓠ史料（一八一二）の「模刻」してつくられた画像もあったのである。このように、いくつもの写しがつくられ、Ⓢ史料（一八一九）の記すように市中では「其影鈔本を購求」できる状態であった。幕末のⓌ史料で冷泉為恭がいうような「秘蔵々絵本也　不出戸外」というような状況では決してないことは明らかである。

三　太子信仰におけるライバル寺の動向と法隆寺

法隆寺・四天王寺・叡福寺は太子信仰における三巨頭といってよい。法隆寺では聖徳太子が胎内から持ってきたとされる舎利が、信仰を集める具体的な拠り所であった。四天王寺は聖徳太子が建立した最古の寺院であること、叡福寺は太子の墓所につくられた寺院である。

このように三寺院とも聖徳太子との直接的な関係を語ることによって信仰を集めてきた。平安時代以降、高揚していく太子信仰の中で、それぞれの寺院はさらなる信仰を集めるために創意工夫を行った。

四天王寺では寛弘四年（一〇〇七）八月一日、慈蓮なる僧が金堂内から『御朱印縁起』（四天王寺縁起）を「発見」した。『御朱印縁起』には聖徳太子自身の言葉が記され、太子の手印が捺され、四天王寺が仏教の聖地であることが語られる。この縁起は推古乙卯年（五九五）に聖徳太子が撰し、金堂に納めておいたとある。これが寛弘四年に「発見」されたのである。四天王寺はこの縁起を時の最高権力者藤原道長に報告する。これを機に道長は四天王寺に心を寄せることとなる。『御朱印縁起』の「発見」後、道長を取り込んだことによって、四天王寺は太子信仰の中心的地位を占めていく。

叡福寺では天喜二年（一〇五四）太子墓の近辺から「聖徳太子御記文」が発見された。のちに記された『古事談』（一二一二〜一五年頃）第五には以下のようにある。天喜二年九月二〇日に石塔を建てるために墓の南西（坤方）を掘ったところ、蓋と身からなる筥石《はこいし》（長一尺五寸・広七寸）が見つかった。開いてみると「御記文」であった。「御記文」発見のことは四天王寺に伝えられた。その内容は「……吾が入滅以後四百三十余歳に及び、此の記文出現や、その時の国王・大臣、寺塔を発起し、仏法を願求すらくのみ」とある。発見された「御記文」は四天王寺の別当恒舜を通じて朝廷に報告された。「御記文」の発見によって叡福寺は太子信仰の有力な拠点の一つになっていく。

　このように、四天王寺・叡福寺とも、より多くの信仰を集めるために聖徳太子とのつながりをより強化・強調する方策を編み出していった。四天王寺や叡福寺の積極的な取り組みに比べ、法隆寺は遅れをとっていたといえよう。遅れを挽回しようとしたのが、一三世紀前半の慶政と顕真の行動である。彼ら二人の事蹟については、武田佐知子の著作〔一九九一・九三〕に詳しいのでそれに譲るが、結論的にいえば、この時期の「唐本御影」の再発見と新たな由来の付加は、法隆寺が正真正銘の聖徳太子の寺であることを、「唐本御影」を掲げて宣言したことにほかならない。

　これ以降、「唐本御影」は法隆寺が真に聖徳太子の法隆寺であることを、目に見えるかたちで示す物証となる。Ⓓ史料の『嘉元記』（一三二五）の記述は、法隆寺が荘園をめぐる争議で、みずからの起源と、立場を押し通すための有力なモノとして「唐本御影」があったことを示している。Ⓕの史料（一四八三）から、法隆寺には原本とは別の一本の写しがあったことがわかる。江戸時代も中期以降となると、社会の安定とともに、今日いうところの歴史や文化・学問への興味が高まっていく。このような世情に乗じて寺社も信仰を背景としたさまざまな宗教（集客）活動を行っていく。法隆寺が聖徳太子の法隆寺であることを示すための「唐本御影」は、さまざまなかたちの写しがつくられ、世間に流布し、法隆寺の宗教活動をささえていくのである。

四　天神画像のあり方

個人に対する信仰として聖徳太子と双璧をなす人物は菅原道真（八四五～九〇三）である。聖徳太子と「唐本御影」との関係は、菅原道真像と天神画像であろう。

承久元年（一二一九）『北野天神縁起（根本縁起）』

故に本地絵像にかきあらはしまいらせて、結縁の諸人の随喜のこころをもよをさば、一仏浄土の縁として、必天満大自在天神あはれみをたれましまして、二世の大願成就せしめ給へ、

これによると、承久元年（一二一九）の時点で、すでに天神の本地仏である十一面観音や天神画像が描かれていたことがわかる。

元仁二年（一二二五）三月四日『明月記』

強盗入蘭林坊、面縛守護男、任意取雑物、…并天神御影裡礼服具悉取之、

宮中の蘭林坊に入った賊が「天神御影」を盗み出しているのである。『北野天神縁起』や『明月記』の記述から、一三世紀の早い時点で天神画像が描かれていたことがわかる。

しかし、実物として現在に伝わる天神画像は、一四～五世紀（南北朝～室町時代）とされる「束帯天神像」（北野天満宮蔵／図12）であり、一般に「根本御影」と呼ばれているものである。この「根本御影」と同じ図様の「束帯天神像」が、延暦寺南谷遺教院に伝来してきた（旧延暦寺本、現北野天満宮蔵／図13）。旧延暦寺本は「写し」と呼ばれることもあり、「根本御影」と旧延暦寺本との関係については、「原本―写し」といった直接的な関係なのか、先行する祖本があって、どちらも祖本からの写しなのかは明らかではないらしいが、いずれであっても、大きくいえば、原本と「写し」の関係であることは間違いない。「唐本御影」では数々の模写があることを指摘してきたが、天神画像にあっては、原本と模写の関係が判明するのは知られている範囲ではこの二点のみである。松浦清はこの二点と共通する、第三の「根本御影」類品が存在することを報告しており〔二〇〇六〕、こ

れを加えたとしても三点のみである。

聖徳太子の「唐本御影」は、これまでみてきたように、中世以降さまざまな場面に登場し、江戸時代には、その写しが多く世に流布してきた。一方、菅原道真の天神画像では、「根本御影」との原本—写しの関係を見出すことができるのが、二ないし三点である。太子信仰と天神信仰、ともに個人に源を発する信仰であるが、その姿を描いた画像のありようの大きな違いは何によるものなのか。仏の世界の信仰と、神の世界での信仰のあり方の根本的な違いなのか。信仰を集めるために法隆寺・四天王寺・叡福寺が競っていた中で、法隆寺は拠り所として聖徳太子の「唐本御影」を活用した。このことが多くの「唐本御影」の「写し」をつくらせたのである。天神信仰においては太子信仰にあったライバル寺院の競い合いのようなものがなく、圧倒的に北野天満宮が優位を占めていたため、天神画像の「根本御影」を拠り所として信仰を広める必要がなかったのだろうか。にわかにその背景を説明することはできないが、興味深い事実である。

まとめにかえて

聖徳太子を描いた画像としては最も古い「唐本御影」は、一二世紀前半にはその存在が法隆寺の外部へも知ら

図12　束帯天神像(北野天満宮蔵)

図13　束帯天神像(旧延暦寺本)

れた存在であったことが、大江親通の参拝記録（一一四〇）によって判明する。

一三世紀になると、「唐本御影」の作者として百済国の阿佐という由来がつくられ（一二三八）、聖徳太子信仰における法隆寺の地位を引きあげるための重要な宝物となる。また、この頃に「唐本御影」をもとにした画像（図2）がつくられる。

一四世紀には、寺領をめぐる訴訟にさいして、幕府を威圧するために関東にまで持ち出されている（一三二五）。法隆寺の「唐本御影」に対する期待と、「唐本御影」の〈力〉を知ることができる。

江戸時代中期以降になると「唐本御影」は出開帳の目玉の一つとなり、一般民衆の注目するところとなっていく。「唐本御影」に対する評判の大きさが、原本と瓜二つの模写図（一七六三／図3）をつくらせたり、いくつもの写しがつくられ、世に流布していく。

このように、最古の聖徳太子の画像である「唐本御影」は、中世以降、法隆寺では信仰を集めるために活用されてきた。冒頭にみたように、「唐本御影」が法隆寺において秘蔵されてきたとする説は、冷泉為恭の模写図（一八五〇～五四）に記された「秘蔵秘蔵絵本也　不出戸外」が確認できる最初である。近代の「唐本御影」研究の出発点となった黒川真頼（一八九五）や、「唐本御影」を原色版で最初に紹介した挿図解説（一九〇二）でも、法隆寺において「唐本御影」が秘蔵されてきたと読める表現は一切ない。

「唐本御影」は決して法隆寺において秘蔵されてきたものではない。太子信仰をめぐる法隆寺・四天王寺・叡福寺の争いの中で、鎌倉時代以降、法隆寺が信仰の拠り所として「唐本御影」を活用してきたことはみてきた通りである。特に、江戸時代中期以降においては、さまざまなかたちの「唐本御影」の写しがつくられ、世間に流布し、聖徳太子の姿は一般民衆にとって身近な存在になっていたのである。

今日の「唐本御影」秘蔵説は、一八七八年に法隆寺から皇室へ献上された以降に生まれたのであろう。さらにいえば、法隆寺からの献納宝物が第二次世界大戦後に国有化された時にも「唐本御影」と「法華《ほっけ》義疏《ぎしょ》」は皇室に留め置かれ、文化財保護法の枠を超越した〈御物〉となった以降に秘蔵説は強まったのかもしれない。明治時代以前には聖徳太子の姿「唐本御影」は人々の目の届くところにあったのである。

［補注1］　菊竹淳一氏が「幽竹法眼は、狩野派の門人で松平加賀守の画師であった池田幽竹のことであろう」（『法隆寺の世界』、大分県立宇佐風土記の丘資料館、一九九一年）と述べていることを知った。

［補注2］　弘安元年（一二七八）定円『法隆寺宝物和歌集』に

　唐本御影

　唐人の　筆をとどめてうつすての　よかけり我を　めつらかにみよ

とあり、鎌倉時代における唐本御影の史料を加えることができる。顕真の百済阿佐説（Ⓑ一二三八年）後も、唐人筆説が根づよくあることがわかる。

［参考文献］

阿部泰郎　一九九七「聖徳太子信仰」『聖徳太子事典』柏書房
飯島　勇　一九五九「聖徳太子及二王子像」『ミュージアム』九七
石川知彦　一九九七「聖徳太子・二王子像（唐本御影）」『聖徳太子事典』柏書房
石田茂作　一九七六『聖徳太子尊像聚成』講談社
亀田　孜　一九四八「御物聖徳太子御影考」『美術研究』一五一
黒川真頼　一八九五「聖徳太子御像ノ弁」『国華』七一
榊原小葉子　一九九九「古代中世の対外意識と聖徳太子信仰——法隆寺僧顕真の言説の期するもの——」『日本歴史』六一七
挿図解説　一九〇二「帝室御物　伝百済国阿佐太子筆　聖徳太子御影」『国華』一四七

高木　博　二〇〇二「近代天皇制と古代文化――『国体の精華』としての正倉院・天皇陵」『天皇と王権を考える』五　岩波書店
武田佐知子　一九九一「中世法隆寺と唐本御影――阿佐太子仮托説の意図――」『日本史研究』三四七
武田佐知子　一九九三『信仰の王権　聖徳太子』中公新書
武田佐知子　二〇〇〇「聖徳太子のかたち――絵画・彫刻から太子イメージを探る――」『東アジアの古代文化』一〇四
武田佐知子　二〇〇三「聖徳太子のかたち――絵画・彫刻から太子のイメージを探る――」和田萃編『史話日本の古代⑤　聖徳太子伝説』作品社
田沢裕賀　二〇〇一「描かれた天神さま――その広がりと展開――」『天神さまの美術』ＮＨＫほか
田中一松　一九七七「聖徳太子画像」『御物聚成　絵画Ⅰ』朝日新聞社
東野治之　一九九〇「『古画類聚』の成立」調査研究報告東京国立博物館『古画類聚』毎日新聞社
東野治之　二〇〇一「近代歴史学と作品評価《御物聖徳太子画像》をめぐって」『美術フォーラム21』四
林　幹弥　一九八〇『太子信仰の研究』吉川弘文館
藤井由紀子　一九九九『聖徳太子の伝承――イメージの再生と信仰――』吉川弘文館
真壁俊信　一九八四「天神画像の発生」『天神信仰の基礎的研究』近藤出版社
松浦　清　一九九九「大阪天満宮の『天神画像』」『美術フォーラム21』創刊号
松浦　清　二〇〇六「束帯天神像」『大阪天満宮社報　てんまてんじん』四九
松原　茂　一九八七「天神信仰の流布と天神画像の展開」『古筆学叢林』一　八木書店
松原智美　一九八八「御物聖徳太子二童子画像」『法隆寺美術　論争の視点』グラフ社
宮島新一　一九九四「聖徳太子画像」『肖像画』吉川弘文館
山本英男　二〇〇一「天神画像」『北野天満宮神宝展』京都国立博物館

[図版出典]

図1　唐本御影　『週刊朝日百科　皇室の名宝一一　御物一』一九九九年

図2　聖徳太子摂政像　『聖徳太子展』　ＮＨＫ　二〇〇一年

図3　幽竹法眼筆の模写図　同前

図4　『古画類聚』

図5　『集古十種』

図6　『閑田次筆』

図7　『県居雑録　補抄』

図8　『柳庵随筆　初編』

図9　「聖徳太子画像」　『京都古書籍・古書画資料目録』六号　キクオ書店　二〇〇五年

図10　『増訂　古画備考』

図11　冷泉為恭の模写　逸木盛照『冷泉為恭』　中外出版　一九二五年

図12　「束帯天神像」　『天神さまの美術』　ＮＨＫ　二〇〇一年

図13　「束帯天神像」　同前

地誌としての寛文刊本『聖徳太子伝記』

——近世太子信仰の展開に関する一考察——

榊原小葉子

はじめに

聖徳太子没後から江戸幕府が開かれるまでのおよそ千年間における太子関連の著述は、仏像の光背を含めても四〇程度と推定されている。これに対して江戸時代の約二五〇年間のそれは百余りにのぼるという。[1] 宗派や地域を越え、諸寺院において太子伝が作成・研究されただけでなく、太子は日本各地の地域信仰と結びつき、儒学者には仏教批判のシンボルとしてとりあげられ、さらには浄瑠璃本や黄表紙といった庶民文化においても格好の題材となった。[2] つまり太子の存在は、江戸時代を通じて、社会階層を問わず、きわめて広く受け入れられてきたのである。そうした状況にもかかわらず、この時期の太子信仰については、特に歴史学からの体系的な研究がほとんどなされてこなかった。その関連書物の数の多さに比例して、担い手・ニーズ・展開の仕方もまた多種多様であったことが、逆に近世太子信仰の「全体像」をとらえることを容易ならざるものにしているともいえよう。それでも、民俗学や国文学の方面からは、個別の事例やテキストに関する丹念な研究が長年にわたり続けられており、これらの成果からは、近世における太子信仰が全国各地で圧倒的な影響力を誇っていたこと、さらにいえば、現代の太子信仰の在り方の基礎をなしたのもまた、この時期の太子信仰であったことが明らかになってきている。

こうした研究状況に鑑み、本稿では、数ある近世の太子関連テキストのなかでも、もっとも広範に流布したとされる寛文刊『聖徳太子伝記』（一六六六年）を史料として考察し、当該期の太子信仰を社会文化史的観点からとらえるための端緒を見つけたい。

「寛文六年仲春吉日」との巻末刊記をもつ寛文刊本『聖徳太子伝記』（以下、寛文刊本とする）は、漢字には全てふりがなを附した平仮名交じり文で書かれ、仮名草紙の流行にうながされて出現した草紙である。[3] 本版本を翻刻した牧野和夫氏は、本書について、中世撰述の、いわゆる「文保本系太子伝」（阿部隆一氏による『聖(正)法輪蔵』系太子伝の仮称）[4]を読み下したにすぎない部分がほとんどで、[5]近世というよりも、〝中世の〟太子伝としてとられるべきだとしている。しかしながら、牧野氏自身が指摘するとおり、同版が作成されて以降、近世後期にいたるまで後印本がひろくおこなわれ、同版の伝本は多いが別版は見ないという点[6]では、本書は近世の太子伝を代表するものといって間違いはない。本稿では、こうした寛文刊本の〝近世〟的側面に光を当て、同版が成立した背景について考えたいと思う。

中世の「文保本太子伝」と寛文刊本におけるテキスト間の異同に関する考察は本稿の範疇を超えているため、ここで踏み込むことはしない。かわりに、先行研究——主として国文学からの検証をもとに、近世初期における太子信仰の方向性を探るための足がかりとして、寛文刊本が江戸時代を通じて広く普及するにいたった意味を考えることが本稿の目的である。そこで、次の二点に注目したい。まず第一に、「文保本系太子伝」のどのような特徴が寛文刊本に引き継がれているのかという点である。言い換えれば、「文保本系太子伝」が、寛文刊本の底本として、いかに機能したのかを検証したい。

第二の注目点は、逆に、「文保本系太子伝」と寛文刊本との違いについてである。つまり近世においてどのような改変が行われたのかということである。先行研究からは、少なくとも寛文刊本の版本化にさいし、確実に文章を整えたことが明らかになっているが、[7] 本稿においては、そのわずかな近世の「手」に着目したい。たとえ同様の記事であっても、時代が違えば、その意義や受容のされ方も異なり、版本作成の段階で加えられた編集箇所には、そうした違いがあらわれているはずである。そしてそこに、近世太子信仰の特質を見いだすことができるのではないだろうか。

一　寛文刊本『太子伝』の特徴

七世紀半ばにさかのぼることのできる太子信仰の歴史上、太子伝記の決定版として広く認知されていたのは、一〇世紀半ばの成立と考えられる『聖徳太子伝暦』（以下、『伝暦』とする）である。とりわけ平安末から鎌倉・南北朝時代にかけての太子信仰興隆期においては、法隆寺・四天王寺等太子ゆかりの諸寺院が中心となって、『伝暦』を軸としたさまざまな系統の太子伝記を生み出し、その内容は、各時代のニーズに応えながら増広改削がくりかえされ、展開をとげてきた。「文保本系太子伝」ももちろんその一つであり、本伝本群に大部分を拠っている寛文刊本もまた、広義の『伝暦』末書といえるのである。

そこでまず、寛文刊本に見られる『伝暦』との違いを整理した上で、寛文刊本における「文保本系太子伝」の意義と両者の違いについてそれぞれ検証を進めたい。

寛文刊本を一読して気付く明らかな『伝暦』との違いは、その地理情報に対する目配りである。寛文刊本は『伝暦』同様、年ごとに太子の事績を紹介するという体裁をとってはいるが、日本全国に散らばる聖徳太子ゆかりの土地や寺院を、地誌や寺誌さながらの詳しさで紹介しているのが特徴で、あるときは霊場案内として、またあるときは太子の道中記とも読めるような編集がほどこされている。表1は、『伝暦』の記事内容には見られない地理情報が加えられた箇所を寛文刊本から抽出し、まとめたものである。

二　中世の霊場成立と「文保本太子伝」における地理情報の充実

表1からは、寛文刊本における地誌・寺誌としての内容の充実ぶりがわかるが、こうした特徴は、「文保本系太子伝」の段階ですでにあらわれていたことはいうまでもない。

「文保本系太子伝」は、中世太子信仰の有力な拠点であった四天王寺において作成され、太子伝記類のなかでも特に〝中世的〟な展開を示しているといわれている。そうした中世的特徴の代表として、霊場の成立があげられよう。佐藤弘夫氏(8)は、中世における浄土信仰のひろがりのもと、垂迹の鎮座する聖地、すなわち霊場にみずから足を運ぶことが、多数の人々に支持され確実視された浄土往生の方法であったことを指摘している。中世人がしばしば神社に詣でて神々に極楽往生を願ったのは、垂迹としての神がもつ彼岸への案内者という役割に期待してのことだったという。それら垂迹のなかでも、中世においてとりわけ人気を集めたのが聖人であった。中世に多く作られた「往生伝」には、人々が聖徳太子をまつる四天王寺や磯長の聖徳太子廟に詣でて、自身の往生を願うという話が納められているが、太子は阿弥陀仏の脇士である観音菩薩の垂迹であるため、人々を浄土に導くという任務を負っていると信じられていた。このため、一二世紀ごろから寺の由緒と霊験を説く寺院縁起や、垂迹

表1　寛文刊本『聖徳太子伝記』に見られる地誌記事

年齢	国名	場所	事柄
誕生	大和	立部寺	大和国に建てた24カ寺のうちの一つ
	(筑前)	箱崎明神	神功皇后伝説について
2歳	(大和)	法隆寺	太子2歳の舎利説話(法隆寺にある「南無仏の舎利」について)
8歳	大和	元興寺	
9歳	摂津	難波浦洲崎	
10歳	伊勢・伊賀	東山・東海両道	蝦夷征伐伝説
	大和	三輪山の北、城戸峯	同上
	奥州	石関の石踏秋田の城	同上
	(大和)	稲渕山	
	(大和)	三輪大明神	
	紀伊	紀伊国の日前宮	
		奥州・三河・播磨	太子の投げた矢の届いた範囲
12歳	(摂津)	難波の浦	日羅来日
	大和	高市郡豊浦の庄	太子、興厳寺を建立。いまの豊浦寺。日本最初の寺として、善光寺如来を百済から運んだ高僧2人(恵聡・恵弁)を住まわす
14歳	信州	善光寺	守屋仏像焼打　欽明13年に百済国からもたらされた如来の安置先(太子誕生前)
	摂津	難波	守屋仏像焼打　如来の廃棄場所(太子誕生前)
	播磨		守屋仏像焼打　守屋流罪地
	(摂津)	難波堀江・堀江寺	
	信濃	麻績	善光寺如来について　本太善光、差領のため上京。大和国から難波の堀江へ
	信濃	伊那郡麻績里宇沼村	善光寺如来について　善光、難波の堀江に浮かんでいた如来を持ち帰り、安置(難波の堀江から7日間の旅)
	信濃	水内郡芋井郷	善光寺如来について　難波の堀江から運んだ如来をうつし、善光寺とする
	大和	三輪	善光寺如来について　時丸、信濃の善光寺を三輪から参詣
		当麻の禅林寺	善光寺如来について　三輪から近い(善光寺にくらべて)ので、定期的に参詣することを勧める
16歳	河内	(石川郡)中尾の御陵	守谷との戦い
		志貴郡	同上
	大和		同上　諸国の軍兵集まる
	山城		同上
	和泉		同上
	甲斐	物部	同上

	信濃	安曇更級	同上
	河内	弓削	同上
	大和	下津道　下津梓宮	同上
	山城	愛宕郡折田郷土車里　折田村	用明天皇の死後、仏敵の守屋に対抗する中、仏神に導かれ堂を造らせる(六角堂)
	淡路	巌屋	衡山からの観音像が海に乗って流れ着いた場所。太子前身での意思による
	(山城)	雲林院	長宝寺とも。愛宕郡杣山の六角堂。淡路国巌屋に流れ着いた仏像安置
		軀橋寺	平安京遷都のさい、移動を仏像みずから拒否したための、杣山の寺の別名
		法隆寺	
		四天王寺	
18歳			「諸国の境さだめ、諸方より七道を付侍りぬ」
	伊勢	東海道	
	伊賀	東海道	伊勢国を分けて作る
	尾張	東海道	
	志摩	東海道	尾張国を分けて作る
	三河	東海道	もともと遠江と同じ国
	遠江	東海道	もともと三河と同じ国
	駿河	東海道	昔は8カ国、今は15カ国
	伊豆	東海道	同上
	甲斐	東海道	同上
	相模	東海道	同上
	武蔵	東海道	同上
	安房	東海道	同上
	上総	東海道	同上
	下総	東海道	同上
	常陸	東海道	同上
	近江	東山道	昔は4カ国、今は8カ国
	美濃	東山道	同上
	飛騨	東山道	同上
	信濃	東山道	同上
	上野	東山道	同上
	下野	東山道	同上
	出羽	東山道	同上
	陸奥	東山道	同上
	若狭	北陸道	北国　昔は3カ国、今は7カ国
	越前	北陸道	同上
	加賀	北陸道	同上
	能登	北陸道	同上
	越中	北陸道	同上
	越後	北陸道	同上
	佐渡	北陸道	同上

	丹波	山陰道	中国　昔は4カ国、今は8カ国
	丹後	山陰道	同上
	但馬	山陰道	同上
	因幡	山陰道	同上
	伯耆	山陰道	同上
	出雲	山陰道	同上
	石見	山陰道	同上
	隠岐	山陰道	同上
	播磨	山陽道	同上
	美作	山陽道	同上
	備前	山陽道	同上
	備中	山陽道	同上
	備後	山陽道	同上
	安芸	山陽道	同上
	周防	山陽道	同上
	長門	山陽道	同上
	紀伊	南海道	昔は3カ国、今は6カ国
	淡路	南海道	同上
	阿波	南海道	同上
	讃岐	南海道	同上
	伊予	南海道	同上
	土佐	南海道	同上
	筑前	西海道	西国　昔は5カ国、今は9カ国
	筑後	西海道	同上
	肥前	西海道	同上
	肥後	西海道	同上
	豊前	西海道	同上
	豊後	西海道	同上
	日向	西海道	同上
	大隅	西海道	同上
	薩摩	西海道	同上
	壱岐	外の嶋国	
	対馬	外の嶋国	
20歳	肥前	鎮西　松浦の大明神	崇峻天皇、新羅に攻め入ろうとする。そのさいの大将軍の妻が別離の苦しみから石となった(望夫石)。今の松浦大明神
	摂津	住吉郡　住吉大明神	仲哀・応神の新羅征伐伝説。伊勢大神二人のうちの一人が新羅からの帰りに寄る。太子が参考にすべき昔の征夷
	信濃	諏訪郡	同上
21歳	(大和)	倉橋(倉梯)下居原	崇峻天皇が柴垣の宮設営を計画。蘇我大臣は反対「倉橋は高山四方にそびえて谷深く浩水ながれて車馬の往還のたよりなく、百寮出入の煩い多かるべし」
22歳	(大和)	法興寺刹柱	本元興寺

	信濃	善光寺	南閻浮堤第一の霊像善光寺如来の檀那・本多善光に会うべく、太子信濃へ
	摂津	難波の豊浦寺	飛鳥寺として再建立(南門に元興寺、北門に法満寺、東門に飛鳥寺、元興寺を、本跡を尋ねて建てる)
	摂津	四天王寺	摂津国難波浦玉造の岸の上より三拾余町荒陵東に建立し給へり。その後、46カ所の伽藍を建立。地形の調査
23歳	摂津	難波浦四天王寺	
	摂津	四天王寺	「日本我朝には又いまの仏法最初四天王寺これなり」
	66カ国	大伽藍	国府ごとに大伽藍を建立
24歳	土佐	土佐の南海	光物あり
	淡路	淡路の南の浦	(上記の光物)数日を経て淡路の南の浦にただよう
	淡路		淡路国より一の霊木をたてまつる
	大和	大和国吉野郡比曽寺(現光寺)	
	摂津	摂津国四天王寺	3カ寺の法会を一度に執り行う。太子、いずれの法会にも立ち会う
	大和	法隆寺・比曽寺	同上
	大和	比曽寺	「太子(生身の救世観音の化来分身)七個の大院を建立し給へり」
	大和	金峯山	一人の聖人来て、いまの安居院たてる(寺誌)
25歳	大和	中宮寺	太子の母の御願
26歳	大和	三輪山	阿佐太子来日記事
	播磨	播磨国明石浦	阿佐太子帰国後、太子が名残をおしみ、大和国から歩く
27歳	甲斐・信濃・駿河		黒駒と調子丸
			黒駒の来歴
			黒駒に乗り、調子丸が同行
			三日三夜、諸国の伽藍を拝見
	大和国	金峯山　金精大明神	天竺霊鷲山の金剛窟の丑寅の角が破裂、金の縁土が大和国の大峯に落ちる
		湧出の嶽	役行者の出現を調子丸が予言
		笙の岩屋	
		釈迦嶽	
		仏生国峯	
		蘇膜者峯	
		祢古の岩屋	
	志摩	粟島	
		錦島	
		木島	
	越中	北陸道　立山権現	
	加賀	北陸道　白山妙理権現	
	越前	北陸道　気比大明神	

	近江	弁才天	
		伊吹大明神	
		三尾大明神	
		比叡山東麓　日吉七社(日吉権現)二宮　華台大菩薩	
		甲賀郡	黒駒の駆けた場所にちなみ馬杉庄と号す (宇津真砂広隆寺太子堂荘園を定める)
	平安城	賀茂	
		貴船	
		松尾	
	摂津	玉手の岸に垂迹の住吉四所大明神	
	紀伊	室郡　熊野権現	
	伊勢	桑名　鈴鹿山	
		飯野　月弓山	
		大神宮(天照大神)	
		乙目子の宮(大峯鬼子母)	
	尾張	中嶋・春日部　熱田社	
	三河	渥美設楽峯	
	遠江	浜名の橋	
	駿河	志太益田	
		富士の峯	富士縁起。役行者の出現について
	常陸	鹿嶋	
	伊賀	名張郡夏身郷	
	大和	安部山	
		添上郡三笠山	
	伊豆	田方浦那賀嶺	
	甲斐	八代物部社	
	相模	淘綾大住	
		鎌倉	
	武蔵	豊嶋入間河　横見男衾	
	安房	朝夷峯	
	上総	埴生	
		天の羽山	
	下総	結城	
		相馬	
		埴生里	
	上野		
	下野		
	陸奥	白河	
		色摩	
		玉造	
		遠田	

		牡鹿	
	出羽	村山	
		秋田城　壺の石	毘沙門天王の寄進(千嶋の夷降のため)
		飽海河	
	佐渡	羽茂	
	加賀	白山	
	越後	北陸道　神原浦	
	66カ国		日本国巡検(国数、島数、人口の確認)、国境の確定、伽藍建立の地および墓所の選定
	駿河	富士の峯再訪	富士縁起、竹取物語
30歳	大和	法隆寺	
31歳	安芸	厳嶋大明神	太子、本地垂迹を説く
	近江	竹生嶋	同上
	相模	江ノ嶋	同上
		大宮権現	同上
		伊勢天照大神	太子が天照大神の38代目の子孫として垂迹
		宇佐八幡大菩薩	同上
		荒野大明神	同上
		丹生大明神	同上
		熊野権現	同上
		三嶽蔵王権現	同上
		日吉七社大明神	同上
		赤山大明神	同上
		摩多羅神	同上
		王城鎮守大明神・稲荷大明神	同上
		王城鎮守大明神・祇園大明神	同上
		王城鎮守大明神・賀茂大明神	同上
		(東国)　箱根権現	同上
		(東国)　伊豆走湯権現	同上
		(東国)　三嶋大明神	同上
		(北陸道)　越前国気比大明神	同上
		(北陸道)　安芸厳島大明神	同上
		(北陸道)　越後国弥彦大明神	同上
		近江国三尾大明神	同上
		近江国竹生嶋大明神	同上
		(北陸道)　加賀白山妙理権現	同上

		（北陸道）　越中国立山権現	同上
		（北陸道）　能登国石動権現	同上
		出羽国羽黒権現	同上
		下野国日光権現	同上
		駿河国富士浅間大菩薩	同上
		春日四所大明神	同上
		信州戸隠大明神	同上
		信濃国諏訪大明神	同上
33歳	大和	東大寺 平等院	聖武天皇の生まれかわりとして、大仏・東大寺建立
	山城	広隆寺	
34歳	大和	飽波の閑道窪田の曽部の里屛風の清水黒田作り道於津久の高橋八木の辻の縄手中津道膳村八劔宮木豊浦	太子、黒駒に乗って鵤宮—橘京間(五里)を通う
	大和・摂津	比蘇寺・四天王寺・法隆寺	太子、3カ寺を行幸
	大和		太子、大道を作る
39歳	摂津・信濃	四天王寺西門と善光寺	
41歳	大和	金峯山金剛蔵王	
43歳	大和	施鹿苑寺	
45歳	大和	長林寺	
47歳	大和	いまの法隆寺東、夢殿南、芦垣の宮	太子入滅の宮
48歳	摂津・河内・大和		入滅前、未来記執筆後の御行
50歳	河内	石河郡　科長御陵	「最後の御行の道すがらは、芦垣宮より法隆寺のまへを西へ、立田山の東の麓を南へ。蜜路山を西へ打越、五里の道ををくりたてまつり侍りき」太子葬礼の儀の行程

の場の聖性を主張する垂迹曼荼羅・宮曼荼羅が数多く作られるようになり、聖地に詣でて垂迹と対面する重要性が盛んに宣伝されたという。

「文保本系太子伝」は、まさにこうした状況を明確に反映し、他の太子伝よりもさらに詳細な太子ゆかりの霊場案内としての記事を載せている。藤井由紀子氏(9)は、太子の霊験化と関連霊場の創出は、平安期の『御手印縁起』(一〇〇七年)にまで遡り、四天王寺の主導で行われ、それが後の四天王寺の活況を招いたとしているが、とすれば「文保本系太子伝」は、まさに『御手印縁起』以来の四天王寺の目論見をも反映しているといえよう。

霊場創出という企図が最も典型的にあらわれている記事は、安芸国厳島大明神の縁起を引用してはじまる太子三十一歳条であろう。寛文刊本にも同様の内容が見られる。ここでは聖徳太子を「此ノ無仏世界ノ神国ニ、御出世有テ天照大神ノ三十八代ノ御孫ト成テ、日本国中ノ神冥ニ法楽シ奉ル為ニ、大小乗ノ仏法ヲ弘メ、和光ノ恵命ヲ助テ奉リ給」った存在として紹介し、その恩恵を受けたとされる神社を列挙しているのである。それぞれの神社には簡単な社誌も附され、表1にあげたように地域ごとの分類がなされている。

このような地誌情報の提供資料としての「文保本系太子伝」という観点からは、松本真輔氏(10)が、太子建立寺院の一つである橘寺の寺誌について重要な指摘を行っている。すなわち、略縁起の成立に先行する『南北二京霊地集』(一六五九年)や『和州寺社記』(一六六一年)などの地誌に見られる橘寺の寺誌は、「文保本系太子伝」を前提としていることが確認できるという点である。確かに橘寺寺誌に限らず、「文保本系太子伝」には、他の太子伝に比べて、日本各地の地誌たりうる記事が非常に多い。特に、『伝暦』には見られない、または『伝暦』に登場する太子関連寺院の寺誌を補完するような内容が目立つのである。こうした傾向は、寺誌に限らず、太子ゆかりの土地の地誌についてもしかりである。たとえば、太子二十六歳条には、『伝暦』の同年記事同様、百済国の王子阿佐太子の来日と太子との交流について記されているが、この有名なエピソードもまた、『伝暦』には見られない地理的空間の広がりをもって紹介されている。文保本系の伝本の一つである輪王寺蔵本『太子伝』(11)には、次のような記述がある。

輪王寺本『太子伝』　太子二十六歳条

夏之此百済国ノ大王ノ儲君阿佐太子日本国ニ生身ノ観音ヲ現人体ヲ出世シ給ヘリト聞ク。結縁申サントテ渡日本ニ太子ヲ奉リ拝給処也。⑴彼阿佐太子三百余人ノ供養ノ上下ノ人ヲ召具シ、西国上洛シ、山城国泉河ヨリ懸テ奈良坂ニ城入シ給ヘリ。其ノ時城ハ大和国橘京也。王宮ニ今ノ橘寺是也。然ハ小墾田ノ田ノ宮岡本ノ南宮トテ里内裏共モ侍リケリ。彼ノ大国ノ王子城入ノ時ニハ、⑵我朝ノ聖徳太子ハ三輪山ノ北ノ麓トニ隠レ忍御見物シ給ヘリ。阿佐太子乗ニ玉輿ニ紫蓋上天ニ翻風ニ、供奉ノ上客ハ乗テ荘リ馬ニ前後左右囲練シ上下三百余人済々トソ城入シ給ヘリ。而ニ阿佐太子ノ御舎人須知摩ト申ケルカ遙ナル三輪山ノ方ヲ遠見シ上客等ニ申様、抑阿ノ深山ノ脚ニ紫雲聳蓋ノ雲モ高ク峙ヘタリ。城已ニ依程ト近キニ伝ヘ受ル。聖徳太子何様ニモ忍テ有ルト見物覚ヘ侍ル也ト申ケレハ阿佐太子モ自リ本怪シク御覧シ玉御輿ヲ昇居サセテ、成シ礼ヲ給ケレハ、三百余人ノ供奉人々皆ナ悉ク成シ礼ヲ侍リケリ。……（略）……終ニハ本国ヘ阿佐太子成セ還御給ヒケレハ、⑶聖徳太子御名残ヲ惜ミ御遙ノ城ノ外播磨ノ国明石ノ浦ニテ有ト御送リ云ヘリ。太子成テ還御後チ有リ御歎ケレハ哀ナル事共ニ哉。

細かい表現の相違はあるものの、ほかの「文保本系太子伝」および寛文刊本でも、ほぼ同内容の記述が見られる本記事では、⑴来日した阿佐太子が太子に謁見するためたどった道程（山城国泉川～奈良坂～大和国橘京）の詳細、⑵阿佐太子を陰から見物するために、太子が三輪山に身を隠したこと（三輪山からは紫雲が立ちのぼり、阿佐太子は、都が近いことを悟る）、⑶阿佐太子の帰国を名残惜しみ、太子が播磨国明石浦まで見送りに出向いた、という新たな情報が加えられている。これにより当該地の霊験化とまではいかずとも、太子ゆかりの土地としての価値は高められたはずである。本話が寛文刊本に再録されたさいには、紫雲を頭上にたなびかせた太子が三輪山に身をひそめ、その前を輿に乗った阿佐太子の一行が通りすぎる様子が描かれた挿絵も入れられている。

寺誌や社誌に限らない地誌的な記述は、「文保本系太子伝」全体を通して見られるが、それらが網羅する範囲は、日本全国に広がっている。こうした全国の地理情報への関心は、『伝暦』段階でもすでに芽生えはじめていた。太子十八歳条[12]には、次のような記事が見える。

『聖徳太子伝暦』　太子十八歳条

(崇峻)二年己酉。太子奏曰、「八方之政、以使知之。願遣使三道、以察国境。」即以近江臣補遺於東山道。宍人臣雁子遣於東海道。阿部臣牧吹遣北陸道。覆奏之曰。天皇大悦。「非太子力、朕不能知外国之境」

ここでは、この年太子が三道（東山道・東海道・北陸道）において各国の国境を明らかにし、それによって天皇が日本国の構成を知ったということを簡潔に伝えているが、この記事が、「文保本系太子伝」では次のように展開を遂げている。

輪王寺蔵本『太子伝』　太子十八歳条

……抑二任テ勅定一ニ已ニ立二テ諸国ノ境一ヲ同ク自二リ諸方一七ノ道ヲ悉ク付ケ侍リヌ。先ツ分二テ伊勢ノ国一ヲ成二シ伊賀ノ国一ト分一テ尾張ノ国一ヲ成二シ志摩国一ト。已下三河遠江国ハ、昔ハ一国ナリテ今ニ已ニ分テ成二シ西国一ト侍リヌ。其ノ外駿河・伊豆国・甲斐・相模国・武蔵・安房・上総・下総・常陸国、昔ハ八ケ国ナリテ、今ニ已ニ成シ十五ケ国ト侍リヌ。又七ツノ道ノ中ニハ名二ケ東海道一ト侍リヌ。今ノ海道是也。次ニ近江国・美濃国・飛驒・信濃国・上野・下野国・出羽・陸奥国(陸奥国分出羽成也)、昔ハ四ケ国也。今ニ已ニ分テ成二シ八ケ国一ト。七ツノ道ノ中名二ケ東山道一ト今山道是也。次ニ北国ニハ若狭・越前・加賀・能登・越中・越後・佐渡国、昔ハ僅ニ三ケ国ナリキ、今ニ已ニ分二テ成シ七ケ国一ト侍リヌ。七ノ道ノ中ニハ名二ケ北陸道一ト侍リキ。次ニ中国ニハ丹波・丹後・但馬・因幡・伯耆・出雲・石見・隠岐国、昔四ケ国ナリキ。今ニ已ニ分テ成二シ八ケ国一ト。七ノ道ノ中ニハ名二ケ山陰道一ト侍リヌ。次播磨・美作・備前・備中・備後・安芸・周防・長門国、昔ハ僅ニ四ケ国ナリキ。今ニ已ニ分テ成二シ八ケ国一ト。七ツノ道ノ中ニハ名二ケ山陽道一ト侍リヌ。次ニ南国ニハ紀伊国・淡路国・阿波国・讃岐・伊予・土佐国等也。昔ハ三ケ国ナリキ。今ニ已ニ分二テ成シ六ケ国一ト。七ノ道ノ中ニハ名二ケ南海道一ト侍リヌ。次ニ西国ニハ筑前・筑後・肥前・肥後・豊前・豊後・日向・大隅・薩摩・壱岐・対馬等ノ国々也。但壱岐・対馬ノ西国ハ、六十六ケ国ノ外ノハ嶋国也。合スレハ六十八ケ国也。彼ノ鎮西九国ハ、昔ハ六ケ国ナリキ。今ニ已ニ分テ成二シ九ケ国一ト。七ノ道ノ中ニハ名二ケ西海道一ト侍リヌ。次ニ近国ニハ山城・大和・河内・和泉・摂津国等ハ五ケ国ヲハ、名二ケ五畿内一ト侍リヌ。惣ソ国ノ数ハ六十六ケ国嶋国二。郡ノ数ハ五百六十一群也。【日本の東西は二千八百七十余里、南北は五百卌六里】幷一切ノ大小諸神ノ社ノ数ヲ被レキ注申諸神ノ社ノ数ハ三千一百五十一社【三千七百五拾一社】也ト云々。凡ソ我朝ニハ人皇十代崇神天王ノ御代ニ諸国ニ造二リ宮社一ヲ大小ノ諸神ヲ奉リ崇メ給ケル間タ、王ノ御名ヲハ奉レリ号二シ崇神天皇一ト也。彼ノ自二リ崇神天皇一至二テ崇峻天王一ニ廿四代之間ニ、代々ノ帝ト皆ナ悉ク神明ノ為タル御子孫間タ思々取々ニ於二テ諸国一ニ高キ山ノ峯テ、深キ谷ノ底コ崇二メ大小ノ諸神一ヲ給フ。社数ハ三千一百五十一社【三千七百五十一社】也キ。天皇三十四代自二リ推古天皇一至二テ末代一、六十余代ノ帝ノ御代々々重テ所ノ奉ル崇メ大小諸神本社末社ノ諸神ノ社ノ数ハ、惣シ及二ハリト一万三千七百余社一ニ云々。彼三人ノ勅使ノ大臣モ皆ナ悉ク権者ニテ御シケル也。故ニ日本ニ受レクル生ヲ男女ノ数委ク注進シ給ヘリ。男子ノ数ハ九億一万四千百廿一人也。女人ノ数ハ亦三十億七千三十一人也云々【男子の数十九億九万四千八人也。又女人の数は廿五億九万四千八百三十四人なり。男子より女人の数は六億四千七百八拾三人おほし】。三人ノ臣下各ノ諸国政ヲ天奏シ給ケレハ崇峻天皇大ニ有二テ御感一詔シ云ク、夫レ尋テ聞食セハ上代ヲ人王十代崇神天皇ノ御宇天下船車ヲ造リ始メ衣裳履ツ冠リ等ヲ造リ出シ、諸国ニ造リ社ヲ奉レリ崇二メ大小ノ諸神一ヲ給キ。人皇十二代景行天皇ノ御時ハ武内ノ大臣ヲ始トシ月卿雲客等ノ群臣ヲ被ル定メ置カケレトモ未タ加様ノ御政ハ無カケルニ朕カ御代ニ已ニ国ヲ分二テ六十余ケ国一ニ、従二リ諸方一七ノ道ヲ王城ヘ付テ、上下往来ノ客ク無二ク其ノ煩一ヒ人民安穏ナラム事ヲ。併ラ聖徳太子ノ利益衆生ノ御方便也トテ大ニ悦ヒケル也。忝クモ上宮太子本地生身ノ観音ノ垂迹トシ、弘二メ仏法ノ一道一ヲ給フノミナラス、先ツ政道ヲ為シ本ト、国ノ政ヲ加様ニ限二テ末代一ヲ美リ執行給ケル也。救世観音大悲ノ願力忝カリケル御事共也。

※【　】内は、寛文刊本で内容が書き換えられている箇所。日本全体の東西南北の距離が書き加えられたほか、神社数および人口が調整されている。

ここでは、より詳細な古代の七道の構成と、それぞれに属する国名が列挙されており、さらに、〝七〟道を設置し、六〇数カ国に分けることで、太子の垂迹が日本全国にくまなく広がったことが讃えられているのである。(傍線部参照)。当然、「文保本系太子伝」が編まれた中世段階での主眼は、日本全国に広がる太子の恩恵を伝えることにあっただろう。しかし同じ記事が、近世初期の太子伝のなかに再登場したとき、それはどのような目的と効果をもってあらわれたであろうか。

寛文刊本『太子伝』が刊行された寛文六年前後を見てみると、ちょうど地誌が相次いで作られた時期と重なる。先に触れた『南北二京霊地集』『和州寺社記』だけでなく、江戸においては、初の名所案内である『江戸名所記』が寛文一年に作られている。江戸の名所の形成過程を明らかにすべく『江戸名所記』の検証を試みた佐々木邦博・平岡直樹両氏[13]は、本書における「名所」の特徴として、「由緒ある寺社」が圧倒的に多いことを指摘しているが、これは当然、『太子伝』における有名寺社紹介のスタイルとも合致する。

また、寛文刊本『太子伝』に先行するものだけでなく、保科正之が同年の寛文六年に『会津風土記』、同九年に『会津神社誌』を編纂している。そして『太子伝』刊行から三年後の寛文九年は、関東地域にて寛文検地が行われた年でもあり、江戸の武家の儀礼や行事、地名、神社仏閣、諸国の物産を紹介する往来物『江戸往来』が刊行された年でもあった。さらに寛文年間は、東海道のコースが一覧できる『東海道路行之図』や、遠近道印による寛文一〇年の『寛文五枚図』（『新板江戸大絵図』一枚、および『新板江戸外絵図』四枚を合わせたもの）が作られた時期でもある。実は一七世紀半ばは、ここにあげたものに限らず、一般に向けた〝旅行関連〟の出版物が相次いで刊行されはじめた時期であったのである。(14)

こうした寛文期の流行に合わせた読み替えが容易であったのが、地誌としての完成度の高さが際立つ「文保本系太子伝」だったのではないか。そして中世において、当時の流行であった聖地・霊場の創出の企図をもって編まれた「文保本系太子伝」は、近世期において、名所への関心と地誌ブームを背景とした新たな需要のもと、寛文刊本『太子伝』として再び世に出されたと考えられるのである。

三　寛文刊本『聖徳太子伝記』の成立

次に、「文保本系太子伝」と寛文刊本との違いについての検証を試みたい。ただ一口に「文保本系太子伝」といっても、各伝本の生成と系統の分類については、いまだ未解決の問題が多い。(15) しかしながら、高橋貞一・牧野和夫両氏(16)による、「広義の文保本系太子伝」内での中世伝本と寛文刊本のテキスト比較から明らかなことは、寛文刊本の版本作成にあたっては、記事内容を補完し合うかたちで複数の異なる「文保本系太子伝」が用いられている点である。さらに、複数の伝本からの引用による文章の不自然さを改めるための編集が行われ、寛文刊本段階で新たに加筆された記述も存在しているが、本節では、そうした中世伝本との違いをとりあげ考察したい。[17]もっとも、諸寺院の縁起をより詳しく記述するなどの細かい加筆・改変の例は枚挙にいとまがないため、寛文刊本の近世的性格を考える上で重要だと思われる次の二つの記事に注目したい。すなわち、(A)太子二十七歳条、および(B)太子三十四歳条である。

(A)太子二十七歳条

これは、太子が甲斐の黒駒に乗り行った諸国巡見についての記事である。諸国より一千頭の馬が集められて選ばれたこの馬は、信濃国井上牧に飼養されていた四頭の脚白き黒駒に天龍が落ちかかることによって生まれたという。後に信濃浅間と駿河富士を往復し、甲斐国司秦河勝が宣旨により献上した、神力自在の龍馬である。百済の調使丸が世話人となって、その馬が後に太子とともに諸国の伽藍拝見のために出かけた三日三夜の旅の経緯が本記事の主題であるが、その旅内容の記述が、「文保本系太子伝」と寛文刊本では大きく異なるのである。表2は「文保本系太子伝」における当該の旅の記録を表にまとめたものである。

ここであきらかなように、「文保本系太子伝」の当該記事はまさに目的地の列挙に終始しているが、それに対して寛文刊本では、同じエピソードが太子・調子丸・黒駒の道中記として記されている。そこに列挙・紹介された訪問先については、前掲の表1のとおりである（長文のため、紙面の都合上ここに本文を載せることは省略する）。両者では、三日三夜で巡った先の数も全く異なっている。さらに寛文刊本では、ただ目的地が列挙されているだけではなく、各国のどのような場所を通過したのかという旅の行程も細かく記されていることは、表1に掲げた地名からも明らかである。実は、両者の伝本に重複して登場する巡見地については、ほかの記事同様、「文保本系太子伝」からほぼそのまま引き写されており、表2にあげた巡見地は全て寛文刊本においてもとりあげられている。しかし寛文刊本では、これらを巡るさいに通過した場所についても明記しているのである。たとえば「文保本系太子伝」では、「……日吉権現、其随一二宮花台大菩薩申、即是也。其後平安城之霊地先立守護給賀茂貴船等大明神有御問答」とあり、太子一行は比叡山日吉権現の二宮華(花)台菩薩を訪れ、その後平安城を守護する加(賀)茂・貴船等の大明神へと移動していることがわかるが、寛文刊本では、華台菩薩から平安城へ向かう道中が、「……日吉権現その随一に二の宮華台大菩薩と申、則これなり。此とき近江国甲賀郡を御巡見したまひ、黒駒を大なる杉の木に繋ぎをきたまひしに、御馬はなれ爰かしこかけめくりける境の内を馬杉庄と号す。これによってそののち宇津真砂広隆寺太子堂の常燈料に彼庄を被定云々。そののち平安城の霊地を守護したまふ加茂貴船松尾等の大明神と御問答あり」と記されている。

　このような旅の行程や、道中の詳細をあきらかにする傾向は、寛文刊本の別の記事にもあらわれている。

表2　輪王寺蔵本『太子伝』　二十七歳条

国名	場所
(駿河)	富士浅間 東国の虚空を飛行
奥州	奥州　秋田城壺石踏→二夜逗留。毘沙門天を東北方面に向けて造り、千嶋の夷降伏を祈願) 北陸道の虚空を飛行
越中	立山権現
加賀	白山妙理権現
越前	気比大菩薩
近江	湖水　古仏の垂迹大弁才天
近江	伊吹大明神 比叡山の東の麓日吉七社大明神
比叡山	日吉権現　二宮花台大菩薩
平安城	賀茂
平安城	貴船
摂津	玉手の岸に垂迹の住吉四所大明神
紀伊	室郡　熊野権現→一夜
(大和)	大峯　禅鬼ら二鬼神。役行者の出現
(遠江)	三嶽　蔵王権現
(伊勢)	伊勢大神宮

※（　　）内は、本文中記載が省略されている国名

寛文刊本『太子伝』　十歳条

……我朝の王位をうばひたてまつらむかために聖徳太子生年十歳の春の比、日本国をせめきたる。その時わか朝の王城は大和国城上郡三輪郷古蒙村泊瀬河のほとり磯城嶋の金刺の宮これなり。彼のえびすが大勢、日本にをしわたりて東山東海の両道より伊賀伊勢をせめふせ、山河をいはずけはしき所に人はしをつぎてせめこえて、王城ちかくせめのほりけり。

これは、敏達十年の蝦夷征伐伝説についての記事であるが、「文保本系太子伝」内の同記事には傍線部の記述が見られない。それに対して寛文刊本における補足は、三輪山の南麓が長谷峡谷に切れこむあたりに位置する王城（磯城嶋金刺宮）と東山道・東海道の間の地理状況をふまえた、より視覚的な効果を与えている。これにより、「文保本系太子伝」段階では独立した「点」として受け止められていた霊場の数々が、寛文刊本段階では、日本という一つのまとまった空間のなかで、線上に結びつけられて認識されるにいたったといえるだろう。カレン・ウィゲン氏(18)は、近世初頭以来盛んに作成された日本図および道中図の分析から、当時の「国」という空間とその境は、都を中心として日本全国に広がる街道を軸にしたネットワークによって認識されていたと指摘しているが、寛文刊本に見られる「国」「街道」「霊場」の関係は、まさにこの枠組みに合致した、「太子信仰ネットワーク」なるものの出現を示しているといえる。また、線＝道を軸に、意識されるべき空間の範囲が日本国中に広がったことで、太子が垂迹する霊場の数もまた増えたと理解しうるだろう。

ただし、ここで興味深いのは、寛文刊本の二十七歳条にて太子が旅した地域から、山陽道・山陰道・南海道・西海道といった西日本が欠落している点である。これらの地域については、十八歳条における日本の構成の紹介記事を除いては、わずかに十六歳条（淡路国）と二十四歳条（淡路国、土佐国）にとりあげられるのみである。しかも、いずれの記事も『伝暦』の内容を越えるものではない。このような意図的とも思えるような西日本の欠落については、小峯和明氏[19]も指摘するところであるが、その理由については未だ不明である。この問題は今後も継続して考えていきたいが、そのために留意しておきたいのは、「文保本系太子伝」の成立に深くかかわってきた四天王寺の影響である。牧野和夫氏[20]は、中世における本伝本の展開と流布の背景として、「四天王寺をひとつの軸にして展開するネットワーク」の存在を示唆しているが、近世期の寛文刊本の成立とその後の流布に四天王寺とそのネットワークがどのようにかかわっていたのかを探ることは、近世太子信仰において寛文刊本と四天王寺がそれぞれに持っていた影響力を考えると、大変興味深い課題であるといえるのではないだろうか。

(B)太子三十四歳条

「文保本系太子伝」には見られない、寛文刊本における地誌的な脚色として最後にとりあげておきたいのは、三十四歳条である。以下に掲げるのは、「文保本系太子伝」三十四歳条を読み下した記事の中程に、寛文刊本段階で新たに挿入されたと見られる箇所である。

寛文刊本『太子伝』　三十四歳

……此より後彼黒駒にめして、鵤の宮より飽波の閑道窪田の曽部の里屛風の清水黒田作り道於津久の高橋八木の辻の縄手中津道膳村八劔宮木豊浦を日々かよひ給へり。風雨霜雪朝も終におこたり給はず万機をこなはせ初更には鵤宮へ還御なり給ふなり。されば天皇ことに御よろこびあつて宴設て禄をたまひける。時の人おほきにこれを奇とす。鵤宮と橘京とのあひたは五里ばかりなり。まことにふしぎの事也。凡人間の思議しかがき事ども多かりける。比蘇寺・四天王寺・法隆寺三ケ寺ごとに太子行幸ましまして供養の儀式とりをこなはせ給ふ事、後日に知れける也。四天王寺は津国なり。法隆寺は大和国なり。そのさかひはるかにして河内一国をへたてたり。一日に八里ばかり。の道なり。比蘇寺は大和には吉野郡なり。天王寺よりは一日の道なり。法隆寺よりこれも八里ばかりなりつらつらおもふに分身化道の利益ありがたき御事なり。

傍線部はいわゆる「太子道」についての記述である。筋違道ともよばれるこの道には、太子が斑鳩宮に移った後、豊浦宮に通うさいに使ったという伝説があり、「文保本系太子伝」以前、『伝暦』の段階から、すでに存在が想定されていた道であるが、本記述のように詳しいルートは、『伝暦』にも「文保本系太子伝」にも見あたらない。これもまた、太子ゆかりの場所に関する詳細な地理情報の提供という点が特徴的である。これに続くのが、比蘇寺・法隆寺・四天王寺の三寺の地理上の関係を示した記述で、やはり太子が歩いた道程を軸として展開されている。そしてこの後に、「文保本系太子伝」にも見られる上津道・中津道・下津道の建設が語られるのである。このような寛文刊本における三十四歳条の構成は、道の重要性を理解し、「大道」を建設した太子の事跡を通じて、道がもたらした恩恵を説くことに成功しているといえよう。そしてこれは、先にふれたような、道を軸とした、ネットワークの広がりをもって日本国内を理解するという近世的空間認識(21)と重ね合わせることができるのである。

おわりに

以上、江戸時代初期に刊行された寛文刊本『太子伝』を読み解き、本伝本が「近世の」太子信仰像を解き明かすための史料として、どのような可能性を持っているのかについて考察を行った。そもそも、寛文刊本の底本となった「文保本系太子伝」は、一〇世紀成立の太子伝の決定版『聖徳太子伝暦』の中世的読み替えであるといわれている。つまり法隆寺、橘寺をはじめとする南都系寺院が、中世から寛文期にいたるまで『伝暦』の注釈書を多数作成したのに対し、四天王寺とその子院、あるいは真宗寺院が、『伝暦』を中心としたさまざまな太子伝を改変し、新たな伝記的記事を加えたものを、おそらく絵解きの台本として作成[22]したのが「文保本系太子伝」である。このように中世の庶民信仰としての太子信仰の産物として注目を集めながら、江戸時代にいたり、出版ブームと、「広義の地誌」（道中記・往来物・名所案内・あるいは道中図などを含む）ブームを背景として刊行された伝本が、寛文刊本『太子伝』であった。

右では特に触れなかった、寛文刊本には見られて「文保本系太子伝」には見られない記述の一つに、太子系図に続く、巻末の太子立の四六カ寺のリストがある。そこにはそれぞれの所在地が明記され、太子関連の聖地・霊場案内としての体裁が整えられている。太子建立寺院の列挙自体は、各種・各系統の中世（あるいはそれ以前の）太子伝においても決して珍しいものではない。しかし、底本として拠ったと考えられる伝本にはない寺院のリストが、所在地付きで掲載されているという事実は、やはり寛文刊本が近世の地誌ブームを意識していたことを裏付けるものではないだろうか。

牧野和夫氏が指摘するごとく、確かに寛文刊本のテキストのほとんどは中世期の段階ですでに完成しており、その内容を中世的と見ることも間違いではないであろう。しかしながら、先にも述べたように、近世の太子伝を再編纂するにあたって、どの伝本を底本としてとりあげたのかは、近世の選択であるし、その過程で生じた中世本との違いは、たとえわずかであったとしても、自ずと時代的背景を映し出している点もまた否定できない。さらに、中世の内容を持ったテキストも、近世という時代背景の下で読み直せば、異なる理解と受容も想定できる。当然ながら、寛文刊本一つをもって近世太子信仰の全てを語ることはできないが、本稿においては、少なくとも寛文刊本を、中世的太子伝の末書としてだけではなく、近世太子信仰の書として位置付け、今後の近世太子信仰研究に残されている多くの問題を検討するための史料として有用であることを示すことができたのではないかと考える。

冒頭でも触れたとおり、古代から中世にかけてのそれとは違い、近世期における太子信仰についてはいまだ謎が多い。国文学および民俗学の研究成果から、断片的な様子はうかがえるものの、日本国内における太子信仰の機能や役割が、全体的に把握されるまでにはいたっていない。ただ一つ特徴としていえることは、どうやら近世を起源として、太子信仰の形態が多種多様になったという点である。たとえば、東北地方に見られるマイリノタイシや、北陸地方の葬送儀礼と結びついた太子信仰、あるいは職人の守護神としての太子をまつる太子講の発生でが有名な例であるが、ここで明らかなのは、こうした多様な太子信仰のかたちは、地域ごとの特殊性を有し、土地固有の太子とのかかわりを持っていたことである。これは、そもそも太子信仰の中心的担い手であった仏教が、近世期には制度的・構造的に大きく変容し、それにともなって、太子信仰もまた、地域社会に根ざした展開を見せたからだと考えられよう。

それでは、そのような地域固有の太子信仰は、いかにしてそれぞれの地域に根付き、発展をとげたのであろうか。また、太子信仰が地理的に広がる過程で、各地域はどのようにかかわり合っていたのであろうか。近世太子信仰において、同時期の寺社参詣・巡礼の発展に見られるような、いわゆる信仰ネットワークが存在していたとすれば、そのネットワーク内の関係はどのように成り立っていたのだろうか[23]。刊行後、江戸時代を通じて根強い人気を持ち続けた寛文刊本『太子伝』は、本稿において示されたように、日本各地の聖地・霊場と太子の結びつきを網羅的に紹介しているという点において、これら未解決の疑問を解き明かす鍵となる史料であると考えられるのである。

(1) 出雲路英淳「近世の太子信仰」(『印度哲学仏教学』一九、二〇〇四年)。
(2) 山折哲雄「『太子信仰』の陰の受難と寂寥」(『朝日ジャーナル』三一—四、朝日新聞社、一九八九年)。
(3) 阿部隆一「室町以前成立聖徳太子伝記類書誌」(『聖徳太子論集』、平楽寺書店、一九七一年)。
(4) いわゆる中世太子伝のうち、「正(聖)法輪蔵」、または「聖徳太子伝」として流布した伝本をさす。本文中に文保元年、二年を起算年とする記事を持つことから、阿部隆一氏の分類により、「文保本系太子伝」と称される。太子伝の中世的展開を示す代表的な伝記で、中世書写の現存本も多く、鎌倉末期いはかなり広範に流布したものされている。中世太子信仰の有力な拠点であった四天王寺において、大がかりな聖徳太子絵伝と台本の制作を背景に作られた伝記とも考えられている。「文保本系太子伝」の詳細については、阿部注(3)前掲論文、阿部泰郎「『正法輪蔵』東大寺図書館蔵――聖徳太子絵解き台本についての一考察――」(『藝能史研究』八二号、一九八三年七月)、牧野和夫a「略解題」(伝承文学資料集成『聖徳太子伝記』、三弥井書店、一九九九年)、同b「聖徳太子伝テキストの中世と近世――寛文刊本の場合」(『国文学　解釈と教材の研究』、二〇〇四年四月)、同c「解題」(斯道文庫古典叢刊之六『中世聖徳太子伝集成』第二巻　真名本(下)、勉誠出版、二〇〇五年)、阿部泰郎「解題」(国文学研究資料館編『聖徳太子伝集』、真福寺善本叢刊第五巻、二〇〇六年)を参照。
(5) 牧野注(4)前掲b論文。
(6) 牧野注(4)前掲ab論文。寛文刊本についての研究は、ほかに高橋貞一「聖徳太子伝寛文刊本の成立」(仏教文学研究会編『仏教文学研究』(八)、法蔵館、一九六九年)。
(7) 牧野注(4)前掲b論文。
(8) 佐藤弘夫「霊場――その成立と変貌――」(東北中世考古学会編『中世の聖地・霊場――在地 霊場論の課題――』東北中世考古学叢書五、高志書院、二〇〇五年)。
(9) 藤井由紀子『聖徳太子の伝承　イメージの再生と信仰』(吉川弘文館、一九九九年)。藤井氏は、『伝暦』そのものが平安期の四天王寺において作成され、それが太子の霊験化の契機となったのではないかとも推定している。
(10) 松本真輔「橘寺の略縁起と聖徳太子伝」(石橋義秀・菊池政和編『近世略縁起論考』、和泉書院、二〇〇七年)。
(11) 日光輪王寺天海蔵享徳四年(一四五五)全智写本八冊。慶應義塾大学附属斯道文庫編『中世聖徳太子伝集成』第一巻、真名本(上)(勉誠出版、二〇〇五年)所収。

(12) 永萬元年書写「聖徳太子伝暦」(『続群書類従』伝部八上所収)。

(13) 佐々木邦博・平岡直樹「『江戸名所記』に見る一七世紀中頃の江戸の名所の特徴」(『信州大学農学部紀要』三八―一・二、二〇〇二年)。

(14) Mary Elizabeth Berry, "A Traveling Clerk Goes to the Bookstore," *Japan in Print: Information and Nation in the Early Modern Period*, Berkeley: University of California Press, 2006.

(15) 牧野注(4)前掲b論文、阿部注(4)前掲論文。

(16) 高橋注(6)前掲論文、牧野注(4)前掲ａｂ論文。

(17) 「文保本系太子伝」と寛文刊本との異同については、牧野注(4)前掲ａｂ論文、および高橋注(6)前掲論文において詳細な比較が行われている。本稿における両者の比較にあたっても、これら先行研究の成果を参照した。比較にあたって、牧野氏は、高野山霊宝館（宝寿院寄託）蔵文明七・八年（一四七五・六）写「聖徳太子伝」一〇冊を用いている。本稿で「文保本系太子伝」として拠った輪王寺蔵本とは同類同種の伝本で、両者の本文はきわめて近く、異同も甚だ少ないが、輪王寺蔵本には一部脱文があり、その欠文箇所には若干の空白があるという。詳細は、牧野和夫「解題」（『中世聖徳太子伝集成』第一巻、勉誠出版、二〇〇五年）を参照。

(18) Kären Wigen, "Shinano in the Nation" in *A Malleable Map: Geographies of Restoration in Central Japan, 1600-1912*, Berkeley: University of California Press, 2010. ほかに、統一体としての江戸期日本の国家認識の表れ方については、メアリ・エリザベス・ベリ「統一権力と地図製作――新たな政治文化の誕生」（黒田日出男／メアリ・エリザベス・ベリ／杉本史子編『地図と絵図の政治文化史』、東京大学出版会、二〇〇一年）、Mary Elizabeth Berry, "Maps are Strange," *Japan in Print: Information and Nation in the Early Modern Period*, Berkeley: University of California Press, 2006 に詳しい。

(19) 小峯和明「旅する聖徳太子――甲斐の黒駒飛行」(Tokugawa Society and Travel Culture as seen in Maps, Illustrations, and Travelogues Workshop, University of British Columbia, Vancouver, Canada, August 4-5, 2006 口頭報告)。

(20) 「文保本系太子伝」が流布した中世後期の〝四天王寺ネットワーク〟については、川岸宏教「中世後期の四天王寺――諸寺院との関わりを中心として――」（『四天王寺国際仏教大学紀要』人文社会学部第三三号、短期大学部第四一号、二〇〇一年三月）、同「四天王寺における聖徳太子伝記類の撰述・書写・伝領について」（『埴生野』一、二〇〇二年）に詳しい。

(21) Wigen 注(18)前掲論文。

(22) 阿部注(4)前掲論文。

(23) 近世における寺社参詣史については、近年では原淳一郎氏の研究に詳しい（原淳一郎『近世寺社参詣の研究』、思文閣出版、二〇〇七年）。原氏は研究の前提として、「日本的巡礼」と「参詣」の意味するところの違いについて言及しているが、双方含めて「巡礼」とする主張、逆にどちらも「参詣」とすべきとする主張の両者を紹介したうえで、「四国遍路、西国巡礼の人々は特定の場所を遍路する。そしてその聖地すべてに宗教的意義が被されているからである。一方、『参詣』の場合複数箇所の参詣行動が一般的だが、そのすべて宗教的意味を見いだせるかといえば、必ずしもそうではない」と述べている。この問題は、宗教的意味を持っている場合とそうではない場合の両方のかたちでの聖地・霊場訪問が存在した近世太子信仰上の「旅」を、宗教史上で考える場合と、文化史上で考える場合の違いにも通じ、常に留意する必要があるだろう。

III

菅原道真の仏教的言説とその継承

――『菅家文草』から「賽菅丞相廟願文」へ――

稲城正己

はじめに

昌泰三年（九〇〇）八月、菅原道真が醍醐天皇に奏進した詩文集『菅家文草』の研究は、彼の詩を作品論的に論じるものが大部分であった。そうしたなかで近年、『菅家文草』所収の詩文とそれに関連するテクストに注意を向け、彼の政治構想を明らかにしようとする研究が登場してきた[1]。ところで、『菅家文草』の詩四六八篇のなかの四八篇、散文一五九篇のなかの四七篇が仏教的な言葉を用いた詩文である。仏教的な言葉を用いた詩文には、九世紀後半の世界観を知る重要な情報が数多く含まれているにもかかわらず、従来、それらに注意が向けられることは少なかった[2]。本稿では最初に、『菅家文草』に収められたいくつかの詩文を解読し、仏教的な言葉を用いることによって、社会構造をどのように分節し、いかなる世界を構想していったのかを考察する。

道真の死後、彼を憤怒神とする各種の託宣が作られていくが、その一方で、慶滋保胤《よししげのやすたね》「菅丞相が廟に賽《かへりまうし》する願文」によって道真は「文道の祖」と讃えられていく。では一〇世紀以後の天神をめぐるテクストは、どのような世界を構想していったのか。そして、道真のテクストはその構想のなかにどのように組み込まれていったのかが第二のテーマとなる。

一　「他界遍周の君」――『菅家文草』における天皇の仏教的位置づけ――

六国史に叙述される八～九世紀の天皇像は、一方では「現神」として、他方では儒教的な徳治を行う聖なる天子として形象されている。(3) 災異の出現に直面した天皇は、自己の徳の欠如を告白し、経典の書写や読誦などによって災異の除去を願うにしても、仏教には聖なる天子を側面から支える補助的な役割が与えられているに過ぎない。

ところで、『菅家文草』には三三篇の願文が収められているが、元慶三年（八七九）三月、清和上皇が主催した法華八講のための「太上皇の勅を奉る、清和院における法会の願文」（巻第十一・六四九）には、「現神」とも、儒教的な聖なる天子とも異なるコンテクストで形象された天皇像が登場してくる。(4) そこには、清和が釈迦三尊像を造立し、『法華経』などの経典書写と講説を行った理由が次のように語られている。

> 弟子昔眇身《びょうしん》を奉りて、忝《かたじけなく》も鴻業に当る。一天下の主と為て、諸衆生の君と為て、毎に願ふは風雨調和、稼穡《かしよく》豊稔、国土歓を無垢界と合せ、人衆楽を有頂天と同じくせんことをねがふ。豈図らめや、位に在る年深く、利他の徳頻りに缺く。道を渉るに日浅く、己を剋するの誠屢ば空し。是の故に弟子黄屋を逃れ以て帰るを忘れ、蒼生を捐《すて》て顧みず。追て既往を懟じ、二三年来、今此の慈悲哀愍の加持を仮て、彼の開示悟入の方便に資せむとす。十方三世をして、共に利益を得、過去未来、同く護念を蒙らしめむと欲《ねが》ふ。

この願文で注目されるのは、天皇を儒教的な徳治を実践する天子（一天下の主）と、仏教的な利他行を行う菩薩（諸衆生の君）の二重に規定し、前者の役割として「風雨調和、稼穡豊稔」を、後者の役割として「国土歓を無垢界と合せ、人衆楽を有頂天と同じくせむ」をあげていることである。その上で、「利他」の責務を果たすために譲位して仏道修行に専念し、六道を輪廻するあらゆる衆生の成道を実現したいと語るのである。

死後の世界の存在を積極的に認めない儒教思想からすれば、天皇の役割は現在する人民の〈生〉を保障するだけで十分なはずである。しかし清和は、いまここにある国土を〈無垢界（仏界）／有頂天（天界）／人間界／三悪道〉という仏教の空間概念へと、いま現在の〈生〉の時間を〈過去／現在／未来〉にわたる輪廻転生という仏教の時間概念へと組み込んでいく。そして、この国土だけでなく全宇宙を、仏界や天界と同一化する役割を上皇は担うべきだと語る。天皇から人民にいたるまでの人間によって構成される共同体、人々がそこに生まれ、生き、そして死んでいく、いまここに実在しているかに見える〈国家〉が、過去から未来にいたる永遠の時間のなかへと、想像することすら困難な無限の宇宙のなかへと投げ込まれる。彼は、仏界から地獄にいたるまでの全宇宙を経廻りながら、あらゆる衆生に救いの手を差し伸べる「利他」の実践者＝菩薩の役割を引き受けたのだ。

右記の願文から一〇数年後、寛平四年（八九二）五月の「勅を奉る、鹿鳥を放却する願文」（巻第十二・六六二）で、宇多天皇は次のように語る。

> 神泉苑は、累代の近遊の地なり。貞観の始、牝牡の鹿有りて、生息相ひ続ぐ。今已に群を成せり。彼の垣牆の涯分を全うする有れども、豈山藪の野心に任せむに如かむや。又春気初て喧《あたたか》にして、鳥声愛すべし。二三五六、留て籠中に在り。ああ、物我と殊なりと雖も、情を含むこと惟れ一なり。閑に両翅の展ざるを思ふに、譬ば六塵の離れ難きが猶し。……今の禽獣は前の父兄。是故に懺悔の心を起し、菩提の願を発す。……即ち蔵人右近衛少将藤原朝臣滋実を遣して、撿校将領して天台山に放たしむ。……又童稚の日、念を作て以《おも》

> 為《へら》く、慈悲の行をせむ故に生類を傷らじと。即位の後、一二年来、鷹鷂を愛見し、時労皆な養ひて、敢て鶉雉の獲を貪らず、唯只幽閑の意を助けくのみ。静にして惟ば則ち亦復煩悩なり。慙ずべし愧ずべし、恐るべし畏るべし。惟願はくは善根の力もて我が是の如き等の罪を滅せむことをねがふ。

神泉苑や籠中に鳥獣を幽閉してきたこと、あるいは肉食の猛禽類を飼育していたことについて、少年のころに誓った慈悲行に反し、「煩悩」にすぎなかったと宇多は語る。あらゆる生命は自分と同等であり、前世では家族の一員だったのだと。同様な言説は、元慶八年（八八四）二月の藤原山蔭《やまかげ》の「藤相公の為の、亡室周忌法会の願文」（巻第十二・六五五）にも見られる。仏教では、無限の輪廻を繰り返してきた衆生は、いづれかの生において互いに親子・兄弟・姉妹・夫婦・君臣の関係にあったと考える。[5] 儒教的に分節された人間社会の非対称的関係に、すべての生命は互いに同等な関係にあるとする仏教的な輪廻のコンテクストが組み込まれると、階層的な分節構造の脱構築が起こることになる。

宇多は意識のうちに深く刻み込まれ、疑われることのなかった親族構造や、人間と動物を非対称的に差異化する思考を捨て、鳥獣を比叡山に放つことによって滅罪したいと語る。このような、煩悩をもつ一衆生にすぎないと告白する天皇像は、それまでの「現神」や、天命を受けた儒教的な聖なる天子という天皇像と何と隔絶していることか。

また、天智天皇の創建とされる崇福寺の塔を修復したときの記録、寛平二年（八九〇）一二月の「崇福寺綵《すうふくじのさい》錦宝幢記《きんのほうとうのき》」（巻第七・五二八）のなかで宇多は次のように語る。

> 勅すらく、近江崇福寺は、天智天皇の創建なり。……朕風《ほのか》に弊破を聞き、膽《きも》を露して憂思す。……況や本願天皇、朕の遠祖大廟ならむや。予末の小子、何ぞ祇承せざらむや。是が故に手沢に由り、心機を発す。……

蓋し天皇長短の謀に諧《かな》ひ、天皇丹青の信を守るなり。……朕是れ慈尊の在家の弟子、朕亦た聖霊の遺体の末孫。愚なり癡なり、慙ずべし愧ずべし。慈尊の擁護に頼るにあらずは、何を以て衆生を安済せむ。聖霊の福祚を蒙るにあらずは、何を以て天下を保安せむ。

ここでも宇多は、「慈尊の在家の弟子」と自己を仏教的に位置づけるとともに、「聖霊の遺体の末孫(6)」と儒教的に称するように、二重の自己規定をしている。「愚なり癡なり、慙ずべし愧ずべし」と、自己の不完全性を懺悔することによって、その対極に立ち現われてくる弥勒菩薩や天智天皇の聖霊が完全者として差異化される。それによって、完全者に分節された仏・菩薩・聖霊への帰依（信）が起こり、それらの救済力（慈悲）が作用し始めること、つまり、宗教の基本原理が語られているのである。

以上のように道真の詩文には、天皇が自己の不完全性を告白し、仏・菩薩等の救済力を仰ぐという言説を見出すことができる。だがその一方で『菅家文草』には、それとはまったく異なるコンテクストで形象された天皇像が登場している。それは、寛平八年（八九六）閏正月、道真が宇多に従って雲林院を訪れたときに作成した「雲林院に扈従《こしょう》し、感歎に勝へず、聊かに観るところを叙ぶ」（巻第六・四三一）という詩序である。

詩序ではまず、突然雲林院(7)を訪れた宇多上皇たちには、供養するものといえば彼らの至心と礼拝、それに彼らが作る詩文だけだと語られる。そして詩序に続く詩は、「明王暗《ほのか》に仏と相知り、跡を垂りて仙遊し且つ布施したまふ。松樹老いてよりこのかた繖蓋を成す、苺苔晴れてより後瑠璃に変ず」と語る。このような本地《ほんじ》垂迹《すいじゃく》的な言説を用いて道真は、仏が聖主・宇多となって垂迹し雲林院に行幸することにより、雲林院はいままさに浄土になったと語る(8)。そして、「郊野行く行くみな斗藪、和風好くして客塵〔煩悩の隠喩〕に向ひて吹け」という言説によって、八〜九世紀の詩文のなかで神仙思想を用いて叙述されていた都市近郊の遊覧が、仏である宇多に従う仏道修行へと読み換えられていく。

また昌泰元年（八九八）秋または冬の、やはり雲林院に行幸した宇多に随行した時の詩、「由律師の桃源の仙杖を献る歌に和す」（巻第六・四五〇）では、「主人迹を垂りて、相携へて去りたまはば、願はくは我れ生生処毎に尋ねむ」と語る。道真は、この世界に天皇として垂迹し、死後再び仏の世界へと帰っていく宇多に、自分も転生を繰り返しながら従っていきたいと語る。(9) 宇多はみずからを愚者と卑下するが、道真は宇多を仏と讃え、永遠に臣従することを誓う。道真は、このような言説を通して、天皇に臣下として従う儒教的な分節構造のなかに、すでに仏への〈信〉が組み込まれていること、現実世界の背後に仏・菩薩の慈悲の働きが隠されていることを語ろうとしているのである。

ところで、貞観一〇年（八六八）八月、惟喬《これたか》親王が母・紀静子の追善を行ったときの「弾正尹親王先妣紀氏の為の、功徳を修する願文」（巻第十一・六四一）では、父・文徳天皇は死後仏となったと位置づけられ、その救済活動が「周遍の路、草を靡かす」と記されている。(10) そして惟喬は、死後、文徳の浄土に往生し、仏となった文徳の姿（妙相）を見、その説法（慈訓）を聞くことによって成道したいと願っている。ほかにも四篇の願文が、死後の天皇を仏・菩薩と位置づけ、その救済活動について「他界遍周の君」「遍周法界の威光」等と記している。(11) 道真は、宇多以前の天皇を死後仏・菩薩になったと位置づけたが、宇多に対しては仏の垂迹＝応化身《おうげしん》とする解釈を持ち込んだのである。このように道真のテクストは、それまでの「現神」天皇観や、儒教的徳治によって理想世界を実現しようとする聖なる天子像とは異なる、衆生を悟りへと導く仏・菩薩という新しい天皇像を構築していったのである。

二 「忠を王事に盡す」――『菅家文草』における貴族の仏教的位置づけ――

それでは、天皇を仏・菩薩の応化身とする道真の詩文のなかで、天皇の臣下である貴族たちにはどのような役割が与えられているのか。藤原基経が興福寺に水田を施入した貞観一五年（八七三）九月の「右大臣の為の、故太政大臣の遺教に依りて水田を以て興福寺に施入する願文」（巻第十一・六四四）を見ていくことにしよう。

> 弟子　右大臣敬て白す。弟子、伏て故太政大臣美濃公〔藤原良房〕の教を奉るに曰く、「興福寺は、予が先祖〔不比等〕其の本願を発し、雲搆の年深く、龍銜の響遠し。予少日より身を輸し、残陽に至るまで国を憂ふ。偏に忠を王事に盡すを用て、いまだ力を伽藍に致すに遑あらず。病に臥して悟り、命に臨みて以て慙ず。汝能く識らば、必ず予が志を行へ」と。……弟子今先霊の遺訓に従て、先霊の旧産を分ち、水田若干町を捨《ほどこ》して、以て寺家の資用に充つ。

ここでは、まず基経の父・良房の「遺訓」が記される。死に臨んだ良房は、国家への「忠」を尽すことを優先したために、藤原氏の氏寺である興福寺の維持が疎《おろそ》かになったと告白し、伽藍の整備を基経に委ねたいと語る。良房の死後、基経は良房の遺訓に従って興福寺に水田を施入する。良房は当初「忠を王事に盡す」という儒教的な政治的実践と寺院の維持という仏教的な善業は、両立できないと考えていた。良房は〈天皇／仏〉を異質なものとして分節し、前者を選択することが「忠」だと理解していたのである。

道真は、願文のなかで「恩」「孝」「仁」「忠」といった儒教的な言葉を頻繁に使用するが、願文以外の詩文のなかでも儒教的な概念について言及しているので、ここで確認しておきたい。

貞観九年（八六七）二月、道真は大学寮で孔子を祀る釈奠《せきてん》に参加して、「仲春釈奠、孝経を講ずるを聴く、同じく父に事ふるに資りて君に事ふといふことを賦す」（巻第一・二八）という詩序を作成する。題は、『孝経』士人章の冒頭の言葉、「子曰く、父に事ふるに資りて以て母に事ふ、其愛同じ。故に父に事ふるに資りて以て君に事ふ、其の敬同じ」[12]からとったものである。『孝経』では、「孝」は「愛」と「敬」であると定義され、「恩」「仁」「忠」といったほかの儒教的概念も「孝」に集約されるとする。〈他者〉への慈しみと尊重、自己よりも〈他者〉を優越させて非対称的に差異化することを秩序原理とする儒教の理想社会、それが「孝」的世界である。[13]同様な叙述は『孝経』以外のテクストにも数多くみられる。たとえば『礼記』内則篇に、「父母の愛する所は、亦た之を愛し、父母の敬する所は、亦之を敬す」[14]とあるように。

『孝経』天子章にあるように、ほかの誰よりも天子は、あらゆる生命に対して最大の「愛」と「敬」を実践する者でなければならない。『礼記』祭義篇には、「夫子曰く、一樹を断り一獣を殺すも、其の時を以てせざるは、孝に非ざるなり」とあり、また、「大孝は匱《とぼ》しからず。……博く施して物を備ふるは、匱しからずと謂ふ可し」[15]とある。前者の言説からすれば、宇多の「勅を奉る、鹿鳥を放却する願文」は、殺生を禁止する仏教の戒律の実践であることはもちろんだが、殺生という行為が儒教的な「孝」に反する行為であるという意味も含まれている。[16]また、「崇福寺採錦宝幢記」や「勅を奉る、雑薬を三宝衆僧に供施する願文」（巻第十二、六六八）に記される宇多の布施行は、儒教的には「大孝」にあたる行為と位置づけられるだろう。

整然と運行する天体と規則正しい四季の循環、それに歩調を合わせるかのように生と死を積み重ねていく自然界の動植物、それらは決して〈自然〉の分節構造を越境しない。それを摸倣すれば、この世界に秩序ある安定した世界を構築できるはずである。しかし、世界の分節構造を戦乱や専制によって幾度となく破壊してきた人間には、人間のみならずあらゆる自然界の動植物や事物に対して、〈愛〉と〈敬〉を意識化して実践することが必要である。暴力と強制によって維持される秩序ではなく、個々の人間の非―権力と非―暴力への意思によって構築される全宇宙的な秩序が「孝」の思想である。(17) 道真は、「孝」的秩序の実践者＝聖王と、仏・菩薩の垂迹とが一体化した概念としての天皇像を形象した。それが清和や宇多たちなのだ。

ここで再び基経の願文に戻ろう。良房は死の直前になって、天皇と仏のどちらか一方を選択するのではなくて、〈仏・天皇／良房〉と分節することによって、選択のアポリアが解消することに気づく。基経は、良房の遺訓に従って、天皇と仏の双方に「忠」を尽すことを誓ったのがこの願文である。前節で見たように、宇多の雲林院行幸で作成したテクストで、すでに〈仏・菩薩＝天皇／衆生＝道真〉という差異化が行われていた。上記の願文では死後の良房について、「兜率の今の楽びに安住せむことを」と叙述されているから、彼は死後兜率天《とそつてん》にある菩薩として分節されたことになる。(18) したがってこの願文では、〈仏・菩薩＝天皇・良房／衆生＝基経〉という分節が行われていることになる。この分節構造のなかの基経は、父への「孝」、良房の遺訓としての仏と天皇への「忠」、興福寺の維持という利他行をともに満足できることになる。良房を菩薩に分節し称揚すること、それこそが基経の〈孝〉ということになる。

上記の願文の引用に続くのが、「一頃一畝、まさに畔を福田に接し、惟れ耨《どう》惟れ耕、遂に利を仏種に混へむ」という言説である。これによって、興福寺に施入された水田は如来の救済の場の、水田での稲の生長過程は成道の階梯の隠喩へと意味を転じることになる。(19)

儒教的な概念を用いた非対称的な差異化は、貴族社会の身分秩序の維持に寄与するのだが、それに仏教的なコンテクストが組み込まれると、次のようなテクストが登場することになる。貞観一八年（八七六）九月、南淵《みなぶちの》年名《としな》が開催した基経の四十賀の「南中納言の為の、右丞相の四十年を賀し奉る法会の願文」（巻第十一・六四八）

で年名は次のように語る。

> 伏て惟れば、皇太子〔貞明親王〕幼稚を捧て、以て丞相〔基経〕の愛護を憑む。弟子〔年名〕衰老を扶て、以て宮臣の備員に侍す。一言一事、恩を承ること甚だ深し。公に在り私に在りて、仁を感ずること量なし。至孝至親と云ふと雖も、弟子の丹懇に等しきものなし。弟子弦管を喚て以て歓を洽《あまね》くせんと欲せば、恐るらくは事荒散に至らむ。将に珍鮮を累ねて以て楽を取むとすれば、慙ずらくは謀殺生に及ばむ。皆な是れ金口の禁戒、何ぞ白頭の属心を須いむ。反覆して思へば、冥助に如かず。是故に金光明経一部、金剛寿命経四巻、般若心経四巻を写し奉る。……丞相普済する所は、四海の内なり。丞相兼愛する所は、諸の衆生なり。至心に廻向して、共に平安を得む。

この願文では、基経に「仁」「厚恩」「明徳」が、年名には「丹懇」「愚誠」という儒教的な言葉が配分されることによって、彼らの間に非対称的な差異が構築されている。年名は基経の恩が莫大すぎるために、それに報いるには通常の儒教的な方法では不可能で、仏事を開催し諸仏の広大な冥助を仰いで報いるしかないと語る。[20]〈恩〉をめぐる儒教的な言説によって非対称的に差異化された〈基経／年名〉の身分的階層関係は、仏教的な言説〈普済・兼愛〉の導入によって、〈菩薩＝基経／衆生＝年名〉〈救済者／被救済者〉という関係へと変換されていく。基経は菩薩として分節され、彼が娑婆世界に存在し続けることが、全世界〔四海〕の衆生に安穏と成道を約束するのだと語られることになる。

一見するとこの願文は、年名の基経に対する追従以外の何ものでもないように読めるかもしれない。しかし宗教的言説とは、自己の罪〔欲望・不徳・無知〕を、共同体の規則や慣習を共有しない共同体外部の《他者》[21]——ここでは仏——に告白し、自己を劣位に位置づけることにより、《他者》との間に非対称的な差異を作り出す言説である。それによって《他者》が、善・智・慈愛・徳などの一切の価値を備えた完全者・救済者となって立ち現れてくる。〈自己〉を放棄し完全者に従うこと＝信心によって自己の欲望の作用が弱まり、仏教の真理（善・智・慈愛・徳など）が十全に働き始めることになる。それを慈悲と名づけるのである。この願文は、基経の四十賀という儒教的な儀礼の場を借り、世俗的な身分関係を隠喩として、仏教的救済の基本的なコンテクストについて語っているのである。ここでは、〈仏／菩薩＝基経・衆生＝年名〉〈帰依されるもの／帰依するもの〉という分節が行われているのであって、称賛されているのは基経ではなくて、あくまでも仏なのである。この言説によって、基経は菩薩として振る舞う義務を負うことになる。このような、仏教教理の基本原理を儒教的用語を隠喩として語る啓蒙的言説は、道真の願文の特徴のひとつである。

儒教では〈他者〉を優位に位置づけることを「忠」や「孝」と呼ぶが、その〈他者〉は実在する父母や天子や主君を指しているように見える。しかし、すべての人間は、たとえ天子であっても〈愛〉と〈敬〉の不完全な実践者にすぎず、「忠」や「孝」を受けるに値する人間だと主張することはできない。それは「孝」の定義に反するからである。それゆえ、儒教が語る父母や天子や主君は、あくまでも自己の不完全さの自覚から生み出された概念上の《他者》ということになる。「孝」を受けるに値するのは、完全なる善・智・慈愛・徳などの実践者＝「聖人」だけである。それゆえ「聖人」は、現実世界には常に不在の《他者》として叙述されることになる。[22]仏教では、その役割を仏が引き受けることになる。

以上、道真の詩文のなかで構想されている世界の分節構造について祖述してきた。それ以外にも、〈男性／女性〉間の差異を無化する叙述が注目されるが、それについては以前、拙稿[23]で論じたことがあるので本稿では省略する。儒教的言説は、さまざまな差異を設定することによって、世界を〈差異の体系〉として一元的に構造化する機能を果たす。一方、道真が用いた仏教的な輪廻説・〈化身〉説・垂迹説は、アナロジーという解読コードを用いて隣接する概念間の差異を次々と消去していき、あらゆる存在の均質化と〈存在の連鎖〉[24]を生み出していく機能を果たす。次節では道真の死後作成された天神をめぐる言説を検討することによって、一〇世紀以降、いかなる言説を用いて、どのような世界が構想されていったのかについて検討してみることにする。

三　『道賢上人冥途記』のなかの天神像

　道真の死の直後から彼の神格化が始まるが、道真が神として形象されていくなかでとくに注目されるのが『道賢上人冥途記』[25]である。『冥途記』は、天慶四年（九四一）八月、度重なる災異・物怪・夢想の出現を契機として、鎮護天下の誓願を立てて金峯山で瞑想を始めた道賢が体験した出来事についての記録である。天神の形象化に関する叙述を抄出すると次のようになる。

　道賢の前に「禅僧」が出現し、釈迦の遺法を守る「執金剛神」と名乗る。さらに「宿徳和上」が現れ、「我は是れ牟尼の化身、蔵王菩薩なり。此の土は是れ金峰山浄土なり」と語る。その時五色の光が輝き、西山の虚空中から無数の眷属・異類たちを引き連れた「日本太政威徳天」が、あたかも「天王即位行幸の儀式」のような威容で来臨する。太政威徳天は道賢に、かつての「菅相府」であると名乗り、「我れ君臣を悩乱し、人民を損傷し、国土を殄滅せむと欲ふ。我れ一切の疾病・災難の事を主どる。我れ初め思念すらく。我が生前流す所の涙を用て、必ず彼の国を滅ぼし遂に水海と為さむ。八十四年を経ての後、国土を成立し我が住城と為さむ」と語る。道真は生前、理想的な社会を実現するために政治改革に尽力したが、この荒廃しきった国土と人心を再生するには、みずからが憤怒神に転生して世界を一旦破壊し、その後、理想社会を創造すべきだと考えたというのだ。

このような災害による世界の破壊と再生というヴィジョンは、ヒンドゥー教の終末論にその源流を求めることができる。それが仏教に取り入れられて、『世記経』『大毘婆沙論《だいびばしゃろん》』『大智度論』『倶舎論《くしゃろん》』『瑜伽師地論《ゆがしじろん》』『阿毘達《あびだつ》磨蔵顕宗論《まぞうけんしゅうろん》』などのテクストに組み込まれていった。しかし、これらの仏典が叙述する破壊による世界の空無化は、現実に起こるわけではなくて、修行者の瞑想のなかに次々と現れてくるイメージなのである。[26]『冥途記』は、修行者が瞑想のプロセスのなかで体験する、物質世界の消滅と仏国土の出現という終末論的なヴィジョンを、仏・菩薩が垂迹した〈化身〉たち、憤怒神となった道真、それを人びとに伝える修行者＝道賢を登場人物として物語るテクストである。

『冥途記』は、仏・菩薩が道賢に予言の言葉を伝えるために起こった、歴史上の一度限りの出来事を語っているのではない。金峰山で修行する行者の瞑想法について語っているのである。それは、修行者の瞑想が深化するに従って、次々と現れてくる尊格や浄土・地獄の景観などを叙述した、密教の儀軌《ぎき》に相当するテクストとして解読できる。道賢と同じ瞑想を実践する修行者は、天神と同じ役割を果たすことができるということである。[27]

太政威徳天はさらに、「彼に有る所の普賢・龍猛《りゅうみょう》等、盛んに密教を流布す。我れ素と此の教を愛重す。故に昔日の怨心十分の一息むなり。しかのみならず、化身菩薩等の悲願の力の故に、名を神明に仮り、或は山中林中に在り、或は海辺河岸に住して、各智力を尽し、常に我を慰め喩す。故に未だ巨害を致さざるなり」と語る。

それに続く、「我れ成仏せざらむよりの外は、何の時か此の旧悪の心を忘れむや。……但し、今日我が上人の為に一の誓言を遺さむ。若し人有りて上人を信じ、我が言を伝え、我が形像を作り、我が名号を称し、慇懃に祈請する者有らば、我れ必ず上人の祈に相応するのみ」という天神の誓願は、いわば太政威徳天法ともいうべき瞑想法を実践できない、一般の在俗の信者の信仰のあり方を指示していることになる。

これらの言説は、言葉の差異化機能を用いて、世界を階層的に構造化していこうとはしない。執金剛神《しっこんごうしん》の〈化身〉の禅僧、釈尊の〈化身〉の「蔵王菩薩」、その〈化身〉の「宿徳」というように、〈化身〉を次々とアナロジーさせていくことによって、根源的な《他者》＝如来が〈化身〉となって、あらゆる場所に浸透している世界像を描き出そうとしているのである。

ところで、『冥途記』には右記以外にも重要な叙述がある。天神の住む「太政天宮城」から金峰山に帰還した道賢に、こんどは「満徳天」が語りかける。道真の死後に起こったさまざまな災異や疾疫、延喜帝と近臣たちの死、諸大寺の焼亡、反乱といった出来事は、すべて天神の眷属たちが起こしたものであるが、その責任は堕地獄した醍醐帝が一身に背負うべきものである、しかし蔵王菩薩・八幡菩薩・そして私は、眷属たちの破壊をこれ以上許さないと。[28] ここに登場する「満徳天」は、「蔵王菩薩」「金峰菩薩」「化身菩薩」といった菩薩の〈化身〉で、醍醐天皇の父・宇多法皇のことである。[29]

先に見たように、「由律師の桃源の仙杖を献る歌に和す」という詩で道真は、天皇として垂迹し、死後再び仏へと戻っていく宇多に、転生を繰り返しながら随従していきたいと語っていた。この詩と『冥途記』との間テクスト性から生まれる意味は、次のようになるだろう。釈尊の〈化身〉である宇多は、道真が構想した理想世界を実現するために、死後、蔵王菩薩や満徳天といった〈化身〉となって再び垂迹した。一方、宇多＝仏の教化によって怨みを捨てた道真は、太政威徳天に転生して宇多の慈悲行を補佐していることになる。このように『冥途記』の叙述は、随所に道真のテクストを参照した痕跡を残している。逆に『冥途記』を通して道真の詩文が解読されると、それらは世界の解体と再生を予告する未来記として読み直されることになる。

ところで、『冥途記』と同様に天神を憤怒神として叙述するが、『冥途記』とは異なるコンテクストで形象化するテクストがある。天暦元年（九四七）三月、近江国比良宮禰宜・神良種の子太郎丸に降った託宣[30]は次のように語る（原文は宣命体）。

我れ云ふべき事有り。良種等聞け。我が像を作めるを、笏は我か昔持りし有り。其を取らしめよと仰せ給ふ。……仏舎利・玉帯・銀造の太刀・尺鏡なども有り。……我れ瞋恚の身と成たり。其瞋恚の焰天に満たり。諸の雷神鬼は皆我が従類と成て、惣十万五千に成たり。只我所行の事は世界の災難の事なり。帝釈も一向に任給たり。其故は、不信の者世に多く成たり。疫癘の事をも行へと宣は、此我類をなむ所々に使にて行はせしむ。今は只不信に有む人をば雷公電公等に仰て、踏み殺さしむ。……筑紫に有し程に、常に仏天を仰て願し様は、命終なば当生に我が如く慮外の災に遇む人、惣て侘悲む者をば助け救ひ、人を沈損せむ者をば糺す身と生と願しを思ひの如く成たり。……花の散る春の朝、葉の落る秋の夕、月の明く風涼き時、憐風情の地や。南大納言の尚歯会は此月ぞ為かし。此にて槐林の枝を攀て韻を作さばや。我会には音楽と論議とを為さしめよ。我近辺には更に宍鳥殺事なせしめそ。瞋恚弥増て何て災を与と思心起る。

この託宣では、まず天神がみずからの本地である「舎利」を安置し、その垂迹としての神像を作れと命じている。「玉帯・銀造の太刀・尺鏡」が、王権にかかわる神器（玉・剣・鏡）の隠喩であることが注意される。そして、道真が構想した理想世界の実現がもはや不可能となった時、神祇や儒教的な天に代わって天命を降す役割を果たすために、道真は死して憤怒神に転生したと語られている。憤怒神となった彼は、不信の者を処罰し、自分と同じような悲運に見舞われた者を救い、人を陥れる者たちを糺すのだという。如来が憤怒する〈化身〉となって、現実世界を強制的に浄化することもあるのだ。しかし、天神の本体はあくまでも如来である。その証拠として残しておいたものが「舎利《しゃり》」と「笏《しゃく》」等だということである。その関係性を表象するために、本地の「舎利」と、その垂迹としての「笏」を把る神像を安置せよと命じているのである。アナロジーという手法によって、如来は舎利にも神器にも憤怒神にも道真にも神像にも自在に変身する。

またこの託宣で天神は、神前における詩作・音楽・論議、そして殺生禁止を要求している。託宣が言及する「南大納言の尚歯会」は、貞観一九年（八七七）三月、白居易の故事に倣って七六歳の南淵年名が彼の山荘で行った詩会のことで、道真の父・是善が招待され、道真も随行している。(31)「尚歯」とは、『礼記』祭義篇に叙述される、儒教が「孝」的秩序とともに重視する年齢階梯に従って分節された社会構造のことである。しかし、『礼記』祭義篇に、「老窮遺《わす》れず、強は弱を犯さず、衆は寡を暴《あら》さず」(32)と記されているように、それは弱者への配慮について語る言説である。託宣が語る天神の誓願は、このような『礼記』祭義篇の言説を参照して詩を作るように要求している。詩は強者の論理＝〈差異の体系〉として世界を分節するのではなく、弱者を擁護する論理＝アナロジーの手法によって差異を除去し、強者の論理を脱構築するものでなくてはならない。

南淵年名が藤原基経の四十賀を祝う「南中納言の為の、右丞相の四十年を賀し奉る法会の願文」を道真が作成したことはすでに見た。年名の名が語られるとき、この願文のなかの「丞相普済する所は、四海の内なり。丞相兼愛する所は、諸の衆生なり。至心に廻向して、共に平安を得む」という年名の誓願が想起されるだろう。年名の願文にある「丞相」が、アナロジーという解読コードを用いて読まれると、年名の誓願は、願文の当初のコンテクストを離れて、政権担当者一般の義務を語る言説へと読み換えられる。さらに、延長元年（九二三）四月の「本官右大臣」への道真の復位(33)が参照されると、「丞相」は道真を指す言葉へと読み換えられて、道真が衆生の救済を実践しているという託宣の言説が生まれることになる。同じように、年名の願文にある「弦管を喚て以て歓を洽くせむと欲せば、恐るらくは事荒散に至らむ。将に珍鮮を累ねて以て楽を取むとすれば、慙ずらくは謀殺生に及ばむ。皆な是れ金口の禁戒、何ぞ白頭の属心を須いむ。反覆して思へば、冥助に如かず」という言説が、アナロジーというコードによって解読されれば、ここにある殺生禁止の言説は、元の願文から切り離されて、宇多の「勅を奉りて鹿鳥を放却する願文」を想起させるものになるだろう。さらに『冥途記』にある宇多＝釈尊という言説が想起されれば、年名の願文にある「金口（釈尊）の禁戒」は、宇多の誓願として解読されることになる。そして、宇多の誓願を継承した、「我近辺には更に宍鳥殺事なせしめそ」という天神の託宣が生み出されることになる。このように、先行するテクストが後世のテクストの意味を規定するだけでなく、逆に後世のテクストが先行するテクストの意味を規定することによって、新たなテクストが誕生してくるのである。[34]

この託宣は、一見すると小児の口を借りて語られる基層信仰的な言説のように見えるかもしれない。しかし、託宣という非―正統的な言説のもつエネルギーを導き入れることによって、道真のテクストとの間テクスト性から、新たな意味を織りあげていこうとするテクストなのである。

四　慶滋保胤「賽菅丞相廟願文」と「文道の祖」

一〇世紀後半を代表する文人貴族のひとり、慶滋保胤（?～一〇〇二）は、寛和二年（九八六）四月出家し、同年七月、「菅丞相が廟に賽する願文」を作成し北野社に参詣した。その時の願文は、『冥途記』とも、右記の託宣とも異なる天神像を形象していく。

沙弥某は前みて仏に白して言さく。往ぬる年栄分の為、声名の為、廟社に祈り、仏法に祈ること、日有りき。其の大成を遂げ、微官に徒る。是れ天の工なり、是れ神の福なり。其の一つの願に曰はく、天満天神の廟に就きて、文士を会め詩篇を献らむといふ。其れ天神は文道の祖、詩境の主為るを以ちてなり。某は暮年出家

> し、一旦道を求む。今は老いし沙弥、風月の賽を営まむに便なし。此の一乗の教、香花の筵を展ぶるの心有り。嗟乎、花言綺語の遊、何ぞ神道に益あらむ。希有難解の法、其の仏身を期つべし。此時に当りて、一神に慶有らば、衆生これに頼り、功徳無辺にして、普く一切に及ばむと。[35]

出家以前の保胤にとって、道真は理想的な文人官僚であり、また、詩作能力の伸長と官僚としての地位を与えてくれる、「天の工」と「神の福」を兼ね備えた「天神」だと考えていた。それゆえ道真を「文道の祖」「詩境の主」と讃え、もし願いが叶ったならば神前で作文会を開催すると約束した。出家以前の保胤が、仏教に関する詩作は「讃仏乗の因」「転法輪の縁」となるという白居易の思考に賛同していたことは、彼が作成した詩序によって知ることができる。[36]保胤は康保元年（九六四）、気鋭の文人貴族と比叡山僧各二〇人とともに、昼は『法華経』の講説と念仏を行い、夜は『法華経』を讃える詩を作る講会＝勧学会を創始した。[37]勧学会は、新しい時代に相応した仏教のあり方を探究する試みだったが、[38]視点を変えれば、太郎丸への託宣が語るような、天神が望む詩作・論議を行う講会の方法の模索とみなすこともできよう。

しかし出家後の保胤の考えは大きく転換したという。出家した保胤にはもはや作文会を営むことはできない。なぜなら、詩は妄語戒に反する虚偽の言説＝「綺語」[39]に当たるからである。詩は、隠喩や象徴によって一見無関係に見える言葉の間に次々と関係性を構築し、言葉の意味を変容させていく言説の様式である。したがって天神のために詠まれる詩が、天神を別の属性をもつ神格へと変容させてしまったり、理想社会の実現という道真の利他的な誓願が、祈願者の利己的な欲望を満足させるものへと、読み換えられてしまう危険性を孕んでいる。[40]それゆえ保胤は詩を捨てると語る。

保胤は、「願文」のなかで死後の道真を仏・菩薩と位置づけているのだが、それはなぜか。保胤が天神に「栄分」や「声名」を祈っていたときには、天神は確かに「大成」と「微官」を与えてくれる神であった。しかし彼が求道者となって「仏身を期す」へと転換したとき、つまり保胤が天神の本来の誓願に気づいたとき、天神は衆生を悟りへと導く仏・菩薩としての本来の姿を現わしたと彼は語っているのだ。保胤は太郎丸への託宣を、詩人・道真が死後天神になったのは、詩を詠むことは重要ではない、「仏身を期す」ことこそが重要なのだと告知するための言説と解読したことになる。そのような転換を彼に起こさせる力、それは仏・菩薩の誓願の力でしかありえない、これが保胤が天神を仏・菩薩の〈化身〉とみなす理由のひとつである。

もうひとつの理由は、この時代がかつてないほどの関心を〈化身〉説へと向けたからである。(41) 寛和元年（九八五）頃、保胤は『日本往生極楽記』を撰述する。出家後の保胤（寂心）は、浄土に往生したという確証がないにもかかわらず、兼明親王が見た夢を根拠として聖徳太子・行基伝をその冒頭に追補した。

> 仏子寂心在俗の時、この記および序等を草して、既に巻軸を成し了りぬ。……近日往生の人五、六輩を訪ひ得たり。便ち中書大王に属して、記の中に加へ入れしむ。兼てはまた潤色を待てり。大王辞《いな》びずして、饗応して筆を下すに、大王夢みらく、この記の中に聖徳太子・行基菩薩を載せ奉るべしとみたり。此の間に大王忽ちに風痾ありて、記し畢ふること能はざりき。寂心かの夢想を感じて、自ら国史および別伝等を抜きて、二菩薩の応迹のことを抽きて入れり。(42)

これは、聖徳太子と行基という僧俗二人の「菩薩の応迹」＝〈化身〉が、浄土からこの世界に出現することによって、日本の浄土教が始まったことを意味している。あるいは、寛和二年（九八六）に死去した尊子内親王のために保胤が作成した「為二品長公主四十九日願文」(43)は、尊子を妙音菩薩もしくは観音菩薩の〈化身〉として叙述している。

「菩薩」の〈化身〉がこの世界に出現し、衆生を浄土に導くという救済構造を理論化したのは、応和二年（九六二）一月、千観（九一八〜八三）によって撰述された『十願発心記』(44)である。千観はもっとも新しい往生者として『極楽記』に収載されている。『十願発心記』の第二願で千観は、往生の後、娑婆世界に帰還して、弥勒仏の下生まで衆生を浄土に導き続けると誓っている。この論理からすれば、『極楽記』に記載された往生者は、いまこの世界に再来し、菩薩の〈化身〉として救済活動を実践していることになる。

このような〈化身〉説への注目は保胤だけの特色ではない。永観二年（九八四）一一月、勧学会のメンバーの一人であった源為憲《みなもとのためのり》（?〜一〇一一）が、尊子内親王のために撰述した『三宝絵』の上巻には、インドを舞台として国王・大臣・長者・仙人・動物などに転生しながら利他行・捨身行を続けていく、釈迦菩薩の前生譚が収められている。(45)それに続く中巻の冒頭四話は、『日本霊異記』等を参照しながら、『法華経』の教えを流布し、衆生を救済する「救世観世音菩薩」の〈化身〉とされた聖徳太子を始めとして、役行者・行基・肥後国シシムラ尼を日本に出現し利他行を行う菩薩の〈化身〉として叙述している。このように一〇世紀後半以降、〈化身〉の出現と彼らによる世界の浄土化が注目されるようになったのである。

これらの言説は、単に聖徳太子や行基たちが菩薩の〈化身〉だったという過去の出来事や、法華経信仰や浄土教が注目されるようになったことだけを語ろうとしているのではない。もはや、〈国家〉共同体内部の天皇＝「現神」や儒教的な聖なる天子、「忠」「孝」を実践する貴族たちだけでは、あるいは神々や人間によっては世界の安定や構造変化を実現することはできない。共同体外部の《他者》＝仏・菩薩が〈化身〉となって現実世界に作用を及ぼすことによって、過去から未来にいたる歴史が形成され、いままさに世界の構造変化が始まろうとしていると語っているのである。

世界は仏・菩薩の〈化身〉という共同体外部の《他者》の手に委ねられることになった。ということは、現実世界を維持するにしても、変革するにしても、生前あるいは死後に、仏・菩薩＝《他者》になることが必要だということになる。道真を単なる政治改革者や詩人ではなく、仏・菩薩の〈化身〉とみなす言説の登場は、保胤独自の解釈というよりも、このような時代の潮流のなかから生まれてきた変化といえよう。そして、先行する政治改革者であり菩薩の〈化身〉として評価されていた聖徳太子が、その始原としてにわかに脚光を浴びることになったのである。

それは、儒教的・律令的な言葉を用いて人間社会を〈差異の体系〉として身分的・階層的に分節する言説の様式から、〈化身〉説や垂迹説を用いて隣接した概念を次々とアナロジーさせていくことにより、まったく異質と思われていたものの間に連続性を創り出し、仏・菩薩・神々・天皇・貴族・庶人・悪霊から動植物や自然の事物にいたるまでのあらゆる存在を、〈世界内存在〉として並列的に叙述する言説の様式へと変化していったことを意味している。[46] 保胤の「賽菅丞相廟願文」は、世界と言説の構造の転換を、詩的言語を用いて簡潔に表象しているのである。

五　「賽菅丞相廟願文」以後——怒りを隠した神へ——

天神を憤怒神ではなく、慈愛に溢れた仏・菩薩として叙述するテクストは保胤が最初というわけではない。天徳三年（九五九）二月、藤原師輔は北野社の社殿を増築するとともに天神の影像を作製し、『法華経』等の各種の経典・観世音菩薩像・仏具等を添えて献じた。この時の「祭文」[47]は、天神を垂迹神と位置づけているが、藤原氏に高官や后妃の地位を与える神としてのみ形象し、憤怒神的性格や終末論的ヴィジョンについては言及されていない。

天徳四年（九六〇）二月、大宰大監紀有頼は「菩薩装束」を道真の廟所・安楽寺に施入した[48]。衣服の贈与によって共同体の身分秩序を表象する儀礼は少なくない。たとえば各種の節会では、天皇から臣下に饗宴と衣服を贈与する節禄が行われたが[49]、それは〈天皇／臣下〉の関係を非対称的に分節する儀礼である。また、天照大神に「神衣」を献納する神衣祭は[50]、〈神／人〉を非対称的に分節する儀礼である。右記の「菩薩衣裳」を天神に捧げられた衣裳と解読するならば、それは道真を菩薩として分節するための儀礼的手続きということができるだろう。

保胤以後も、天神の形象化はさらに多様なヴァリエーションを加えていく。正暦二年（九九一）六月、北野社は国家による祈雨に際して奉幣される一九社に加えられた[51]。天神は、「天上に日月として、万民を照臨」する神、宇宙を支配し国家を守護する神として位置づけられたのである。一方、長保元年（九九九）閏三月、菅原輔正が吉祥院聖廟で開催した詩会で大江以言《おおえのゆきとき》が作成した詩序[52]では、天神は菅原氏の守護神として形象されている。惟《これ》宗允亮《むねのただすけ》によって編纂された『政事要略』は、彼が河内守として赴任していた寛弘五年（一〇〇八）九月、同国大県郡普光寺僧・幡慶から聞いた空海と道真に関する夢告について記録している[53]。そこには空海入定説話[54]が登場しているが、道真と小野道風（八九四～九六六）が空海の転生とされていること、空海が道真に転生し、さらに天満天神となったのは、あらゆる衆生を救済するためだと語られている点が注目される。寛弘九年（一〇一二）六月、大江匡衡《おおえのまさひら》が死の直前、北野社に病気平癒を祈願したときの祭文、「北野天神供御幣并種々物文[55]」では、保胤の願文を参照しながら天神を「文道の大祖、風月の本主」と記述している。このテクストの天神は、文人貴族の守護神へと変貌している。

一〇世紀以降の文人貴族たちは、道真を「文道の祖」などと名づけることによって、彼らが作成するテクストのすべてを、「讃仏乗の因」「転法輪の縁」として天神は受容してくれると主張するとともに、さまざまな属性を天神に付与していったのである。だからといって、憤怒神としての天神の性格が失われてしまったわけではない。それどころか、憤怒と慈愛というまるで正反対に見える要素を並存させることにより、天神は圧倒的な存在感を誇示するようになっていくのである。

六　おわりに

道真の詩文は、言葉によって世界を完璧に分節しようとする儒教的言説を駆使することによって、〈差異の体系〉としての理想的な世界の景観を描き出そうとした。そして、天皇とその周辺の人たちだけに限って〈化身〉説や垂迹説を用いた。

しかし一〇世紀になると、道真の後継者たちはもはや儒教的言説の分節機能を魅力的だとは感じなくなっていた。彼らは、道真が限定的にしか使わなかった仏教の〈化身〉説や垂迹説に注目し、アナロジーという解読コードによって道真のテクストを再解釈していく。そして、聖徳太子や行基の〈化身〉説を発掘するとともに、道真の世界構想とは異質な景観を描き出していった。〈化身〉説や垂迹説は、アナロジーという解読コードを設定することによって、全世界のあらゆる存在を〈世界内存在〉として包摂してしまう言説の様式である。そこに立ち現れてくるのは、もはや整然と階層化・構造化された世界ではない。共同体〈外部〉の《他者》=仏・菩薩からの呼びかけ[56]に呼応するかのように、世界の〈外部〉へ、《他者》の領域=浄土へと向かって歩み始める衆生たちの群れと、変貌し続ける社会が世界の景観となった。そんな衆生たちを、ときには暴力によって、ときには慈悲心をもって、永遠に救済しつづける〈化身〉という道真像が形象されるとき、彼は人間の欲望のすべてに応えなければならないという重荷を背負うことになった。

ところで今村仁司は、貨幣の誕生とその役割について次のように語っている。

たったひとつの商品を、全員一致して、たたきだす、排除する、いけにえにすることで（レヴィ＝ストロース風にいうと、原初集合からひとつのエレメントを「差しひく」ことで）、商品世界の秩序（コスモス）が生成する。各商品は、お互いに、貨幣の役割を演ずる必要はもうなくて、ひとつの商品を価値鏡にして、そこに自分の姿を映すことで、自分の価値、自分の身分（度合）を測定することができる。……それは、貨幣を媒介にした商品交換である。この「媒介」がまさに、暴力の痕跡なのである……排除されたものが排除する当の群れの秩序をつくったり、乱れた秩序を回復＝再建させてやることになる。宗教形式でいうと、この貨幣にあたるものが、「聖なるもの」（サクレ）である。[57]

あらゆる能力を身につけた有能な少数の官僚が、この世界を領導すべきだという道真の政治構想は、彼の死後、彼自身が「聖なるもの」とされることによって可能となった。そして聖徳太子もまた、彼と同じ「価値鏡」としての役割を果たすために歴史のなかで回顧され続けていくことになる。天神信仰と聖徳太子信仰、一見するとまったく異質に見えるこれら二つの信仰は、世界の安定と変革の双方に影響力をおよぼす、仏・菩薩の〈化身〉について物語る言説という意味では同質なのである。

（1）桑原朝子『平安朝の漢詩と「法」――文人貴族の貴族制構想の成立と挫折』（東京大学出版会、二〇〇五年）。

（2）道真の仏教的世界観に言及した論考には、田村圓澄「菅原道真の仏教信仰」（大宰府天満宮文化研究所編『菅原道真と大宰府天満宮』上巻、吉川弘文館、一九七五年）、中尾正己「平安文人の仏教信仰――菅原道真の場合――」（『印度学仏教学研究』第四一巻第一号、一九九一年）、竹居明男「菅原氏と吉祥院」（『文化史学』第五〇号、一九

九四年)、所功『菅原道真の実像』(臨川選書、二〇〇二年)第六章「菅原道真の神儒仏信仰」などがある。

(3) 八〜九世紀の天皇像については、大津透『古代の天皇制』(岩波書店、一九九九年)、大津透ほか『古代天皇制を考える』(日本の歴史八、講談社、二〇〇一年)、水林彪『天皇制史論——本質・起源・展開』(岩波書店、二〇〇六年)などを参照。

(4)『菅家文草』からの引用は、川口久雄校注『菅家文草 菅家後集』(日本古典文学大系七二、岩波書店、一九六六年)による。( )内は巻次と作品番号。道真の願文を包括的に論じた研究に、工藤美和子『平安期の願文と仏教的世界観』(思文閣出版、二〇〇八年)第Ⅰ部「九世紀の願文にみる仏教的世界観」がある。

(5) 道端良秀「仏教徒の孝道論」(『仏教と儒教倫理』、平楽寺書店、一九六八年)。

(6)「遺体」とは、人間の身体は父母から贈与されたものという意味である。竹内照夫『礼記』中(新釈漢文大系二八、明治書院、一九七七年)、七一九頁。

(7) 雲林院に関しては、杉山信三「雲林院と知足院」(『院家建築の研究』、吉川弘文館、一九八一年)、小原仁「雲林院の堂舎」(『中世貴族社会と仏教』、吉川弘文館、二〇〇七年)の論考がある。

(8) 大乗仏教が目指すのは、自他の成仏とともに現実世界の浄土化である。田村芳朗「三種の浄土観」(日本仏教学会編『仏教における浄土思想』、平楽寺書店、一九七七年)。

(9)『西宮記』(新訂増補故実叢書)第一「有上皇及母后者三日朝覲」には、延喜五年(九〇五)正月三日、醍醐天皇が宇多上皇を朝覲行幸したとき、宇多は「拝礼宜无用笏靴、叉手三度可拝、吾受三部法、而受此法、是毘盧遮那也、拝仏猶可三拝」と語ったとある。宇多はみずからを毘盧遮那仏と認識していたというのである。それに対して醍醐は、朝覲は儒教的な「親々礼」であって「仏法礼」ではないとして仏教的な拝礼を拒否したとされる。

(10)「周遍」「遍周」という言葉は『金光明最勝王経』巻第九や『華厳経』(八〇巻本)巻第五十などで、菩薩の教化を意味する言葉として使われている。

(11) 作品番号のみ記せば、六三九の仁明、六五一・六六〇の清和、六五二の嵯峨と清和である。

(12) 栗原圭介『孝経』(新釈漢文大系三五、明治書院、一九八六年)、一三五頁。

(13) このような叙述は、『菅家文草』巻第五の寛平五年(八九三)二月「仲春釈奠、聴講古文孝経、同賦以孝事君則忠」(三六七)にもある。「孝」思想については、池澤優『「孝」思想の宗教学的研究——古代中国における先祖崇

拝の思想史的発展』（東京大学出版会、二〇〇二年）参照。

(14) 竹内注(6)前掲書、四三九頁。

(15) 同前、七二一頁。

(16) 仏教と「孝」思想との関係については、道端注(5)前掲書参照。

(17) 人間の欲望や暴力という視点からこのような問題を論じたテクストに、ピエール・クラストル『国家に抗する社会――政治人類学研究』（渡辺公三訳、水声社、一九八七年）、ハンナ・アレント『人間の条件』（志水速雄訳、ちくま学芸文庫、一九九四年）、今村仁司『抗争する人間』（講談社選書メチエ、二〇〇五年）、谷徹ほか『暴力と人間存在』（筑摩書房、二〇〇八年）などがある。

(18) 道真の詩文では、儒教的意味を含んだ理想世界として弥勒浄土が理解されていることが注目される。儒・仏・道が複合した弥勒信仰に関しては、雲井照善『未来のほとけ――弥勒経典に聞く』（創教出版、一九九二年）、菊地章太『弥勒信仰のアジア』（大修館書店、二〇〇三年）参照。

(19) 「惟れ耨惟れ耕」は、『礼記』礼運篇からの取意である。竹内照夫『礼記』上（新釈漢文大系二七、明治書院、一九七一年）、三五〇頁。『礼記』では、聖王が働きかける場である人の心性を「聖王の田」と記しているが、基経の願文ではその言説をアナロジーさせて、興福寺に施入された水田を、仏の救済活動の場＝「福田」の隠喩に読み換えている。

(20) 仏教と〈恩〉の関係に関する最近の論考として、ブライアン・小野坂・ルパート「恩をめぐる語りと変遷――中世前期の日本仏教再考のために」（彌永信美訳、『文学』隔月刊 第八巻第六号、二〇〇七年）に、示唆に富んだ考察がなされている。

(21) ここでいう《他者》については、湯浅博雄『他者と共同体』（未来社、一九九二年）、熊野純彦『差異と隔たり』（岩波書店、二〇〇三年）、柄谷行人「世界宗教をめぐって」（『探究』Ⅱ、講談社学術文庫、一九九四年）参照。

(22) 現実世界には常に聖人が不在であることについては、大室幹雄『劇場都市――古代中国の世界像』（ちくま学芸文庫、一九九四年）第二章「大同コンプレックスと小康コンプレックス」参照。

(23) 拙稿「菩薩のジェンダー――菅原道真の願文と女人成仏」（朝枝善照先生華甲記念論文集刊行会編『仏教と人間社会の研究』、永田文昌堂、二〇〇四年）、「平安期における女人成仏の系譜――願文を中心として」（『日本思想史学』第三七号、二〇〇五年）。

(24)〈存在の連鎖〉については、アーサー・O・ラヴジョイ『存在の大いなる連鎖』（内藤健二訳、晶文社、一九七五年）、フランセス・イエイツ『世界劇場』（藤田実訳、晶文社、一九七八年）など参照。

(25)『扶桑略記』天慶四年三月条。なお以下の論述は、竹居明男編著『天神信仰編年史料集成――平安時代・鎌倉前期篇』（国書刊行会、二〇〇三年）から多大の恩恵を受けた。

(26)梶山雄一「仏教の終末論」（『「さとり」と「廻向」――大乗仏教の成立』、人文書院、一九九七年）。このような終末論的ヴィジョンは、『日蔵夢記』ではさらに整序されていく。

(27)湯浅泰雄は深層心理学の視点から、『道賢上人冥途記』を、道賢が体験した瞑想による「道賢（修行者）自身のたましいの変容の過程」と解釈している（『歴史と神話の心理学』、思索社、一九八四年、第五章「神々の変容」二〇八頁）。しかしそのような解釈では、『冥途記』の前半部の解釈にはなりえても、後半部に宇多や醍醐が登場してくる意味や、大乗仏教的な利他行の実践という全体のコンテクストを見失ってしまうことになる。

(28)道真の憤怒神化と併行して八幡神の憤怒神化が進行していったことは興味深い。桜井好朗「宇佐放生会について――『八幡宇佐宮御託宣集』再読」（『中世日本文化の形成――神話と歴史叙述』、東京大学出版会、一九八一年）、飯沼賢司『八幡神とはなにか』（角川選書、二〇〇四年）第三章「神仏習合と御霊」。憤怒神については、佐藤弘夫「怒る神と救う神」（『神・仏・王権の中世』、法蔵館、一九九八年）の論考がある。

(29)「満徳天」については、竹居明男「永久寺本「道賢上人冥途記」に関する二・三の問題」（『古代文化』第三巻第一号、一九八七年）、河音能平「『道賢上人冥途記』・『日蔵夢記』考」（『天神信仰の研究――日本における古代から中世への移行』、塙書房、二〇〇三年）参照。

(30)『群書類従』第二輯「天満宮託宣記」。

(31)是善の詩序、「暮春南亜相山庄尚歯会詩」（『本朝文粋』巻第九、二四五）と、道真の詩、「暮春、見南亜相山荘尚歯会」（『菅家文草』巻第二、七八）が残されている。

(32)竹内注(6)前掲書、七二四頁。

(33)『日本紀略』延長元年四月廿日条。『政事要略』巻第二十二「北野天神会事」。

(34)ジュリア・クリステヴァは、このような読みを「間テクスト性」と名づけた（『記号の解体学――セメイオチケ』

1、原田邦夫訳、せりか書房、一九八三年）。「間テクスト性」については、グレアム・アレン『文学・文化研究の新展開――間テクスト性』（森田孟訳、研究社、二〇〇二年）参照。

(35)『本朝文粋』巻第十三（四〇〇）。『本朝文粋』からの引用は、大曽根章介ほか校注『本朝文粋』（新日本古典文学大系二七、岩波書店、一九九二年）による。（　）内は同書の作品番号。この願文については、後藤昭雄「北野作文考」（『平安朝漢文文献の研究』、吉川弘文館、一九九三年）に論及されている。

(36)『本朝文粋』巻第十、「七言暮春於六波羅蜜寺供花会聴講法華経同賦一称南無仏」（二七六）、「五言暮秋勧学会於禅林寺聴講法華経同賦聚沙為仏塔」（二七七）。同様な思考は、紀斉名「七言暮春勧学会聴講法華経同賦摂念山林」（二七八）にも見られる。

(37)勧学会については、小原仁「勧学会結衆の浄土教信仰」（『文人貴族の系譜』、吉川弘文館、一九八七年）、後藤昭雄「『勧学会記』について」（注35前掲書）などの論考がある。

(38)拙稿「新たなユートピアへの旅――平安後期の仏教思想」（池見澄隆他編『日本仏教の射程――思想史的アプローチ』、人文書院、二〇〇三年）を参照されたい。

(39)狂言綺語観については、柳井滋「狂言綺語観について――白楽天から保胤への屈折」（『国語と国文学』第三九巻第四号、一九六二年）、三角洋一「いわゆる狂言綺語観について」（渡部泰明編『秘儀としての和歌――行為と場』、有精堂、一九九五年）参照。しかし「狂言綺語」を否定的に捉えたのは、この保胤の願文だけで、他のテクストはいずれも詩作が「讃仏乗の因」「転法輪の縁」になることを強調している。

(40)保胤の願文以降、北野社で開催される詩会が盛行するようになる（後藤注35前掲論文）。しかしそれらの多くは、社会的地位の向上や災異・疾疫の除去を祈るものであった。

(41)〈化身〉説については、今堀太逸『権者の化現――天神・空也・法然』（思文閣出版、二〇〇六年）、曾根正人「「権者」についての覚書」（『古代仏教界と王朝社会』、吉川弘文館、二〇〇〇年）の論考がある。

(42)井上光貞・ほか校注『往生伝　法華験記』（日本思想大系七、岩波書店、一九七四年）一九頁。

(43)『本朝文粋』巻第十四（四一九）。

(44)佐藤哲英『叡山浄土教の研究』（百華苑、一九七九年）「資料編」所収。

(45)釈迦菩薩の前世譚については、杉本卓洲『菩薩――ジャータカからの探求』（平楽寺書店、一九九三年）参照。

(46) このようなアナロジーの手法に中世のテクスト解釈の特質を見る研究に、山本ひろ子『変成譜——中世神仏習合の世界』（春秋社、一九九三年）、同『異神——中世日本の秘教的世界』（ちくま学芸文庫、二〇〇三年）、黒田智『中世肖像の文化史』（ぺりかん社、二〇〇七年）などがある。

(47) 『群書類従』第二輯、『最鎮記文』所引。

(48) 『大宰府・太宰府天満宮史料』四所収「天満宮安楽寺草創日記」。

(49) 梅村喬「饗宴と禄」（『歴史評論』第四二九号、一九八六年）、大津注(3)前掲書第九章「節禄の成立」参照。

(50) 神衣祭については、岡田精司『古代王権の祭祀と神話』（塙書房、一九七〇年）第Ⅰ部第二「即位儀礼としての八十嶋祭」参照。

(51) 『江家次第』巻第五、二月祈年穀奉幣。

(52) 『本朝文粋』巻第十（二七三）。

(53) 『政事要略』巻第廿二「北野天神会事」（新訂増補国史大系二八）。この記事については、白井優子『空海伝説の形成と高野山』（同成社、一九八六年）第一部第Ⅳ「入定伝説の形成」で言及されている。

(54) 空海の入定信仰について記すのは、寛弘元年（一〇〇四）九月の「太政官符案」（『平安遺文』古文書編第二巻、四三六）が最初である。

(55) 『本朝文粋』巻第十三（三九二）。ただしこの祭文は、中原長国が代作したものである。後藤昭雄『大江匡衡』（吉川弘文館、二〇〇六年）参照。

(56) 共同体の外部からの《他者》の呼びかけによる世界の脱構築については、ジャック・デリダ『死を与える』（廣瀬浩司他訳、ちくま学芸文庫、二〇〇四年）参照。

(57) 今村仁司『批判への意志』（勁草書房、一九八七年）、一四三〜五頁。

北野聖廟和歌・連歌とその功徳

――病気平癒・諸願成就・連歌会所・短冊関を中心に――

脇田晴子

はじめに

本書は太子信仰と天神信仰とを対象とする共同研究であるが、いうまでもなく、この両者は中世において、老若男女貴賤都鄙の人々を信仰の渦の中にまき込んだものである。

両者の共通点は何か、いうまでもなく、聖徳太子も菅原道真も一代の碩学であり、文化の推進・主導者、政治改革者である。

しかし、その改革は必ずしも成功したとはいえず、就中、菅原道真は左遷されて、太宰府において没する。太子は、皇太子として推古朝にて長年の改革的な政治を行いながら、天皇に即位することなく推古天皇より早く死ぬ。そして一族は非命に斃れる。したがって太子は怨霊となり太子信仰は怨霊信仰だと考える人もいる。

それ故に、両者ともに中世において人心の信仰を獲得したのは怨霊神だといってしまえば話は簡単だが、それはさておいて、ここでは、和歌の徳、すなわち私たちが文化的営為とのみ考えるものが、信仰と密接に関係し、

「御利益《ごりやく》」を得るものであり、さらに、それを基礎として、「文化の政治性」ともいうべき、政治的効力をも持つものであることを、具体的な「場」において探っていきたいと考える。

　したがって本稿は、北野天満宮を対象に、通常、「和歌の徳」というものを、中世人がいかに考えたか、ということを辿ってみることにした。「和歌の徳」というものは、中世後期以後の連歌の隆盛の状況を見るとき、それは「連歌の徳」と置き換えてもいいだろう。

　そもそも和歌というものは、「目に見えぬ鬼神をも和らげ、武士《もののふ》の心慰むる、夫婦の情け知る」（能楽「芦刈」）ものと認識されていたが、それは神前で手を合わせて神に祈る、参籠して祈念する行為と、同様あるいはそれ以上のものと見られるにいたった。

　和歌の神としては、中世では北野天神と住吉の神がもてはやされたが、とりわけ、北野天神は、中世的な信仰世界に大きな位置を占める「あら人神」（荒人神／弘安本『北野天神縁起』）といわれた怨霊神であったので、その利益は「鬼神をも和らげ」という神の最たるものであった。そこで人々は和歌・連歌に託して何を祈り、それにはどの程度の金銭が動き、どのような功徳を得たと信じたか、信仰と文化と、広い意味での政治性とのあり方を探ってみたい。

一　北野天満宮の歌と連歌の宗教性

⑴世阿弥の申楽談義の話

　世阿弥は「世子六十以後申楽談儀」（岩波古典文学全集『世阿弥・禅竹』、三〇四頁）において、誇らかに語っている。

又、応永廿九年霜月十九日、相《しやう》国寺《（こくじ）》のあたり、檜皮大工《ひはだだいく》の女《むすめ》、病《（やまひ）》重《おも》かりし時、北野聖《せい》廟《（べう）》より霊《れい》夢有《（あ）》りて、「東風吹《こちふ》かば」の歌《うた》を冠《かうむ》りに置《を》きて、歌を詠《よ》みて、すゝめ歌《うた》也、観世に点取《てんと》りて、神前に籠《こ》むべきと、あらたに見しかば、歌《うた》を勧《すゝ》めて、縁《えん》を取《（とり）》て、世子に点《てん》を取《と》る。否《いな》みがたくて、行水《ぎやうずい》し、合点《（がってん）》せし也。其比《（そのころ）》は、はや出家《（しゆつけ）》有《（あり）》し程に、「夢心に観世とはいづれやらん」と思《おも》ひしを、「世阿成《（なる）》と仰《おふ》せけると見《み》て有《（あり）》ける」と云々《（うんぬん）》。

又、藤若《ふぢわか》と申《（まうし）》ける時《とき》、大和多武峰《やまとたふのみね》の衆徒《しゆと》の、重代《（ぢゆうだい）》の天神の御自筆の弥陀《（みだ）》の名号《みやうがう》を、天神より霊夢《れいむ》二度に及《（およぶ）》とて、渡さる。今《いま》に是有《（これあり）》。文字《もんじ》は泥《でい》也。

すなわち、檜皮大工の女の病が重くなったとき、北野聖廟より霊夢があって、「東風吹かば」の歌を冠において、信心を勧めて三十六首の「すすめ歌」を詠んでもらい、観世の世阿弥に良い歌に点を付けてもらい、神前に奉納せよということであった。世阿弥は行水して合点をしたという。そしてまた、藤若といった幼時に、大和の多武峯の衆徒が重代ノ天神御自筆の金泥の阿弥陀の名号を、天神が藤若に渡せという霊夢が二度もあってもらったことがあった。こういうことをわざわざいうのは大げさだが、申楽が神慮に叶う芸道であることの証明として書き記すのだ、といっている。

応永二九年（一四一九）一一月一九日は、世阿弥は四月に出家していて、元雅が観世大夫を継いでいたので、夢を見た人は「観世とは誰のことであろうか」と思ったが、世阿弥であると天神が仰せられたと見た、ということであった。出家していてもなお、天神に、世人に、そういわれることは世阿弥が面目を得たことであったに違いない。「道の神に同ずるところの支証」として感激するものであった。

歌、連歌、とりわけ北野天神に捧げるものは、重病を直すものであり、天神の霊夢による仰せで、その合点をしたり、天神自筆の名号を貰うということは、多大な名誉であった。芸道に抜きんでていることの証拠であった。世阿弥は現代的感覚にも通じる能を作り、「申楽能」の革新を遂げた人であるが、かくも天神の霊験性を信じて、その芸道精進の光栄としたのであった。

⑵上原元秀の病死の時の話

細川政元の家来で、丹波守護代の上原元秀は明応ごろ京畿に勢力を張り、相当の荘園横領などの横暴を行ったが、重病になった。明応二年（一四九三）一一月一五日には、横領していた北野社領の丹波国船井庄を社家に還付し、翌一一月一六日には、「信読《ママ》（真読カ）大般若経」の祈禱を行わせ、二千疋を寄進している。そしてその夕べより、「千句張行」を始め、発句は元秀が行っている。一八日には千句結願している。一七日から一八日にかけて丹波国から、社家に返還されて直務になった船井庄の年貢が社家に入っている。しかし、その効果もなく、同一八日、元秀は亡くなり、一一月二四日、妙心寺にて荼毘《だび》に付されている。

その他、三好長慶も、永禄七年（一五六四）重病にかかり、「三好長慶歓楽祈禱千句」を北野連歌会所で興行し、のちに述べるように、二千疋を下行している。

⑶足利義視・義尹（義材）親子の諸願成就祈禱——将軍就任をめぐって——

次にあげるのは、政治的な問題を自己に有利に展開する為に、北野聖廟に千句張行を行った例である。長享三年（一四八九）三月二六日、足利義尚（義熙）将軍は近江で客死する。四月一四日、足利義視・義尹の父子は美濃から焼香のためと称して上洛する。そして同二八日には、義尹は大館治部大輔（視綱）を申次として、御発句・脇をもって松梅院において御千句を沙汰すると仰せ出している。それについて要脚がないので、御太刀一振を寄進している。五月二六日には、義視の許より、御千句料として、鴇毛印雀目結の御馬一疋と則宗の御太刀を下された。それでいよいよ、千句連歌が始められることとなり、御発句があった。翌日から松梅院において千句が隠密に興行され、翌々日の二九日には御発句・脇・第三句が大館方に届けられている。もちろん御願の目標は将軍職任命である。

さらに六月二日には、左馬頭足利義材（義尹改め）は、大館治部大輔をもって、北野社の「諸神御通夜」を申し入れ、御馬・御太刀ぐらいで沙汰するのかどうかを打診している。松梅院の答えは、上意として仰せつけられる場合は、三千疋であるが、現在、公用が無いときには、まず千疋下行され、御願成就以後に残りの二千疋を下されたらよろしいと答えている。しかし、公用を先例のごとく下されてこそ、御敬神の分がわかると付け加えることは忘れていない。しかし、とりあえずは御馬・御太刀を寄進して、「諸神御通夜」を始めたらしい。これは北野社内にある各末社を一夜ずつ通夜をして、末社の本地を撿するのである。五十か日の神事である。

延徳二年（一四九〇）正月七日、義政が薨じ、その嗣子として認められて、めでたく義材は将軍宣下を七月五日に受けたのであった。

以上のように、神仏に病気本復を祈ったり、諸願成就を祈ったりする行為と同様に、法楽としての和歌、連歌が、それと同じく信心の効用をあらわすこととなっていることの実例を出してみた。和歌・連歌ということになれば、とりわけそれが凝縮して、天神の霊夢が最高の奇瑞とされ、その瑞祥を得るために、千句張行が行われたのであった。

二　宗祇の連歌会所奉行就任

(1)「筑紫道記」の夢想の話

本章では、夢想が本人の願望を示し、その実現が課題となることを示したい。

連歌師宗祇は、文明一二年（一四八〇）五月上旬に京都を出発して、山口の大名、大内政弘を訪ね、さらに大内氏支配下の筑紫の旅に出て、一〇月一二日に大内のもとに帰り着いた。そして「筑紫道記」を書いている。この筑紫への旅の大きな目的は、太宰府聖廟参詣であったように思われる。

まず、こやの関での旅寝に、天神と名乗る男から扇を貰う夢を見ることが書かれている。

> 明れば海陸の間侍添てをくりこまやかなり。こやの関といふ所にして草の枕を結ぶ。暁ちかき夢に誰となきおとこ天神と名乗て扇を予に給はるとみ侍りて夢さめぬ。則同行に語れば皆ことぶきあへり。誠に神の冥助あるにこそとたのもしくなむ。（中略）
>
> 是より宰府聖廟へまいる。陶弘詮より侍二人添らるる心ざしいはむかたなし。（中略）
>
> とかく過行程に。御社ちかく塔婆などみゆるより。おりて神前を拝して宿坊満盛院に至りぬる程暮はてぬ。今夜は当社の縁起などよませ奉るほどに。深野筑前守といふ人来る。この郡の郡司也。扇をたづさへて。心ざす當社にて此扇を得る事。夢の告思ひ合ていとど神慮有がたくなむ。

と記している。野宿をしたところが、その明け方に天神と名乗る男から、扇を貰ったが、太宰府に着いてから、所の郡司から実際に扇を貰ったと感激しているのである。

しかしながら、この野宿の夢については、金子金次郎氏は虚構であると云われている（金子金次郎「第七章

『筑紫道記』が語るもの」『金子金次郎連歌考叢Ⅱ　宗祇の生活と作品』、桜楓社、一九八三年）。こやの関で泊まると日数が合わないことが大きな理由とされているが、たしかに、大内氏支配下の豪族たちが接待し、送り迎えをしていることを考え合わせると、野宿の必要があったのかどうかは疑わしい。扇は当時の贈答品としてはありふれたものであるが、天満宮で貰ったことに意義を感じた宗祇の気持ちを表現するためにあえて虚構を記したものと思われる。

それでは太宰府に詣でて、それを嘉した天神の報奨として、宗祇は何を期待したのであろうか。金子氏は「道の正道のねがい」であると説かれている。歌道、すなわち具体的には、応仁の乱で中断した和歌勅撰の再興の願いである。帰洛ののち和歌勅撰の再開に奔走し、連歌の勅撰に繋がっていくとされる。

たしかに、宗祇を主導者とする『新撰菟《つ》玖波《くば》集』編纂の道は大きいが、その間に存在する、北野連歌会所奉行の就任問題は、幕府との関係において、大きなものがある。幕府の文化政策の一端、人々の連歌を介しての北野信仰を示すものといえよう。以下に宗祇の会所奉行就任・辞退の経緯について述べ、会所の経営などについても述べよう。

⑵宗祇の連歌会所奉行（宗匠）就任の経緯

たしかに宗祇は、翌一三年に帰京後、一四年には足利義政主催の連歌会に参加、一六年には日野富子の小河殿における将軍義尚の連歌会に出席、一八年には、細川政元主催の「千句連歌」に出席、第一百韻発句は義尚という。このように、将軍義尚の愛顧を受け、北野連歌会所奉行（宗匠）に就任することになる。

まず史料にあらわれるのは、宗祇の会所奉行の辞退とその就任である。長享元年（一四八七）三月一七日、近江の義尚の陣に出向いた宗祇は、まずは奉行職辞退を申し入れるが聞きとどけられず、「何人百韻」の加点を行っている。三月二八日義尚は宗祇を任命、四月五日北野連歌会所で宗匠開きの連歌会を催す。同九日には陣中で法楽連歌を巻いている。同一六日には、陣中で伊勢物語を講釈、同日義尚と百韻連歌を両吟している。四月二九日には、義尚と宗匠開き連歌を北野に奉納し、五月九日に越後に下向して、九月三〇日帰京、一〇月下旬に近江に参り、義尚に辞意を表明という慌ただしさである。一一月一八日には松梅院禅与にも辞意を表明している。しかし、それは容れられなかったのか、宗祇が実際に辞任を認められたのははるか後である。翌年三月二六日、義尚が近江で死去し、三月二八日、宗祇は中国に下向、九月二二日帰京、一二月一日伊勢貞宗に宗匠の辞意を述べる。宗祇は後任として明智入道頼連（玄宣）を推すが、彼の辞意によって結局は、猪苗代兼載に決定する。北野松梅院は大変喜んでおり、宗祇とは意見が異なっていたことがわかる。それによって兼載と隔意を生じた宗祇は一二月一四日に兼載と和談している。

北野連歌会所は室町幕府によって作られたようで、竹内秀雄氏の「北野連歌会所と会所領――中世における北野宮寺領――」（『日本歴史』九四号、一九五七年）によれば、室町幕府は北野社に緊密な関係を持っていたとされ、「連歌会所」の初見は、永享三年（一四三一）一月一八日、足利義教が北野会所において連歌会を催した記事である（『満済准后日記』）。おそらくは、連歌会所は将軍家が建立したものであるので、会所奉行は将軍家から任命されたものであろう。文安五年（一四四八）には、宗砌が幕府より任命され、宗匠と称して「法度書」を定めた。そののち長禄二年（一四五八）に能阿、そして宗祇にいたっている。なぜ、宗祇が一年にして辞意を表明するか、これまで種々論議されているが、将軍義尚の死の翌々日には、中国に旅立っているのから見て、義尚の後楯がなければ、宗匠は勤まりがたい事情があったのであろう。義尚の一周忌和歌会を種玉庵において営み、三回忌も行っている。

その後、宗祇は三条西実隆などを介して、禁裏への接触を深めていく。延徳二年（一四九〇）の八月・九月には、後土御門天皇と三条西実隆との両吟を加点をしている。明応二年（一四九三）には、後土御門帝の「連歌新式」についての下問に答え、翌年に『新撰菟玖波集』編纂に着手、翌四年奏覧に備えている。

三　連歌会所とは——北野曼陀羅——

(1)連歌会所とは

連歌会所とは、いうまでもなく北野聖廟に対する法楽連歌のための会所である。会所には、外会所と内会所（奥会所）とがあり、外会所は一般に開放されていて、日連歌会所とか、毎日連歌会所ともいった。その区別は天文一六年ぐらいまでで、その後は外会所が無くなったようである（竹内前掲論文）。また、月並の二五日法楽連歌は笠着の連歌ともいわれて、笠を被ったまま、誰とも知られず参加できたものであり、外連歌所があった時はそこで行われた。この月並連歌には、宗祇は宗匠就任時にも参加していない、というより、宗匠にそれを開催する責任は無かったようである。

会所には留守坊主・看坊ともいわれる坊主がいて会所を管理しており、義持将軍のころには、宗明、嘉吉ごろには正忻、長享ごろには珍海が神前の松木三〇本を伐採して会所の造営に使用した事が見えている。また、延徳のころには、珠厳が勧進として会所の修造に尽力している。また、『北野天神縁起』文亀本の願主となっており、三条西実隆の家によく出入りしている（竹内秀雄『天満宮』、吉川弘文館、一九九六年・同前掲論文）。

さて、北野社の正月と四季の五か度の千句料所として近江八坂庄があり、松梅院の重要な財源になっていたが、それが連歌会所とどういう連関があったかはわからない。延徳四年（一四九三）七月一三日の堤長門守親冬というものの請文によれば、六三五石八斗一升を受けきり一四〇貫文に受けきっている。ただし三千疋をすでに貸しておりその利子三文子分を差し引きしての話である。その他に公事物として鮒鮨はじめ近江の物産がいろいろ記入されている。これは延徳四年の段階では松梅院が取得して、連歌会所には入らなかったようである。

連歌としてはどうかというと、「八坂御千句」というものが行われているが（『北野社家日記』長享二年一一月一八日条）、辞意を固めた宗匠の宗祇は出席せず、社家の衆でのみ其沙汰を行うことを松梅院禅豫は記している。ということは、連歌会所の宗匠が出席するのが常であったのであろうか。

連歌会所の所領には、山城国東松崎郷内田地三町が日連歌領所（外連歌領所）が、永享一六年（一四四四）、将軍義教により所領として領知を認められたが、以後紛争の絶え間が無かった。その他、洛中四条坊門ならびに西洞院所々散在があげられるが、それぞれ争論が続いていた。

北野連歌会所の支配そのものも、最初は北野一社中のもので、祠宮・宮仕兼帯のところであったが、すでに慶長四年ごろには、松梅院が進退と称している（竹内前掲書）。

⑵万句・千句の費用

延徳二年（一四九〇）正月五日の猪苗代兼載の宗匠始めの連歌会については、勢州（伊勢守？）から千疋の合力があった由で、大酒が出て、細河・遊佐・波々伯部などの武士領主が参会している。祝いなどに持参の金銭の不足分は、やはり、主催者の宗匠が負担したのであろう。将軍や権力ある武士領主の場合は、相当の下行物を出してまかなっている。永享四年（一四三二）将軍義教が願主となって行った一日一万句法楽（公名公記）の時などは、費用が下行されている。また、永禄七年（一五六四）の「三好長慶歓楽祈禱千句」の時は、病気平癒祈願の連歌であるが、千疋が渡されたが、紹巴《じょうは》が取り次いで、さらに千疋を下行されるように申しなした。それを連衆に配分すべきであるが、会所の修理費にあてるように話し合ったという。会所が請け負った千句・万句の連歌会の費用は、連衆の分配に任されたり、会所の費用に充当せられたりしたことがわかる。

竹内氏の紹介にかかわる「光乗院文書（史料編纂所蔵）」には、天文一四年ごろ、宮仕たちが訴えて、「松梅院不相応届条々覚」として、先年、会所において、里村紹巴が一万句を執行して、その会料で会所を修理したが、このごろ会所は大破している有様を述べ、

今まで松梅院ハ、於会所十万句をとりたて、諸人をすゝめ、過分の会料を取、大破仕候、会所を少も修理無之候事

と訴えている。

これからみて、千句・万句の会同者には、相当の会料が徴収せられ、それが修理料等の運営費にあてられるべきところであったことがわかる。

ちなみに、連歌においては、発句の人が相当の会料を負担したというよりも、発起した人すなわち負担者（申沙汰の人）が発句の栄誉を担ったというのが慣習であったようである。天皇を交えた宮廷の内々の連歌会においても、『お湯殿の上の日記』で見るところでは、申沙汰の日野富子などが、発句を行っている場合が多い。

四　短冊関――京都七口関の関銭徴収の大座神人の請負――

さて、一見関係が無いようであるが、やはり北野天神の和歌の徳にあやかった利権ともいうべきものとして、短冊関を挙げておこう。これについては、すでに竹内秀雄氏の紹介されたところであり、その記述に負うところ多いのであるが、商業史・都市史の観点から京都を研究してきた私の所見を述べておきたい。

短冊関とは、京都七口関の関銭を北野社が独自に課する権利を有していて、それを大座神人が請負っているものである。大座神人とは牛飼のことであり、「大座の牛童」ともいわれる牛車の御者である。なぜ短冊関というか、それは一寸ばかりの切り紙を短冊と名づけて、それと交換に課税したので、短冊関といわれたのである。

そのもっとも古い確実な史料は、『民経記』寛喜三年（一二三一）六月二七・二八日条である。二七日条には、北野宮寺が大座神人が訴えている「檜物等新儀」を「侍従・内侍を以て奏聞すべし」という殿下（道家）の命令を伝えている。二八日には、

廿八日、癸未、天晴（中略）次参殿下、（中略）北野宮寺申大座神人訴事、内府《大座神人訴事》請文経御覧、此上神妙候歟、可給社家之旨被仰下、（中略）北野宮寺申大座神人訴事、内府請文所奏也、可賜社家之由仰下、即書御教書、其趣可止新儀之由被仰内府之処、請文如件、且可存其旨之由、所仰北野別当権少僧都承兼也。

さらに八月四日には、

八月四日、丁巳、天晴、（中略）今日北野祭也、（中略）抑大座訴事両条（河上刈藺上分後院致妨事、後院檜物作手濫妨事、）兼日申事由、仰後院停止了、当社事随分致微忠、唯神恩物也、

と記されている。これによって、大座神人の訴えを北野宮寺がとりあげ、朝廷に上訴したところ、関白道家の裁可があり、御教書が下されて大座神人の勝訴となった。その訴えの内容は、八月四日条によれば、後院のために河上の藺を刈って運んだ物の上分を徴収しようとした所、後院が妨を致したことと、同じく後院所属の檜物の作手が、大座神人が上分を徴収しようとしたのに応じず、濫妨したことである。おそらく、後堀川河天皇はその翌年に譲位しているから、後院を造営中であり、その作手たちと争論におよんだものであろう。次に、より状況の明らかになるのは、建保年間（一二一三～一九）といわれる『北野事跡』の下巻の終わりにある北野祭の有様を

記したものである（『北野誌』所収）。

七月一日より大座の牛童、東西二京をあひわかちて、あはたぐち（粟田口）しづかにいたるまで、諸国の運上ものよりはじめて、売買交易におよびて、重物軽物をきらはず、権門勢家をはばからず、北野宮の上分と号して、ぬしの心はゆかねども、一寸ばかりなるきり紙を短冊となづけて、さしかえてうはへるも、天暦年中よりの故実なり。

天暦はともかくとして、北野の八月の祭りの前の七月一日より、京都の諸口から入る荷物に関を建てて課税する権利を有したこと、それは売買交易のものはもちろんとして、貢納物として、京都に入るものまで、課税の対象としたこと。その納税の徴証として、一寸ばかりの「きり紙」を短冊と名づけて渡したことを記している。

次に、事情が明らかになるのは、『北野天神縁起』弘安本の詞章である。あげてみよう。

又、八月御祭は村上天皇御時より、公家の御沙汰大蔵省のつとめなり、大座神人とて、諸院宮・大臣家の牛童等、往古の御冊をさゝげて角本はなれたる景気一日の壮観まことに目出たくあはれなる事なり、

とある。ここでは「大座神人」といわれる者たちは、諸院宮・大臣家の牛童等であることがわかる。すなわち、京中の権門勢家の牛童たちが、北野宮寺の「大座神人」となっているのである。

以上の経過をまとめれば、①北野宮寺の大座神人は八月の祭礼の前である七月一日より、京都の諸口から入荷する貢納物・商品を問わず、物品に課税する権限を有した。②その「大座神人」と称するものは、京中の権門勢家に仕える牛童の連合体であった、ということになる。

まず①の京中の諸口に入る物品に課税する権限であるが、京都の七口といわれる諸口には、官衙が関料を徳治年間を初見として課税するようになった（相田二郎『中世の関所』、畝傍書房、一九四三年）。それが兵庫の関料の

ように年数を限って、社寺に寄進される例は多かった。おそらくは『北野天神絵巻』弘安本を抽出したように、八月御祭は「公家の御沙汰大蔵省のつとめなり」といわれている所から見て、大蔵省が有した諸口入荷物品課税権を祭の費用のために、祭の前月から北野宮寺に与えたものを、北野宮寺は、大座神人に諸口における徴収を命じ、かつその幾分かを与えたものとと考えられる。延徳三年、短冊関の上分は、松梅院に入っているのである(『北野社家引付』)。

②それではなぜ、その大座神人のなかに、京中の諸院宮・権門勢家の牛童が入っているのか、それは商人や牛童などの奉仕者の座が、同一職種の営業団体に変化する一つの発展段階を示している(脇田晴子『日本中世商業発達史の研究』、お茶の水書房、一九六九年)ので、以下に説明しよう。

中世の「座」というものは、初期には「奉仕の座」として本所に奉仕して、何らかの反対給付としての特権にあずかるものであったが、ある職種の一つの座が力をもって専売権を持つと、その座に他の座が加入してくる。その過程で、営業独占権を主張する座が出てきたり、官衙の課税によって、その課税を納めたものが集団を結成して、営業独占権を行使するようになる。領主権が強いと座の独占権を許さないことになるが、祇園社の場合などは、商工業者の力が強く、同種類の商品を商う人々を吸収して、下京における独占権を行使する場合が多い。官衙の課税によって成立する座は、官衙の力によって、課税されるだけで、納税者の独占集団がなかなか成立しがたいものであったが、鎌倉期も終わりに近づくと、その納税者同志の連合が成立して、商種に関する独占が成立する。祇園の綿座は下京に勢力を張った結果として他の四府駕輿丁座の綿座と連合して、下京における綿座の店舗商売の独占権を形成している。鎌倉中期頃より、京中の各権門に所属した「奉仕の座」は同職種で連合したり、他を吸収して、独占的連合体を形成するが、この北野の大座神人が他権門の牛童を統合して一大同業集団を形成しているのは、時期も早く画期的なことといわねばならない。

北野の大座神人、すなわち京中の牛童の集団が、京都諸口から流入する諸物品の課税特権を祭りの直前の時期に持っているということは、以上のように考えられるであろう。しかも、短冊関と称したのは、和歌の神として、また、「あら人神」としての威徳のためと考えられる。

さてかかる由緒を有する「短冊関」も室町末期には、有名無実になっていたようである。しかし、延徳二年（一四九〇）、前述したように、松梅院が祈禱を行った義材が将軍に就任するにいたって、「短冊関」は復活するにいたった。同年七月一一日には、大座神人の代表たる福松丸と今一名が、「下短冊取来候口々之事」として起請文を捧げている。粟田口・西七条口・竹田口・法勝寺口・東寺口の五口をあげ、人別十文、荷には一荷に二〇文、奥高荷は一駄に五〇文をあげている（北野天満宮所蔵、元円観坊十川家旧蔵）。翌延徳三年には、七月二七日になって、大座神人福松丸の請文が、「洛中七口短冊間事」として出され、馬荷五〇文、陸荷二〇文、諸商売物一〇文、旅人一〇文で出されたが、旅人一〇文については「此条不可然間、不可取由被仰出也」と室町幕府の仰せがあり、続いて二九日付で、旅人一〇文を外した室町幕府奉行人下知状と、「恣令加増之煩旅人以下間、雖被停廃」と神事退転するとの訴えにより元のごとく認める旨を記した松梅院宛の奉書が出されている（『北野社家引付』）。

五　おわりに

北野天満宮は京都の西京に位置して、中世には、西京七保といわれる地域をその境内として支配し、また、大座神人を始めとし、一時は洛中の酒屋にまで、専売権を持って支配した西京の麴座、大舎人座の織手など、洛中に勢力をもった神人の商工業者を付属させていた。

かかる天満宮の支配権は、単に神としての霊験、「あら人神」としての尊崇のみでなく、人としてこの世にあった時の、天神すなわち菅原道真の文学・和歌・連歌の秀でた才能・優越性が、信仰をかき立て、「天地を動かし、鬼神を感ぜしめる」歌の効果の俗化として、各願望の祈禱となった。その実態の解明を目指したものである。したがって、まず、第一節では病気平癒願いの祈禱としての和歌奉納の例を世阿弥の『申楽談儀』からとりあげ、さらに上原元秀の例から提出した。更に諸願成就祈禱の例として、足利義材の将軍就任祈禱としての千句と五十社通夜供養をとりあげた。

第二節として、北野天満宮側のその窓口たるべき連歌会所の事情を比較的史料のある、連歌師宗祇の会所奉行就任の経過から説明し、ついで第三節で会所の事情、荘園所領の有名無実の結果、千句・万句の歌会の参加料等に頼らざるえない事情について考察した。

第四節は北野天満宮には、洛中に七口から流入する諸物資に関銭を課税する「短冊関」というものがあり、大座神人がその請負を行っていた。しかもその大座神人は、京中の権門勢家の牛童の独占的な集団であった。なぜそのような独占集団ができるかを、商業史的な見地から明らかにして、その早い例であることを解明した。その起源は明らかではないが、すでに、寛喜三年（一二三一）からその違乱を停止する『民経記』の記述が明らかであり、天皇の後院の作手に対しても、非違を糾して、関料を徴収したのである。とはいえ、室町期ごろには有名無実化していたのが、義材が将軍に任命された延徳二年より復活してくる。第一節において述べた如く、義尚将軍死去後、義材の将軍任命について、松梅院は千句・諸社通夜供養などを行って、将軍任命祈禱に励んでいる。その報奨であったといえよう。

以上のように、中世においては、宗教はもちろんとして、和歌・連歌のような文化もまた、政治・経済を律していて、祈禱的効果と不可分的な関係にあったことを論証したものである。

正面向きで直立する異色の束帯天神画像について

松浦　清

はじめに

大阪における天神信仰のメッカともいうべき大阪天満宮には、天神画像ならびに各種の関連資料が星霜に耐えて伝存している。それらは中世末期から近現代におよぶ長大な時間の各段階で制作された作品群であり、版画や押絵の必ずしも保存状態が良好とはいえない作品までとりあげると、所蔵作品数としては七〇点を超える。その内容は天神画像として一般にイメージされる定型作品のほか、神像という分類からははずれる近代以降に制作された菅原道真公の画像をも含んでおり、それらの作品の多様性は、長い歴史の中で天神信仰が変容しながら受け継がれてきたことを物語っている。

それらの作品群の中核に位置づけられるのは、中世末期から近世にかけて制作された天神画像である。それら天神画像は、中世以来の天神信仰の本質的な信仰形態を温存する一方、同時にその変容の様態をも示しており、近代国家の形成期に菅公崇敬の念が国民道徳と結びついて大きな転機を迎える状況とは異なる基盤の上に成り立っている。近代以降に制作された作品は、近世以前の作品の正しい理解を出発点としなければならない。残念ながら、近世以前の天神画像の研究は昨今必ずしも活発とはいえない。このため近代以降の天神画像については、研究の端緒さえほとんど見出せない状況にあるといえるのではないだろうか。まずは近世以前の天神画像の研究を少しでも進めることが肝要であろう。

そもそも一般に天神画像として分類される作品が全国にどれくらい現存しているのか、その数量については誰も把握していないと思われる。全国の天満宮には、規模の大小にかかわらず一定数の天神画像が伝存していると予想され、博物館施設や個人の所蔵する作品も含めれば相当数の天神画像が現存するものと想像される。しかし、あまりに多い作品数の数量に圧倒されてか、出来映えがあまり期待されない類型的な作品が大多数を占めるであろうとの見込みのためか、地域的な悉皆調査の計画さえ聞いたことがない。

大阪天満宮が所蔵する近世以前の天神画像は、天神関連絵画全体の大半を占めており、まさにその時代の天神信仰の隆盛を具体的に示す物証として極めて重要な価値を持っている。特に注目されるのは、それらの作品に見られる表現の多様性であり、それはそのまま天神信仰そのものの多様性を示していると考えられる。その中には、一般的な天神画像として想起される定型作品も相当数含まれているが、あまり知られていない珍しい図様の作品も少なからず含まれており、極めて興味深い。

ここでは、それらの中から天神画像としては類例を見ることの少ない異色作品を一点とりあげ、その制作背景について考察する。

一　異色の束帯天神画像の概要

ここでとりあげる異色の天神画像の概要から紹介しよう。

当該画像（図１・口絵１）は絹本著色の掛幅装で、縦一三三・八センチメートル、横五二・一センチメートルからなり、天神を立像として描いた作品である。筆者は以前、この天神画像について簡単な解説をおこなったことがあるが[1]、ここでは大阪天満宮が所蔵する天神画像群を中心に、一般的な束帯天神像との比較を通して、その図様を概観したい。

画面はやや暗い色調で、顔は、手や笏と同様、背景の地色のまま目や口などが描かれており、一般的な天神画像の顔が白肉色で賦彩されるのと著しく異なるが、束帯姿の天神を描いたものであることは、着衣の梅文様から容易に理解できるであろう。眉、髭鬚、眼瞼裂などは墨線で描かれ、頬、鼻、耳の輪郭線などは朱線で描き起こしている。眉と目がつり上がり、額と瞼の上に皺が寄るのは「怒り天神」の伝統を継承する表現である。ただし、

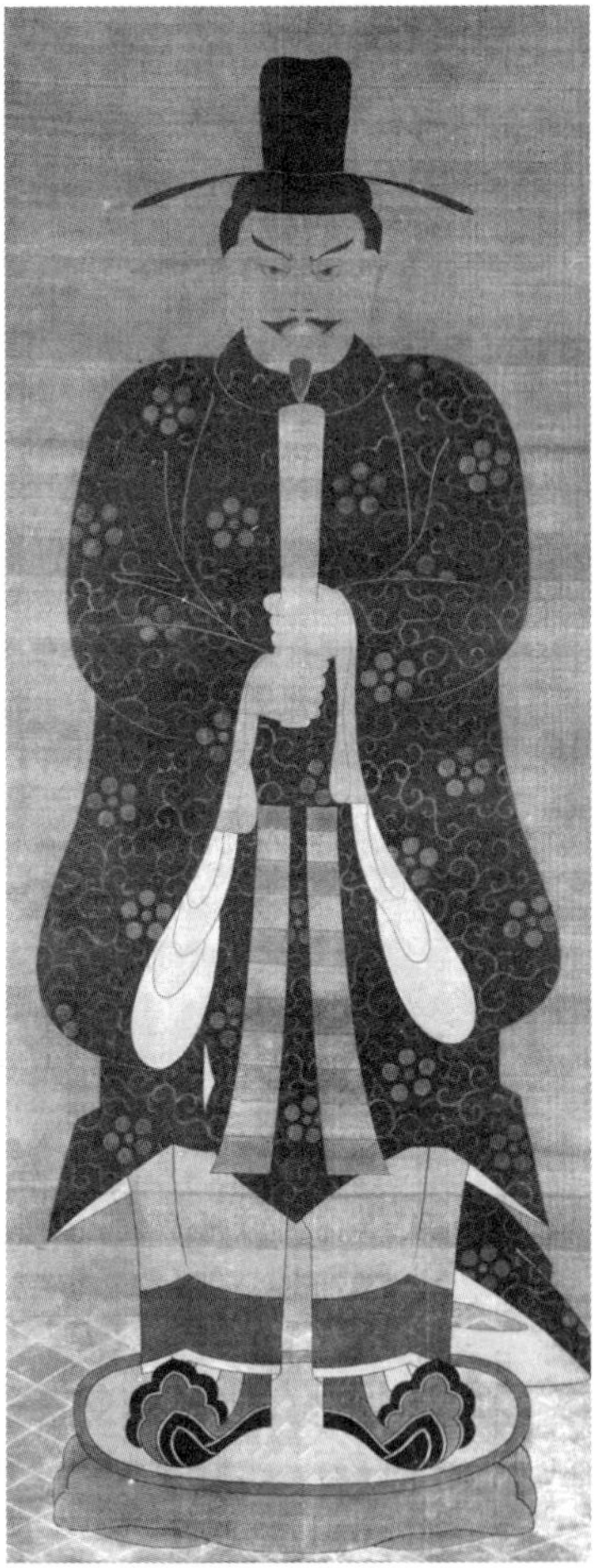

図１　束帯天神像（大阪天満宮所蔵）

図2
箱書
束帯天神像
(大阪天満宮所蔵)

図3－1
極書表
同右

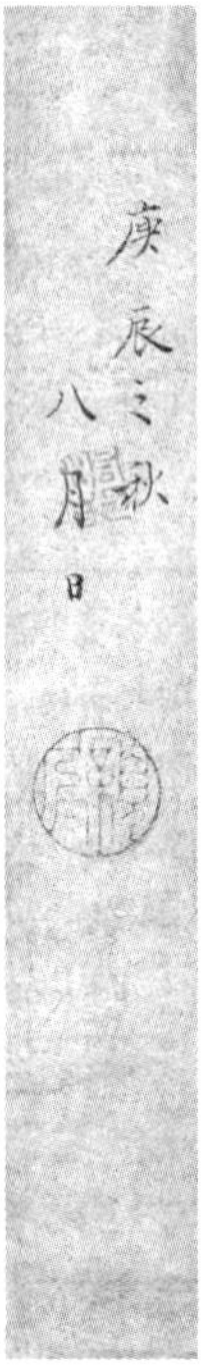

図3－2
極書裏
同右

一見して明らかなように、一般的な天神画像とは多くの点で異なり、極めて異色の作例といえる。制作期は賦彩や画絹の状態などから江戸時代前期と推測されるが、図像そのものの成立は中世末期頃までさかのぼることが予想される。

本図には台差造りの外箱と黒漆塗りで印籠蓋造りの内箱が付属しているが、内箱の蓋の上には内箱の蓋と同寸で桟を欠いた別の木製の蓋が納置されている。その蓋の表には「菅公立像」と墨書されており、状況から判断すれば、この蓋が当初の箱の蓋ということになるのだろう。この当初の蓋の裏には「菅公御影立像　古土佐経隆筆　画所預土佐正五位下前左京少進藤原光芳鑑定之（朱文方印：「光芳」）」（図2）と墨書されている。この墨書は土佐光芳《みつふさ（みつよし）》による鑑定書となっており、黒漆塗りの内箱の中には土佐《とさ》光孚《みつたか（みつざね）》の極書もあって、その表には「菅公御影立像　古土佐止筆　土佐守藤原光孚定（朱文長円印：「光孚」）」（図3－1）と墨書され、裏には「庚辰之秋　八月日（印）」

(印)」（図3-2）と記されている。

土佐経隆《つねたか》について『扶桑名画伝』は、「姓は藤原、諱は経隆、従五位下、土佐権守に叙任す、従五位下中務少輔隆親（本隆成）の一男なり、春日と号す、図画に工みなり、承安頃の人なるべし」と記し、〔尊卑分脈巻第十（二六左）云〕あるいは〔地下伝（土佐画所系譜條）云〕として、関連記事が引用されているが、(2)承安は平安時代後期（一二世紀後半）の年号であり、『扶桑名画伝』も土佐経隆の活躍期については「推決」としている。土佐光芳の鑑定の筆跡を子細に見ると、「経隆」の部分は明らかに改竄されていることに気づく。光芳が当初鑑定した人物の名前は一度消されて、その上から「経隆」と書き加えられており、当初記された筆者の名前については薄く痕跡を見せるものの、判読不能である。土佐光芳は元文二年（一七三七）に三八歳で正五位下に叙せられ、寛保三年（一七四三）に四四歳で左京少進を任ぜられ、延享三年（一七四六）に四七歳で職を辞し落飾している。(3)明和九年（一七七二）に七三歳で没しており、この鑑定書は本図の制作年代の下限を延享三年から明和九年の範囲とするだけで、実際の制作年の比定にとってはほとんど意味を持たない。土佐光孚の極書も同様で、庚辰すなわち文政三年（一八二〇）の極書であることを示す資料に過ぎない。ちなみに内箱の蓋裏には、明治四二年（一九〇九）に二川茂助ほか二一名が奉納したことを記している。

大阪天満宮が所蔵する天神画像の中には、束帯天神像として一般に想起される類型的な作品も少なからず伝存しており、(4)それらは普通、四分の三観面の坐像として表現される。その特徴は、朝廷の公事に用いられる正式の服装としての束帯姿を着衣形式の基本とするため、頭部には黒塗りの垂纓《すいえい》の冠を被り、上衣に黒の袍《ほう》を着て、下衣に下襲《したがさね》を用い、下襲の裾《きょ》を後方に折り曲げて威儀を正した姿に描かれる(5)（図4）。笏を執る姿が普通であるが、その握り方には作例によって差異がある。体部の正中線上に両手で握るもの、体側に片手で構えるもの、腹前で

図4　束帯天神像（大阪天満宮所蔵）

図5　束帯天神像（大阪天満宮所蔵）

笏の上部を押さえ込むように描かれるものに大別されるが、それらの細部の表現には、さらに変化が認められる。太刀を佩用する場合があり、円座や上畳に坐る作例もしばしば見られる。背景として天神ゆかりの松や梅を配するものもあれば、障屏を背にすることもある。

　顔の表情にも変化がある。血走った目を見開いて上の歯で下唇を噛む怒りの表情を生々しく描く作例は一般に「怒り天神」の名で呼ばれ、火雷天神として猛威を振るったという天神信仰の原初的な様態を留める作例と考えられる。同様の作例は全国に多数伝存しており、古様を伝える作品の制作年代は室町時代に集中している。これは中世の連歌において天神が文芸の守護神と見なされて以来、天神と連歌が密接に結びつき、連歌講の本尊として天神画像が多数制作されたことと関係が深い。[6] 古様を示す作例の中に、能面の「大飛出」を思わせる表情を示す作例（図5）のあること

図6　束帯天神像　「東海秋月圖書」印
（大阪天満宮所蔵）

図7　束帯天神像　秋月筆
（東京国立博物館所蔵）

は特に注目され、「怒り天神」の類型が連歌の文芸世界だけでなく、能の芸能世界にも波及拡大したことを予想させる。これら画像の作例の多くは、細線を用いた丹念な面貌描写、伸びやかで堅実な運筆、袍の衣文線を掘塗で描き残す表現手法などから、古土佐系の画師が描いたと考えられる。

一方、漢画系統の画師の活躍のあったことも、筆意を重んじた作例のあることからうかがわれる。束帯姿の天神が梅と松の林の中に坐るという特異な構図の作品（図6）には、画面の右下隅に「東海秋月圖書」と判読される印影がある。この印文を用いた画家として秋月等観《しゅうげつとうかん》が知られている。彼は室町時代後期に日本の水墨画を大成した雪舟《せつしゅう》の弟子と伝えられ、彼が描いた束帯天神像（図7）も伝存している。しかし、その作品の作風および印影と比較

図8　束帯天神像　山泉筆
（大阪天満宮所蔵）

図9　束帯天神像　伝雪舟筆
（山口県立美術館所蔵）

するとき、本図におけるそれらの表現はやや異なるように見受けられる。もっともこの作例が雪舟型と通称される類[7]型の系譜に連なることは一見して明らかであり、大阪天満宮にも画中に「雪舟筆」の墨書と「戊辰仲春謹写」（朱文方印：「供春」）すなわち昭和三年（一九二八）の年紀を記す束帯天神像（図8）が伝わる。梅と松の林の中に坐るという特異な構図は、現在、山口県立美術館が所蔵する雪舟七四歳の落款がある同様構図の作例（図9）と関係があることは明白である。明代における類似構図の寿老人画像ならびに雪舟による同様画題の作例と比較すれば、梅と松の林に坐るこの図様が雪舟の入明経験を背景とすることは容易に理解される。この天神画像は明代の中国における儒仏道三教一致の思想と無関係ではないだろうとの考えを、筆者は以前に述べたことがある。[8] 最近、この作例に触れて構図の特殊性を寿老人との関係から考察し

図10　束帯天神像
（大阪天満宮所蔵）

た論文に接した。[9] 寿老人のモチーフがこの作例に大きく関与していることは明らかであり、それは日本の江戸時代の知識人にまで影響を与えた福禄寿三星[10]などを含む、中国における広範な統一イメージの伝統から論じる必要があると筆者は考えている。

いずれにせよ室町時代を通じて量産された束帯天神画像のうち、漢画系統の一部の作例を除いて、「怒り天神」の伝統は強固に受け継がれ、その類型作品は近世以降も制作されたが、天神の怒りの表情は時代が下るにつれて和らぐ傾向を示す。[11] 白鷺のつがいなどの吉祥図様が加えられた作品（図10）は桃山時代の制作と推測されるが、「怒り天神」の伝統はほとんど形骸化したかに見える。

これらの束帯天神画像はそれぞれ表現上の差異を指摘できるものの、わずかな例外を除いて、いずれも四分の三観面を見せる坐像であるという基本構図における堅固な共通性が認められる。

一方、束帯姿の天神画像には立像も存在する。その代表的な作例として鎌倉の荏柄天神社の束帯天神像があることはよく知られている。それは荏柄天神社の草創縁起に記された奇譚にかかわる画像であり、長治元年（一一〇四）八月二五日に雷雨とともに天から降ってきた画像であるという。[12] この天神画像は荏柄天神社に二幅伝わるほか、奈良・薬師寺や大阪天満宮に同様の作例（図11）が所蔵されている。大阪天満宮の作例には「右都御史之

図11　束帯天神像　「右都御史之印」印
（大阪天満宮所蔵）

印」と判読される印影が画面の右下隅に認められる。この印文は小田原の北条氏に仕えたとされる狩野玉《かのうぎょく》楽《らく》が使用した印とされているが、玉楽については画業の詳細が不明であり、この印文ならびに作者についても異説が存在する。[13]

作者に関する問題はひとまず置くとして、この天神の図様は、単に一般的な束帯天神坐像が立ち上がった姿を表現したものでないことは注意すべきであろう。この天神は雲の上に立っている。雲は雷雨を宿すものとしての表現と見られ、荏柄天神社の草創縁起を忠実に反映していると考えられるが、「怒り天神」の表情が火雷天神として猛威を振るったという天神本来の姿に由来することを思い起こさせる。もっとも、この表現は浄土系の各種仏教尊像の来迎図をも想起させ、天神信仰と仏教との習合を示す作例と見ることもできるだろう。

これら天神画像と同様に立像として描かれた作品に、徳川美術館が所蔵する束帯天神像（図12）がある。もっとも、徳川美術館の所蔵品は天神の体の向きが荏柄天神社の天神像とは異なって、左側を向く姿に表現され、また、笏を持つ両手を描き、足下に雲は表現しない。ただし、画面上部に龍湫周沢《りゅうしゅうしゅうたく》の弟子である益叟福謙《えきそうふくけん》の画賛をともなうことは注目され、禅僧の世界に天神信仰が入り込んだ様相を示している。[14]

これまで見てきたように、いずれの作例においても束帯天神像は四分の三観面を基本として斜め向きに表現されている。坐像の束帯天神画像には、秋月の束帯天神像のほか、滋賀・海津天神社や京都・大泉寺が所蔵する天神像、また、京都・北野天満宮が所蔵する狩野永納《かのうえいのう》が描いた天神像など、正面向きの作例もわずかながら伝存するが[15]、立像の束帯天神画像では、正面を向く姿はほとんど知られていないのではないだろうか。

ここで再び、しばらく離れていた大阪天満宮所蔵の問題の天神画像に戻ろう。

この天神画像（以下、必要に応じて大阪天満宮本と略称する。）は、以上のような観点から極めて特異な作例といえるが、そもそも、それが天神を描いたものであるとの根拠を、もう一度確認しておく。

描かれた着衣形式は、確かに束帯と考えられる。冠を被り、黒の袍と表袴《うえのはかま》を着け、沓を履いている。ただし、一般的な束帯とは異なる表現も目につく[16]。同じ立像として描かれた荏柄天神系の乗雲像と比較すれば、その差は明白である。まず、冠の形式が異なる。一般の束帯像の冠は、巾子《こじ》が細長く、簪が短く直線的で、垂纓とする。しかし、大阪天満宮本では、巾子が幅広で、左右に張り出した簪に相当する部分の形状は曲線状に緩やかに撓むように描かれ、通常の簪には見えない。漆沙冠《しっしゃかん》や幞頭冠《ぼくとうかん》の形状にやや近い。また、儀仗に佩用する太刀は描かれず、平緒に相当する幅広の組緒は二条に垂れ下がり、通例、一条に重ねられる描写とは異なる。下襲の裾の色は表を白として裏を蘇芳《すおう》とする躑《つつ》躅《じ》の下襲が一般的であることを反映してか、表を白に賦彩する作例が比較的多く見られる中で、ここでは袍

図12　束帯天神像　益叟福謙賛（徳川美術館所蔵）

図13　束帯天神像
（荏柄天神社所蔵）

と同じ色目としている。下襲は位袍に較べて着用にさいしての制約が少なかったため、平安貴族社会では次第にその華美が競われるようになったが、本図の場合、それとは異なって厳格な印象が強い。さらに沓の形状が通常と異なる点も注目される。これは先端を纐纈の花形とする装飾的な錦鞋のように描かれている。また、足下には台座が設けられ、台座は格子状の幾何学文様の床の上に据えられていることから、堂内の表現を意図したものであることが理解できる。

このように、細部の表現では、通常の束帯像と異なる点が目につくが、眉を吊り上げた瞋目や、笏を体部の正面で持つ直立した姿の基本的形状は、荏柄天神社に伝わる木彫の天神像（図13）に近く、袍の地文様が梅文であることと合わせて、大阪天満宮本が天神を描いたものであることは揺るぎない。

それでは、大阪天満宮本は全く類例のない孤立した天神画像なのだろうか。この点に関して改めてとりあげてみよう。

二　正面向きで直立する束帯天神画像の類例

山口・防府天満宮の所蔵品に「三季天神」との名称で呼ばれる天神画像が三点伝存している（図14・15・16）。

図14　束帯天神像［A本］（防府天満宮所蔵）

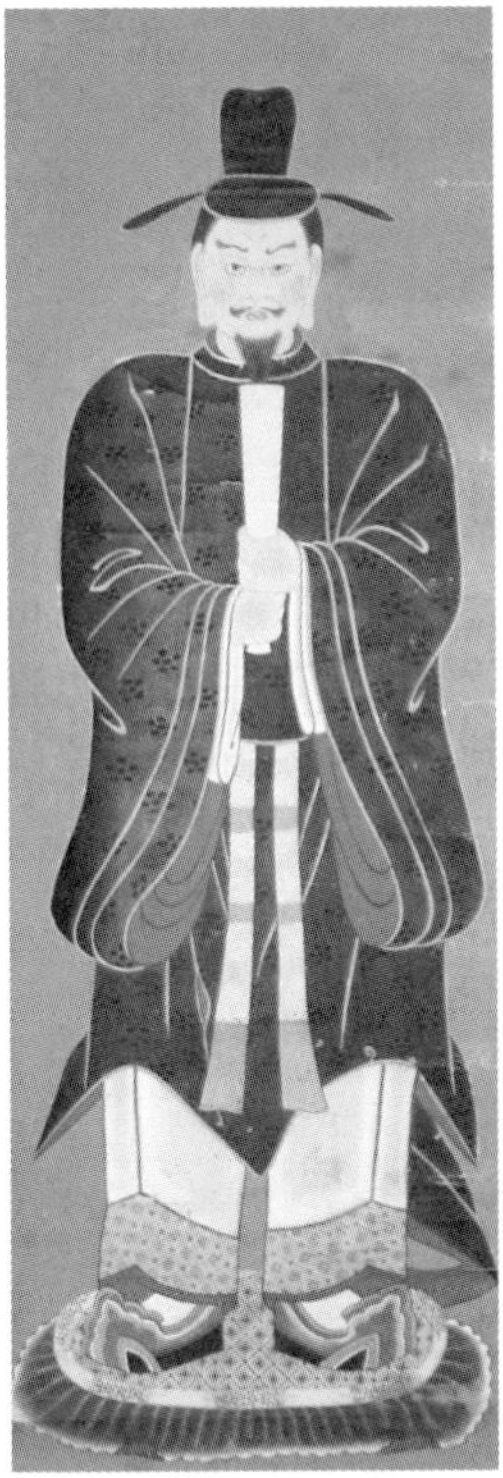

図15　同右［B本］（防府天満宮所蔵）

図16　同右［C本］（防府天満宮所蔵）

これらの作例は、防府天満宮の宝物目録に写真が掲載されて解説が付されているが[17]、従来、あまり注目を集めていないように思われる。これらの作品が、大阪天満宮本と強い類縁関係にあることは一見して明らかであろう。

三点の作例のうち一点には裏書が貼付されている。ここでは、便宜上、その作品をA本（図14）と呼び、A本と法量が近似する作例をB本（図15）と呼び、やや小振りの作例をC本（図16）と呼ぶことにする[18]。

A本の裏書（図17）は「三季天神」と記す題箋、「祈年山常禱院」という所蔵を意味すると考えられる貼札、そして後述の識語を記した貼紙からなる。「三季天神」の名称の

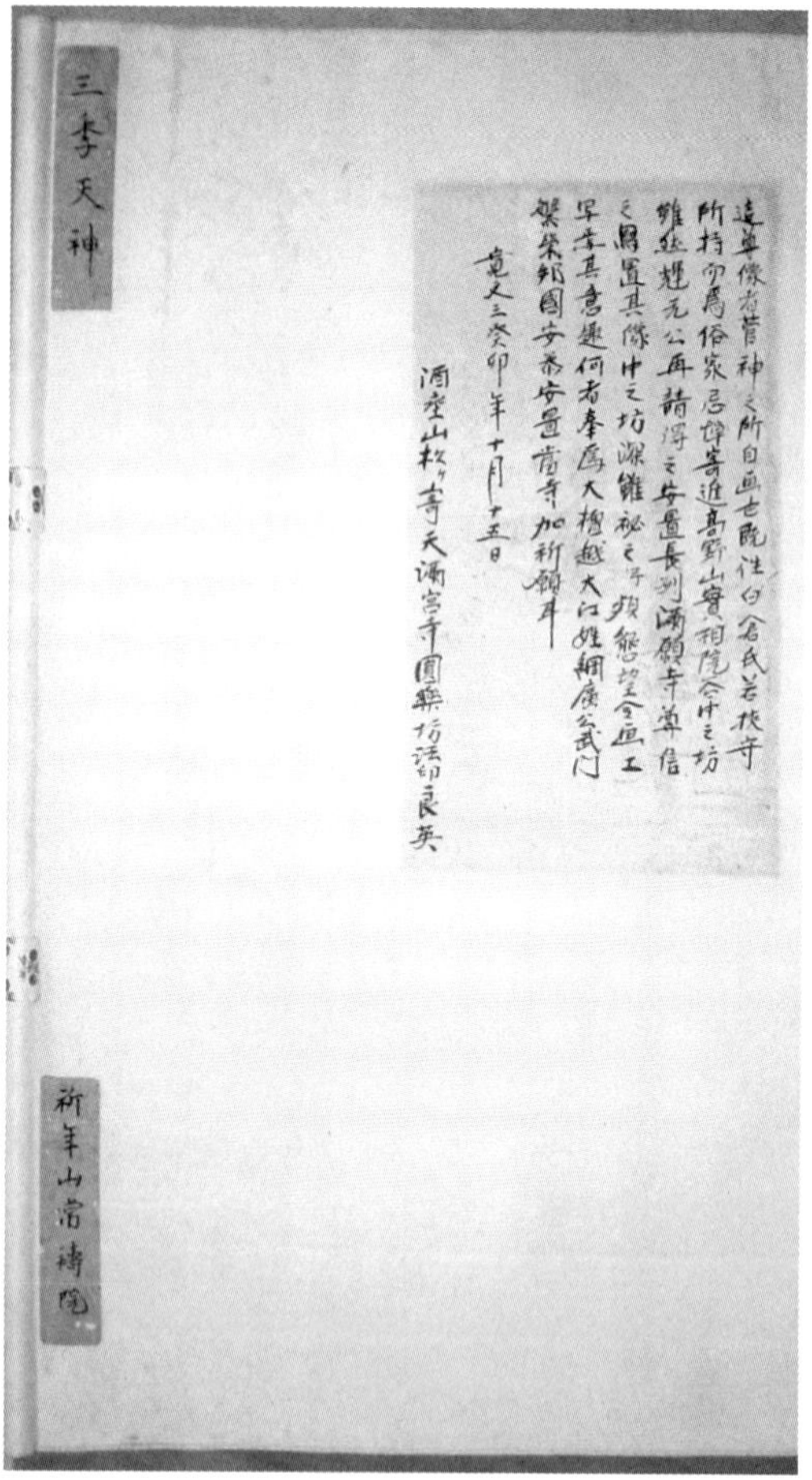

図17　束帯天神像　裏書［A本］（防府天満宮所蔵）

由来は不明であるが、「祈年山常禱院」は明らかに寺号である。A本の現在の所蔵者である防府天満宮の境内に常禱院という寺院はなく、江戸時代に防府天満宮にあった九つの社坊の中にも常禱院を名乗るものは見当たらない[19]。明治初年の神仏分離による廃仏毀釈で防府天満宮のほとんどの社坊は破却され、別当坊であった大専坊の建物だけが現存している。神仏分離にさいして防府で寺院の統廃合が進み、また寺号を改めた寺院も多かったが、それらの中に常禱院は確認できない[20]。この常禱院は防府市内の寺院ではなく、現在、周南市にある常禱院のことと推察される。常禱院については後述する。

ここで注目されるのは識語を記した貼紙であり[21]、それによれば、この画像は次のような由来を持っている。

かつて白倉若狭守なる人物が天神の自画像を所持していたが、俗家に置くことを忌み憚って高野山実相院谷中之坊に寄進したところ、毛利輝元（一五五三～一六二五）がこれを請け出し、長門の満願寺の尊信がその画像を写して安置した。中之坊は天神像を秘蔵していたが、松崎天満宮寺円楽坊の法印良英は中之坊に懇望して、新たに画工に天神像を写させ、円楽坊に安置した。その趣旨は、藩主毛利綱広（一六三九～八九）の武門繁栄と領内安泰を祈願するためという。

この識語によれば、白倉若狭守が寄進した高野山実相院谷中之坊所蔵本の第一転写本として長門満願寺安置本が制作され、第二転写本として松崎天満宮寺円楽坊安置本が制作されたことになる。A本は松崎天満宮寺円楽坊安置本そのものであるが、現在は防府天満宮所蔵本であるから、松崎天満宮寺円楽坊旧蔵本と呼ぶことができ、また、「祈年山常禱院」という貼札があることから分かるように、祈年山常禱院旧蔵本でもある。

さて、A本のもともとの原本すなわち白倉若狭守が寄進した高野山実相院谷中之坊所蔵本が天神の自画像であったというのは単なる伝承に過ぎないが、A本の識語が良英の自筆とすれば、A本すなわち第二転写本が制作された年代は識語に記された寛文三年（一六六三）からあまり隔たらない頃ということになり、一方、第一転写本すなわち長門満願寺安置本の制作は毛利輝元の没年である寛永二年（一六二五）が下限と考えていいだろう。

白倉若狭守なる人物の詳細については不明である。しかし、関東管領の山内上杉氏を支える有力土豪に白倉氏がいたことは注目される。白倉氏は上州八家の一つで上州四宿老の一つにも数えられる家柄であり、上杉謙信、武田信玄、北条氏と主君を変えた戦国武将であった。『上野人物志』（岡部福蔵著）には、その中心人物と目される「白倉五左衛門」が項目として立てられ、また、異説として「白倉周防守」の名があげられるとともに、白倉道佐の墓碑が白倉城と思われる城の西南一丁ばかりのところにあって、野石を刻んだ碑面には「捐官白倉院殿天漢道佐大居士神儀」「天正八壬戌暦林鐘三日」と刻まれていることを記す。[22] この墓碑は現存するが、筆者は未見である。また、天正一八年（一五九〇）の小田原役において白倉氏は、五左衛門ともみられる宗任の後を継いだ重家が小田原城に籠城し、白倉城は弟の重高が守ったが、北国勢に攻め落とされたという。[23]白倉氏の全盛期は、上州八将の一人といわれた白倉重佐か、その子道佐が武田氏に属していた頃であり、[24]この二人のいずれかが五左衛門である可能性が高いように思われる。武田氏が滅亡する天正一〇年（一五八二）七月に二年先立つ同八年（一五八〇）林鐘（六月）三日に没している道佐が五左衛門であれば、異書が伝える「周防守」は碑文の「捐官」と矛盾しない。

一方、高野十谷の一つで現在の高野山のメインストリートとなっている小田原谷に実相院谷があることを天保一〇年（一八三九）の『紀伊続風土記』は記している。[25]しかし、寺院名としての「中之坊」は『紀伊続風土記』の小田原谷の項には記載されていない。もっとも、真言宗の一大聖地である高野山の膨大な数の寺院について、その総数と寺院名を時代ごとに正確に把握することはほとんど不可能であろう。明治時代の寺院統廃合によって、多くの寺院が整理され、現在、高野山の寺院数は一一七か寺を数えるまでに減少した。高野山霊宝館が公開している「明治期における高野山寺院一覧」[26]に掲出する小田原谷所在一〇三か寺の中に中之坊という名の寺院は見当たらない。ただし、『紀伊続風土記』が小田原谷所在寺院の一つとして掲出する安養院は毛利氏と密接な関係があり、注目される。

その霊牌堂について、同書は次のように記している。[27]但し、〈　〉内は割書。適宜、句読点を補った。

　霊牌堂〈東西六間、南北五間。堂内に長州侯累代並びに御連枝方尊牌数基を安置す。又、境内に石碑六基あり。偕に長州侯の建立なり。〉

また、安養院の由緒として、同書は次のように記している。[28]

　弘治年間、第十六世の院務勢尊遮梨は山陽山陰十国の大守毛利元就君に値遇せられ、師檀の契り篤く、嗣君輝元君の時、数百の禄粟を附せらる。蓋先霊の遠きを追ふ誠志なり。御分家周防国徳山毛利日向君も檀契篤し。末寺一箇寺〈大和国吉野郡中津川村念仏寺あり。〉

安養院の創建は不明であるが、毛利氏の菩提所として大いに隆盛を誇ったことが理解できる。中之坊が寺号ではなく、実相院谷中に所在する僧坊を漠然と示す表記であると解すれば、高野山と毛利氏との関係から、中之坊は安養院を指すとも想像される。しかし、『紀伊続風土記』には谷区分に誤記が認められ、また、谷の間での寺院の移転も多かった。戦国時代の実相院谷については不明な点が多く、安養院を中之坊と断定することはできない。ちなみに、『紀伊続風土記』は小田原谷の東隣の往生院谷に「上之坊」や「門之坊」があったことを記している。(29)

防府天満宮所蔵「三季天神」A本の識語に記される満願寺は、信仰心の篤かった毛利元就（一四九七～一五七一）以来、毛利氏の祈願所となった真言寺院であり、毛利氏の本拠地郡山城があった吉田に所在し、輝元の代に萩城へ移ったさいにも帯同された。識語に長門の満願寺と記されているのは萩の満願寺であり、萩城廃城の後、大正元年（一九一二）に防府天満宮西隣に移され、現在にいたっている。(30)一方、円楽坊は別当の大専坊とともに防府天満宮において重要な役割を果たした社坊であったが、(31)明治期の廃仏毀釈で廃絶した。

また、A本の貼札に記された祈年山常禱院は、既述の通り、現在、周南市にある常禱院と考えられる。常禱院は二市二町合併以前の旧徳山市徳山にあった真言寺院で、徳山藩の祈願所であり、文化三年（一八〇六）に山号を祈年山に改めている。(32)かつての徳山市上村付近には芸州へ移転する以前の満願寺があり、その護摩堂本尊大日如来を安置する堂宇として大日堂が一宇存在したことを伝える記録のあることは、さらに興味深い。(33)徳山藩は萩藩の支藩であり、常禱院は藩主毛利元次（一六六八～一七一九）の篤い帰依を受けていた。(34)常禱院の創建については不明であるが、その所在地は、かつて満願寺があったという上村に近く、両者は同じ真言寺院である。両者の間には密接な関係があったと考える方が自然であろう。かつて「三季天神」のA本が常禱院の所蔵であった理由は不明であるが、『紀伊続風土記』の安養院の記述は萩藩と徳山藩の両者が安養院へ篤く帰依していたことを示しており、実相院谷中之坊所蔵本の第二転写本であるA本を常禱院が所蔵した時期があっても不思議ではない。

さて、A本の識語にある「白倉若狭守」が「白倉周防守」と同一であるかどうかは不明である。しかし、いずれにせよA本のもともとの原本すなわち高野山実相院谷中之坊所蔵本は、室町時代後期すなわち戦国時代以前に制作されたことになる。

以上の情報をふまえてA本をめぐる各本の関係をまとめると次のようになる。

①高野山実相院谷中之坊所蔵本（白倉若狭守寄進）……（一五八〇年頃が制作の下限）

↓《第一転写》……（一六二五年頃が下限）

②長門満願寺安置本（尊信転写）

↓《第二転写》……（一六六三年頃）

③松崎天満宮寺円楽坊安置本（良英転写）

↓《移管》

祈年山常禱院旧蔵本

↓《移管》……（一八〇六年が上限）

防府天満宮現所蔵本（A本）

白倉若狭守が寄進した原本については、現存するかどうかを含めて、情報がない。そこで、その原本の図像について、Ａ本をもって復元的に考えることで十分であるかどうかを判断するため、Ａ本、Ｂ本、Ｃ本の三本を比較してみよう。

　Ａ本は識語が貼付されているため、その重要性に鑑みて、既述の防府天満宮の宝物目録では、ほかの二本に較べてやや大きな写真が掲載されている。また、法量の差がわずかであるというだけでなく、Ａ本がＣ本よりＢ本に類縁性の強いことは、丸顔の相貌、頭体各部の比率、袍の衣文線、足下の敷物の形状などから明らかであろう。ただし、原本と三本との転写関係を論じるには、三本の細部について表現を比較しなければならない。つまり白倉若狭守が高野山実相院谷中之坊に寄進した原本↓識語のあるＡ本↓Ａ本に法量の近似するＢ本↓小振りのＣ本という順番で図像の転写がおこなわれたと早計に判断することはできない。

　ここでは、Ａ本、Ｂ本、Ｃ本の作例について、襪《しとうず》、袍、沓、足下の敷物の表現などを中心に比較検討してみよう。

　類縁性の強いＡ本とＢ本ではあるが、Ｂ本に見られる襪の甲の部分の輪郭線がＡ本では描かれていない。このため、Ｂ本では紅色の下袴である大口《おおぐち》の裏地部分が明瞭に賦彩されているのに対して、Ａ本では襪とそれとの境界が不明瞭である。袍の裏地のように見える部分の表現では、Ｂ本は大きく開いた鰭袖《はたそで》の袖口部分のほか、袍の前面で小さく翻る三角部分や、左右に張り出した欄《らん》の蟻先《ありさき》の裏地も紅色としており、整合性に配慮した表現が認められるが、Ａ本は鰭袖の袖口部分のみ紅色としており、ほかは白色であるため、一見、統一感を欠いた表現となっている。また、Ａ本の下襲の裾はどこまでが裏地であるのか、背景との区別に配慮を欠き、右頸部の彩色も、袍の盤領《あげくび》の裏地あるいは内衣と見られる紅色を頸部まで侵食させて賦彩しており、不注意な表現が目立つ。

　このように、Ａ本はＢ本と比較して、写し崩れと見られる部分が多く、原本が完成されたタブローであったと

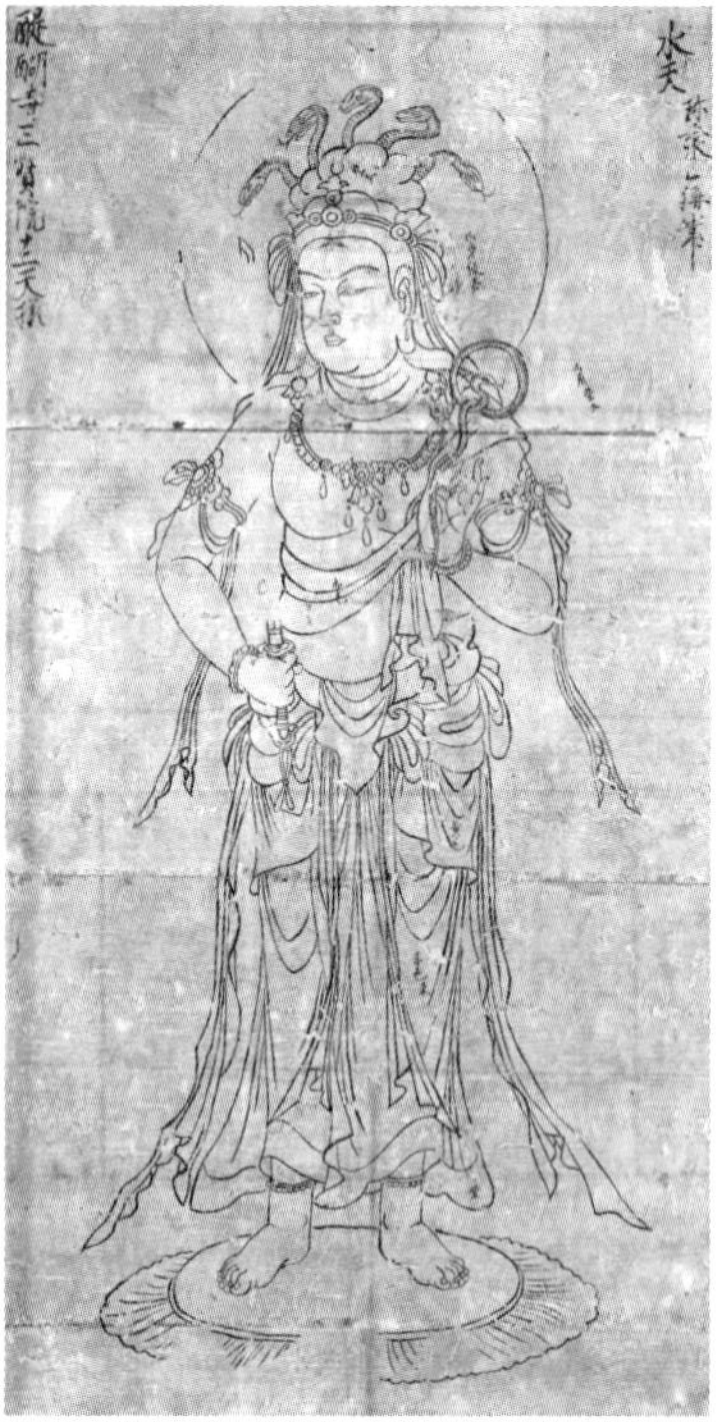

図18　十二天像のうち水天像［珍海本］（大阪歴史博物館所蔵）

の前提に立てば、B本の方がA本より原本の図様を正確に写し取っていると考えられる。

また、B本の足下の敷物の形状を見ると、仏画における天部像の氍毹《くゆ》座《ざ》を意図した表現（図18）であることが了解される。しかし、この表現をC本と比較してみると、C本の円形の周縁部の形状からは、毛織物の質感を狙った表現とは異なった印象を受ける。C本の敷物の表現は氍毹座ではなく、荷《か》葉座《しょうざ》を意識したものと想像してもみるのだが、いずれの形状ともかけ離れており、描くべき対象の本質的理解の上に成立する描写ではないように思われる。あるいはC本では、仏教色の強い氍毹座を意図的に回避したのかもしれない。

以上の三本の差異を総合すると、タブローと見られる原本に最も近いのはB本であり、A本とC本がそれに続く。すなわち、原本との関係を整理すると、原本→B本→A本→C本という図像における類縁性の遠近が想定される。ただし、原本→A本への写し崩れをB本の段階で修正した可能性もあり、現実の転写関係としては、原本→A本→B本→C本であったことも十分考えられる。

白倉若狭守が高野山実相院谷中之坊に寄進した原本の行方は今のところ不明であり、また、長門満願寺安置本についても、現在、防府の満願寺では確認できていない。しかし、B本が原本の図像的特徴をかなり正確に伝えていると判断される以上、大阪天満宮が所蔵する正面向きで直立する異色の束帯天神画像は、決して孤立無縁の存在ではないことが明らかとなり、原本からの転写を通して類例が複数制作された可能性も否定できないこととなった。

なお、「三季天神」の名称について、やはり言及すべきであろう。「季」にはさまざまな意味があって、「三季」の解釈は難しいが、ここでは時、時節、時期の意で用いられていると解釈したい。白倉若狭守、毛利輝元、毛利綱広の三代の武将所縁の天神との意味に解することが最も自然であるように思われる。

三　図様の特徴と制作背景

孤立した異色の束帯天神像と思われた大阪天満宮本に類例が存在することを、防府天満宮所蔵「三季天神」の事例によって見てきたが、この種の天神の像容を正確に伝えるための図像粉本そのものが存在することはさらに注目される。それは京都市立芸術大学芸術資料館が所蔵する六角堂能満院仏画粉本のうちの束帯天神像（図19）である。[35]

この図像粉本にはその制作に関連した墨書が記されており[36]、それによれば、本図は伊勢の国、津の大宝寺に安置される水鏡の天満宮、すなわち天神という。制作年は嘉永六年（一八五三）とやや時代が下るが、束帯姿の天神を正面向きの立像として描く点は注目され、大阪天満宮本や防府天満宮の三本と極めて近い像容を見せている。頭体各部の比率、袍の衣文線、足下の敷物の形状などは、防府天満宮のB本に最も近い。この図像粉本の顔貌が大阪天満宮本や防府天満宮の三本に較べて穏やかに見えるのは、太い墨線を用いて表現された本来の瞋目の面部の上に、別紙を貼って細線で柔和な表情に修正しているためである（図20）。修正部分を当初の表現に戻せば、その像容は一層B本に近づく。特に、この図像粉本の墨書によれば、津の大宝寺に安置された天神像は、彫像ではなく、絵画であったことがうかがわれ、正面向きの立像として束帯天神を描いた作例が少なからず制作されていたことが予想される。

ここで改めて大阪天満宮本に戻って、その図様の特徴を確認したい。

大阪天満宮本は、賦彩された絵画作例である防府天満宮の三本と比較すると、C本の表現に最も近い。やや縦長の面部、袍の衣文線、敷物の形状、左脚部の表袴の内側輪郭線がわずかに屈曲する描写まで共通する。両本の共通性は、津の大宝寺に安置された天神像とは異なる図像粉本の存在を予想させる。

すなわち六角堂能満院仏画粉本の天神画像は大阪天満宮本の依拠する図像とは明らかに異なる。大局的に見れば、これらの天神画像はほぼ共通の図像的特徴を持つが、図像における表現の差異は、細部の異なる複数の粉本や、それらにもとづく類例が多数制作された証拠と見ることも可能である。近年、新たに見出された作例（図21・口絵2）も類似した図像にもとづく。[37] この作品では冠の簪が直線的に描かれ、敷物は氍毹座を意図したと思

図19　束帯天神像
［勢州津大宝寺安置水鏡天満宮本］
（京都市立芸術大学芸術資料館所蔵）

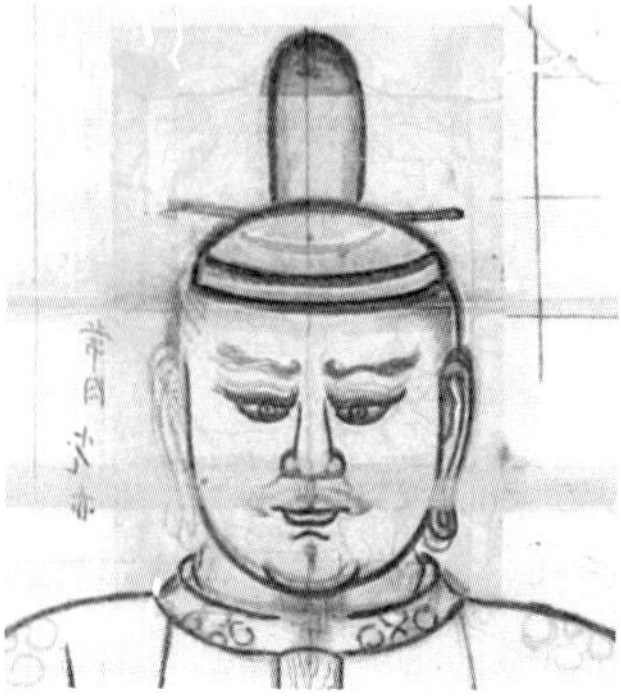

図20　同上　裏面部分

われる表現であり、下襲の裾は画面左側に折り曲げられ、背後に松と梅を配するなど、大阪天満宮本とは異なった表現も見られる。賦彩も顔や手を白肉色とし、顔の輪郭線は墨線の下描きの上から茶色の線で描き起こしており、部分的に金泥の文様や切金の使用も認められる。華やかな画面は桃山時代の雰囲気を伝えるようにも思われるが、ひとまず室町時代末期から江戸時代初期の制作としておく。いずれにせよ中世末期から近世にかけて、このような天神画像が少なからず制作されていたとすれば、その制作背景として、どのような信仰が考えられるだろうか。

天神の立像を正面から捉えた作品としては、いわゆる渡唐天神像（渡宋天神像）がよく知られている。渡唐天神像とは、禅僧の間に伝えられた荒唐無稽な説話にもとづく作品であり、その内容は次の通りである。

のちに京都・東福寺の開山となる円爾弁円《えんにべんねん》（聖一国師）は、宋代中国における禅宗の巨星無準師範《ぶしゅんしばん》（仏鑑禅師）に参禅して、仁治二年（一二四一）に帰国し、博多・崇福寺に住した。その庵室に没後三〇〇年以上の歳月を経て菅公があらわれ、禅について尋ねたという。円爾弁円はみずから参禅した径山の無準師範のもとを訪ねるよう菅公に勧めると、菅公は一夜にして宋に渡り、無準師範に参禅して禅の奥義を極め、その証拠に法衣を授けられたと伝えられる。

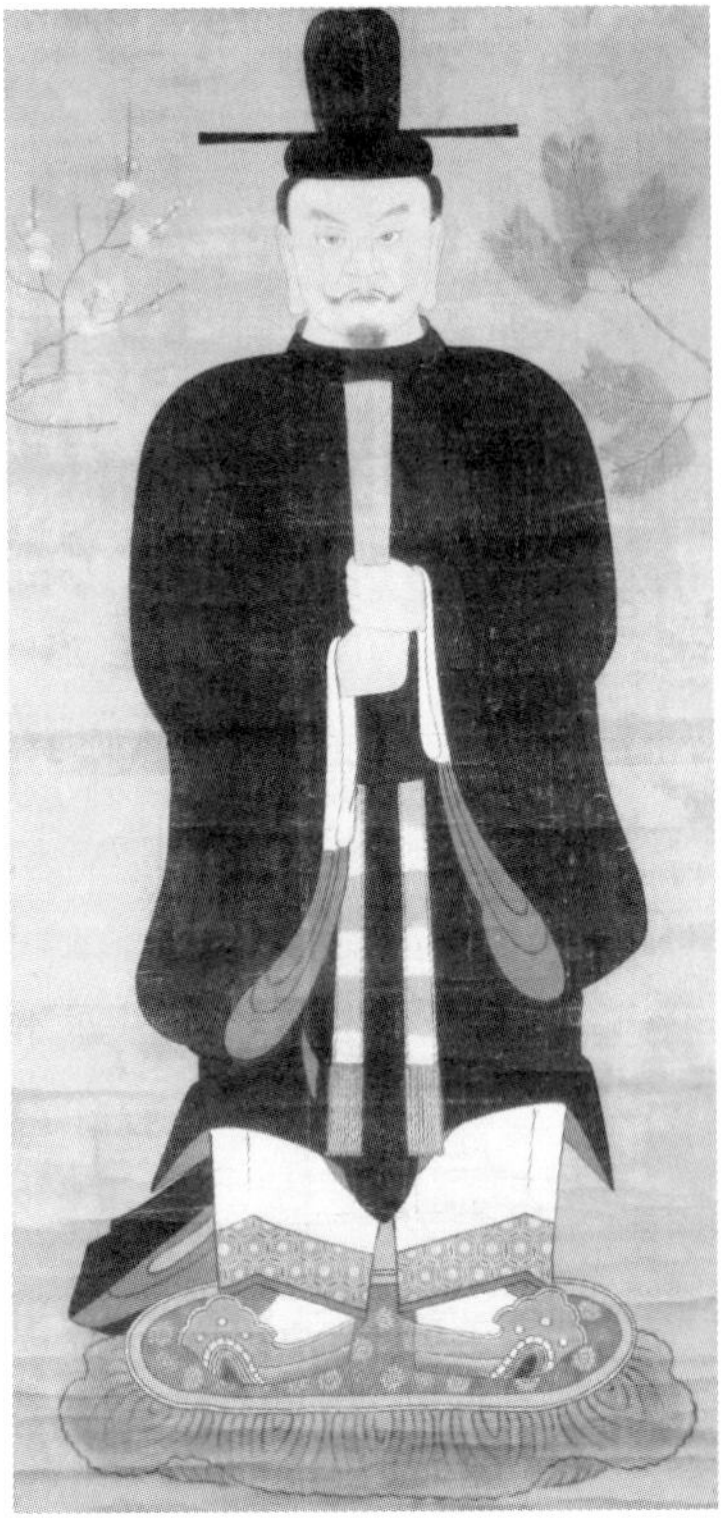
図21　束帯天神像（個人蔵）

この説話にもとづいて描かれたの

が渡唐天神像といわれる一群の画像で、その画像にはいくつかの特徴が認められる。一般的な作例では、天神は道服を纏い頭巾を被った中国の隠士風に描かれ、拱手した手で梅の枝をはさむように持ち、左肩から右腰に小さな袋をかけている。この袋の中には無準師範から授けられた法衣が入っているという。大阪・道明寺天満宮が所蔵する愚極礼才《ぐごくれいさい》の賛のある作例（図22）などが典型的な作品である。

図22　渡唐天神像
愚極礼才賛
（道明寺天満宮所蔵）

図23　渡唐天神像
「元信」偽印
（大阪天満宮所蔵）

この作例に見られるように、普通、渡唐天神像は正面を向いて直立する姿に描かれており、礼拝の対象としての形式を強く留めている。もっとも、この正面性は必ずしも厳格に保持されたわけではなく、大阪天満宮が所蔵する狩野元信の偽印を捺した作例（図23）[38]のように、やや斜めを向いた姿も描かれるようになり、近衛《このえ》信尹《のぶただ》は文字絵の手法を用いて個性的な天神画像（図24）を描いている。[39]

一瞥するだけでは、これらの渡唐天神像と正面向きで直立する束帯天神画像との間に、直接的な関係は認め難

図24　渡唐天神像　近衛信尹筆
（大阪天満宮所蔵）

図25　渡唐天神像　方梅厓賛
（隣華院所蔵）

い。ただ、方梅厓《ほうばいがい》の賛のある京都・隣華院の渡唐天神像（図25）のように中国風の著しい作例には、二条に垂れ下がる幅広の組緒や先端を花形とする装飾的な錦鞋など共通する表現もあるように思われる。簪（?）の左右への張り出しが緩やかに撓む大阪天満宮本の独特な形状の冠は、京都・二尊院が所蔵する土《と》佐《さ》行光《ゆきみつ》筆「十王図」（図26）などに描かれる十王を補佐する冥官の冠などを想起させる。大阪天満宮本が箱書に記されるように土佐派の伝統を継承するものであれば、このような土佐派の仏画粉本が利用された可能性も考えられよう。十王図が中国風に描かれるのは、その発生から当然であるが、大阪天満宮本のこのような要素を中国的であるとみなせば、やはり渡唐天神の伝統が影響しているのかもしれない。

渡唐天神像は、禅僧の文芸活動の一端を示す絵画作品として室町時代の中期までには成立しており、説話その

図26　十王図のうち五道転輪王像
土佐行光筆（二尊院所蔵）

図27　倶生神像（縁城寺所蔵）

ものが意味するのは、天神という神が仏教の禅に帰依するという一種の神仏習合の側面である。大阪天満宮本をはじめとする正面向きで直立する束帯天神画像の作例も、足下の敷物は仏教における天部像の表現に用いられる氍毹座であり、やはり神仏習合の側面をうかがわせる。

これに関連して、京都・縁城寺に「倶生神像」（図27）と称される作品が伝存していることは注目される[40]。倶生神は人の一生における善業悪業の一切を記録して閻魔王に奏上する役割を担うとされ、その記録である巻子を両手に広げる姿で表現される。インド起源であり、同生・同名の二天をいうとされるが、中国の冥界思想と結びつき、日本の十王信仰にも取り込まれた。閻魔王に随侍する司禄の容姿と同様であるため、混同されることもある。本図は陸信忠《りくしんちゅう》の十王図（宋帝王像と伍官王像の二幅のみ伝存）と供箱で伝えられるが、それらとは異なる日本の南北朝時代の作例である。

図28　束帯天神像（大阪天満宮所蔵）

倶生神は絵画の遺例が少なく、本図の場合、当初より独尊として描いたものか、閻魔王に随侍する司命とともに司禄として描かれた三幅対のうち一幅だけが残ったものか不明であるが、ここで注目されるのは、唐服を着用して、岩場に敷かれた氍毹座の上に立つという特殊な表現である。氍毹座の上に描くのは、同生あるいは同名という天部像に対して礼拝の対象であることを明確化する意識が反映していると考えられる。おそらく密教的な思想がそこには介在すると予想されるが、この作品は中世の冥界信仰における神仏習合的な様相をも示しており、正面向きで直立する束帯天神像と共通する制作背景を持っていると考えられる。あるいは日蔵の冥界遍歴に示されるような天神信仰に潜む原初的な冥界思想に関係するのかもしれない。

一方、大阪天満宮には、格狭間を設けた礼盤に繧繝縁の上畳を敷いて坐り、三曲障屏を背にする束帯天神像（図28）が伝わるが、この画面の上部には天神の本地とされる十一面観音の種子「キャ」が蓮台上の月輪中に描かれており、極めて密教色の濃い作例となっている。[41] これに対して、当該の氍毹座の上に立つ天神という表現は、天神を図像の観点から天部として位置づけるものであり、この特質は、渡唐天神像に禅僧の関与を指摘できるのと同様、密教僧の関与あるいは密教的環境の介在を予想させる。ただし、時代は室町時代後期あるいは戦国期が想定され、平安時代の密教のような厳格なものでないことはいうまでもない。天神を仏教の天部として位置づけるのは極めて特異であるが、これも垂迹思想にもとづく神仏習合の所産である。

京都市立芸術大学芸術資料館が所蔵する正面向きで直立する束帯天神画像の図像粉本は、もとは京都・六角堂能満院に伝わった密教図像の一部であった。その画像が伝存した津の大宝寺は大門町の大宝院と考えられ、大宝院が真言寺院であることは注意すべきであろう。[42]これらのことは、防府天満宮の「三季天神」のA本に、その原本が高野山実相院谷中之坊に寄進されたことを記す識語のあったことを想起させる。長門の満願寺も真言寺院である。これらは偏にこの図像の天神が密教の天部像として描かれていることに関係するのだろう。天神の神号「天満大自在天神」は大自在天との関係を示唆し、また、『道賢上人冥途記』の中で菅公が逝去後に転生したとされる「太政威徳天」[43]も密教僧の関与を物語っている。

この正面向きで直立する束帯天神画像がいつごろ何にもとづいて成立するのかは判然としないが、そもそも白倉若狭守がなぜ天神画像を高野山に寄進したのか、という点について言及しなければならないだろう。白倉若狭守の天神信仰の実態は明らかでなく、俗家に置くことを忌み憚ったという記述はともかく、東国の武士と考えられる白倉若狭守と高野山を結ぶためには、何らかの結着剤が必要と思われる。天神と高野山を結びつける役割を果たしたのは、おそらく天神を弘法大師の後身とする説であろう。その説は平安時代にさかのぼるもので、『政事要略』には、ある僧の夢の中にあらわれた弘法大師が菅公をみずからの後身であると述べたことが記され、[44]『台記』には、大宰府から献納された菅公真筆との筆跡をめぐり菅公は弘法大師の後身であるとの説が記されている。[45]これらの記述は天神を書道の神とする根拠となり、室町時代に連歌が発達するにともなって、文道の神としての天神信仰が各地に拡大したと考えられる。いうまでもなく、弘法大師は高野山の奥の院で今も禅定を続けているとされるのが弘法大師の入定信仰である。

中世の高野山では高野聖が一大勢力となり、特に遊行聖一遍《いっぺん》を祖とする千手院聖の活動は目覚ましく、室町時代には高野聖の時衆化が進んだ。千手院聖は千手院谷を本拠として活躍した高野聖で、千手院谷は実相院谷のある小田原谷の北に隣接している。この千手院谷に天神小路があり、その東端に天満宮があることは注目される。天満宮は国城院の境内地にあり、国城院は高野山における時衆聖の一拠点であって、社前月並連歌の盛んであったことを『紀伊続風土記』は伝えている。[46]高野山実相院谷中之坊は、千手院聖と何らかの関係があったと推測される。正面向きで直立する束帯天神画像が図像の面から密教的色彩を滲ませるとしても、戦国武将がそれを高野山に寄進するためには、高野聖として念仏往生を説き、連歌にも通じていた時衆系の陣僧の関与があったと解釈することがもっとも自然ではないだろうか。

第一転写本の制作を命じた毛利輝元の天神信仰の詳細は不明であるが、真言密教に各種の祈禱を期待した毛利元就には時衆の影響と考えられる日輪観のあったことが指摘されている。[47]それは元就が隆元、元春、隆景の三子に宛てた自筆書状に記される一一歳の頃の逸話で、客僧から授かったという念仏の大事すなわち朝日を拝んで念仏を十篇唱えるものであった。元就は日輪を拝する念仏を三人の子供も真似てほしいと望んでいる。[48]『他阿上人法語』の記述[49]などから、この客僧は時衆僧と考えられ、輝元もその信仰の影響下にあったことは十分予想されよう。白倉氏は武田氏に仕えていたころが全盛期と考えられ、武田氏は時衆にも帰依していた。その代表的寺院が甲府一蓮寺である。[50]白倉若狭守が白倉道佐であるとすれば、その活躍期は毛利元就と重なる。そして白倉若狭守と毛利元就とを結びつけるために高野聖の活躍があったと解釈すれば、白倉若狭守と毛利輝元の線は繋がることになろう。

図29　北野天神縁起［承久本］巻第五のうち「祈天拝山」（北野天満宮所蔵）

一方、天神信仰の本源ともいうべき各種の天神縁起の中に、大宰府へ配流された菅公が天拝山で無実を訴える場面（図29）があるが、この場面の天神と正面向きで直立する束帯天神画像は、後世関係を深めるように思われる。両手を体部の中心に構えて直立する荏柄天神社の木彫像は、本来は荏柄天神社の縁起に記される乗雲の束帯天神立像を表現したものと考えられるが、江戸時代後期の地誌『新編相模国風土記稿』には天拝山祈請の立像としてこの彫像が理解されている。[51]このことは単なる誤解というより、このころには、図像の解釈に幅を持たせる環境が成立していたと考えるべきだろう。

これにやや先立ち、『近世畸人伝』の著者として知られる伴蒿蹊《ばんこうけい》は、『閑田耕筆』の中で「或寺の開扉に、水鏡の天神の像あり。御自作の由をいふ。其縁記は天拝山に登り、天帝に祈請し、既に上天まします時に、水鏡を見て作り給ふよしなり。其像、雲上に忿怒ましますさまなり。」と記している。[52]これは荏柄天神社の縁起に記される乗雲の束帯天神立像を想起させるが、一方、「水鏡の天神の像」が天拝山と結びついている事例でもある。

京都・六角堂能満院に伝わった前掲の図像粉本に「水鏡の天満宮」と記されるのは、いうまでもなく「水鏡の天

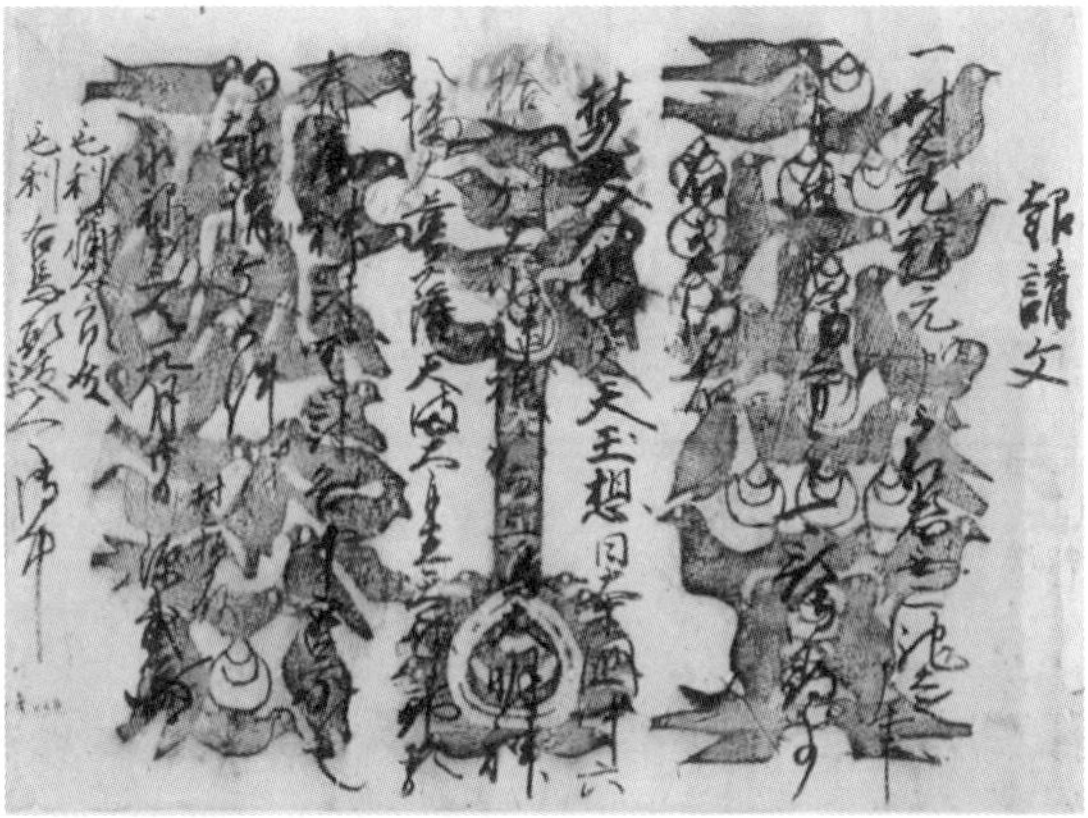

図30　村上武吉起請文（毛利博物館所蔵）

神の像」と同義である。その図像も天拝山祈請の立像と解釈された荏柄天神社の木彫像と同様に、正面向きで直立する束帯天神像であった。近世になると、正面向きで直立する束帯天神を天拝山で祈請する菅公として理解する解釈が広まったように思われる。

戦国期に天神信仰が武家に浸透した要因を考えるさいに、連歌の普及を挙げることは重要な視点であるが[53]、別の要因の一つとして、例えば、毛利博物館が所蔵する「村上武吉起請文」[54]（図30）のように、牛王宝印紙を用いた起請文における天神の超越的呪術力が考えられる。この起請文の中で天神は、梵釈、四天王、大小神祇ほか、別して三島大明神、八幡大菩薩とともに誓約の場の立会人の役を担い、誓約が守られなかった場合は厳罰を科すことが委嘱された存在である。防府天満宮の「三季天神」のA本の識語は戦国武将による天神信仰の一端を伝えるが、この図像が転写された背景には、文道の神であるとともに、本来怒れる神であるという信仰の複合的な性格を読み取ることができるだろう。この伝統が近世に継承されると、正面向きで直立する束帯天神像に天拝山で一心不乱に祈請する菅公の真摯な姿が重ねられたのかもしれない。菅公はこの誓願が報われて天満大自在天神となるのであった。

それでは、この正面向きで直立する束帯天神画像が成立するうえで影響を与えた図像は何であったのだろうか。それを明確にする十分な材料を筆者は現在持ち合わせていないが、「水鏡の天神の像」から連想される同様の作

図31　聖徳太子摂政像［水鏡御影］
（法隆寺所蔵）

図32　聖徳太子孝養像・四臣像
（四天王寺所蔵）

例に、聖徳太子の「水鏡御影」があることは注意すべきであろう。奈良・法隆寺や大阪・四天王寺が所蔵する聖徳太子摂政像（図31）がそれで、図様の似通った作例が少なからず伝存している。法隆寺では類例を「水鏡御影」と称し、四天王寺では「楊枝御影」と称している。それは聖徳太子が水鏡に映るみずからの姿を（四天王寺では楊枝を用いて）描いたと伝えられる作例である。天神画像と比較するとき興味深いのは、水鏡御影と称される（以下、楊枝御影の名称も水鏡御影に統一する。）聖徳太子摂政像の上半身の図様が、正面向きで直立する異色の束帯天神画像の上半身の図様といくつかの点で類似することである。

両者には着衣の違いや立像と坐像との坐法の違いがあるとはいえ、いずれも正面向きに表現されており、厳しい面持ち、両手で笏を握る構え、丸みのある両肩、二条の組緒などの表現には、共通する感覚が認められる。水鏡御影とは異なるが、大阪・四天王寺が所蔵する「聖徳太子孝養像・四臣像」（図32）などの正面向きの立像は、先端を花形とする浅沓を履いており、この装飾的な浅沓の形状のほか、吊袈裟と横被《おうひ》の下から見える袍の鰭袖の表現なども類似した表現である。これらの表現に見られる共通性は、正面像であるという形式的な共通性から派生する当然の帰結だろうか。つまり単なる偶然の産物に過ぎないのであろうか。

これらの特徴を踏まえたうえで、当該の天神像と聖徳太子像との共通点の本質を再考してみると、正面像であるという形式的な共通性そのものの持つ重要性に改めて気づくことになる。つまり両者の共通性の基本、すなわち正面像であるということの本質は、実は両者が自画像であるという伝承の共通性であった。大阪天満宮本と同様の図像的特徴を持つ正面向きで直立する束帯天神画像は、防府天満宮が所蔵する「三季天神」A本の表装裏の貼紙識語に「菅神之所自画也」と記されるように、天神の自画像として信仰されたものである。京都・六角堂能満院に伝わった図像粉本の「水鏡の天満宮」も、伴蒿蹊が『閑田耕筆』に「御自作の由をいふ。（中略）水鏡を見て作り給ふよしなり。」と記した「水鏡の天神の像」と同様、天神の自画像との伝承を伝える作品である。

中世に描かれた束帯天神像の遺例は強装束《こわしょうぞく》が圧倒的であるのに対して、正面向きで直立する束帯天神画像は萎装束《なえしょうぞく》で表現されており、この点は改めて注目される。萎装束で描かれた天神画像の代表例は、京都・北野天満宮所蔵の伝藤原信実《ふじわらののぶさね》筆「根本御影」であり、その制作年代は南北朝時代から室町時代前期にさかのぼると考えられている。その図様とほとんど同じ図様の作例がもう一幅、京都・北野天満宮に伝わるほか、個人蔵本（図33）も存在する。これらの遺例から、「根本御影」の図様の重要性がうかがわれるが、この図様が特に重要視された理由はやはり萎装束の着衣形式にあるだろう。これらの作品の場合、袍の鰭袖が小振りに表現されており、

図33　束帯天神像（個人蔵）

後世に袖口二尺として定形化する以前の古制を意図して表現されている。萎装束が平安時代末期までの装束であり、それ以降に強装束へと変化する実態をふまえると、正面向きで直立する束帯天神画像の服制は天神の自画像を強く意識しての古式の表現と考えられる。

大阪天満宮本の着衣形式を子細に観察すると、袍の鰭袖の袖口から内衣の小袖の着用が確認できる。大阪天満宮本では、小袖は顔や手と同様に地色のままとするが、防府天満宮の「三季天神」三本や個人蔵本では白としており、白色の賦彩は身分の高い貴族に着用が限られた白綾の小袖を意味すると考えられるため、白色の賦彩が本来の表現であろう。平安時代中期以降に袍の色は四位以上が黒一色となるが、五位以上の冬の袍は袷で、表綾、裏平絹である。大阪天満宮本、防府天満宮の「三季天神」三本、個人蔵本の袍の鰭袖の裏は、いずれも紅色のように見える。しかし、鰭袖の裏のように見える部分には、左の鰭袖の裏に二本、右の鰭袖の裏に三本の衣褶線が引かれており、これらの線は左右で本数が異なるものの、その形状から、本来、小袖の上に着用した単《ひとえ》、衵《あこめ》、下襲の袖口の表現が形式化したものと考えるのが妥当であろう。単、衵、下襲は袖口が広く、形状もほぼ同様であり、単と衵は紅色が基本である。

このように見るとき、正面向きで直立する当該天神画像の着衣形式は、単に萎装束であるというだけでなく、束帯の服制に十分配慮した表現であることが理解される。強装束で描かれた束帯像の遺例では、室町時代以降に単、衵、下襲が省略されるようになる状況を反映してか、内衣の表現は簡略化されており、一方、萎装束の代表例である「根本御影」系統の遺例では、鰭袖の袖口部分を明らかにしない。これらの表現と比較すれば、正面向きで直立する束帯天神画像には、着衣形式に対する強いこだわりが感じられる。当該天神像の下襲の裾が袍と同じ色目であるのは、平安時代後期に奢侈の傾向が高まって華美を競う史実に対して、平安時代中期の質実な風を表現しようと意図したものだろう。冠、平緒、沓の形状が既述のように中国式を想起させるのは、朝服としての束帯が正式の服制として確立する平安時代中期の状況に、純然たる唐式の服制である礼服の名残を反映させて古式を印象づけようとしていると推測される。これは偉大な漢学者としての菅公のイメージにも重なる。聖徳太子の水鏡御影が漆沙冠、筒袖の袍、二条の帯など、古式の服制に配慮した表現であるのと同様、正面向きで直立する束帯天神画像の着衣形式には、図像が考案された当時における最大限の有職故実の知識が盛り込まれていると解釈される。大阪天満宮本の筆者を土佐「経隆」とする土佐光芳の鑑定も、有職故実を十分ふまえての判断なのだろう。

　当該天神画像への信仰は、聖徳太子の水鏡御影と同様、自画像としての伝承の信憑性を裏づけるに足る厳格な正面性と古式の服制を根拠にしているに違いない。聖徳太子の水鏡御影については、鎌倉時代に制作された作品をはじめ南北朝時代から室町時代にかけて制作された作例も伝存している。厳しい相貌や笏を持つ手の表現などを見ると、その影響下に当該天神像すなわち水鏡天神像とも称すべき正面向きで直立する束帯天神画像が制作されたと考えるべきではないだろうか。水鏡御影は中世の祖師像や高僧像の肖似性にもからむ概念であり、像主がみずから描いたとの伝承の意味も含め、広範な作例の中で位置づける必要があるだろう。

図34　聖徳太子摂政像　一山一寧賛
（法隆寺所蔵）

この点を明確化するためには、多くの類例について具体的に比較検討することが肝要である。正面向きで直立する束帯天神画像については、現在、図像粉本を含めて類例を六点確認しうるだけであり、作品の制作背景は上述のように推測の域を出ない。しかし、水鏡御影の一例である法隆寺の聖徳太子摂政像（図34）に、別絹ながら一山《いっさん》一寧《いちねい》の賛があって禅僧の太子信仰をうかがわせることを思えば、聖徳太子信仰が隆盛を極めた中世後期ともなれば、密教僧あるいは密教的知識をともなう太子信仰が水鏡御影を通して天神画像に変容をもたらすことも、ないとは断言できないだろう。渡唐天神像の成立に禅僧が関与したのと同様、水鏡天神像の成立に密教僧あるいは密教的環境がかかわり、また、戦国武将の信仰を獲得するさいに高野聖が関与したという蓋然性も低くないように推測される。いずれにせよ、正面向きで直立する束帯天神画像は神仏習合あるいは本地垂迹の進展の中で成立する作例であり、聖徳太子の救世観音信仰が神祇信仰と習合する様相(55)と類似していることは指摘できるだろう。このような観点から天神画像全体を見直すことも必要であるように思われる。

むすび

大阪天満宮が所蔵する正面向きで直立する異色の束帯天神画像の類例として、防府天満宮が所蔵する「三季天神」を中心に制作や転写の背景を探ってみた。それらの天神画像の図像的特徴から、その成立に密教僧あるいは密教的知識が関与したことを想定し、また、戦国武将である臼倉若狭守の天神信仰を高野山に結びつけるため、菅公を弘法大師の後身とする説に言及するとともに、高野山の千手院聖と関係のある時衆聖などの宗教者が陣僧などの役割を担って活躍した時代背景を考えた。毛利氏による天神画像の転写は、真言密教における祈禱と連歌にともなう文道祖信仰が結合したものだろう。毛利氏の本姓は大江氏であり、本来学問の家系であることも天神信仰に関与しているのかもしれない。

武家の天神信仰としては加賀前田家のそれがよく知られているが、正面向きで直立する大阪天満宮本と同様の束帯天神画像の中には、毛利氏による天神信仰を背景として制作・転写された作品も含まれていると推測される。それらの画像の第一の特徴は厳格な正面性と古式の服制であった。その特徴との共通性から聖徳太子の水鏡御影との関連性にもふれた。水鏡天神像は、天神の自画像としての妥当性を強調するために考案された新しい図像と推測される。それは渡唐天神信仰の伝統を背景としながらも、直接的には聖徳太子信仰に顕著に認められる水鏡御影の思想を契機として中世末期に創出されたものだろう。自画像信仰におけるその時代特有のリアリズムの進展を示す作例とも考えられる。しかし、ここではそれらの可能性を述べるにとどめ、今後の天神研究への提言としたい。

現存する束帯天神画像で圧倒的多数を占める作例は坐像であり、また、それらの多くが類型的であると指摘さ

図35　束帯天神像
（大阪天満宮所蔵）

図36　天神像　歌川芳虎筆
（大阪天満宮所蔵）

図37　渡唐天神像
湘南宗化賛（個人蔵）

れることも半ば事実である。しかし、天神画像は、その作品数に応じた研究成果の見られない画題である。表現の差異に拘泥すれば、その多様性は作品の数量に比例して驚異的な拡がりを見せることが予想されるが、どこにでもある、ありふれた作品という固定的イメージが先行して、天神画像は不当な扱いに甘んじてきたといえる。

例えば、一般に天神画像は束帯天神像と渡唐天神像とに二大別して解説されるが、その分類は統一的な視点にもとづくものではない。束帯天神像は着衣形式に着目した呼称であり、渡唐天神像は説話内容にもとづく区分である。従って、束帯姿の渡唐天神を描く作例（図

35）の場合、分類自体が成立しないという何とも頼りない局面に遭遇することになる。[56] 幕末から明治にかけて活躍した絵師歌川芳虎《うたがわよしとら》が描いた直衣姿の天神像[57]（図36）も、この二分法ではうまく分類できない。また、湘南宗化《しょうなんそうけ》の賛がある袈裟を纏った渡唐天神像[58]（図37）も、着衣形式に拘泥すれば、新たな分類が必要となろう。これらのことは天神画像の研究が置かれている状況を象徴するといえるだろう。

ここで大阪天満宮本を中心にしながら異色の束帯天神像を他の多様な天神画像と比較しつつ概観してきたのは、天神画像の研究においては、ほとんど手つかずともいえる領域がまだまだ存在することを指摘するためでもある。従来ほとんど知られていない図像をとりあげたため、比較作例も少なく、制作背景については推測に推測を重ねることとなった。ここでとりあげた正面向きで直立する束帯天神画像の制作には密教系僧侶が関与していると見られるが、それは渡唐天神像の制作に禅僧が関与したことと無関係に展開したとは考え難い。そもそも渡唐天神像の説話に登場する円爾弁円は入宋以前に台密の奥義を受けており、むしろ禅と密教との融合こそ、中世初期の禅思想にとっては重要課題であった。古様の渡唐天神像は正面向きに描かれており、正面観が礼拝の対象としての性格を色濃く持つ形式であることを思えば、密教修法との関係も当然視野に入っていいと思われる。天神画像の中から仏教的要素を抽出しようとするとき、禅僧と渡唐天神との関係ばかりに目を奪われると、多様な作品の内容は一向に見えてこないだろう。

一方、近代以降に制作された天神関連画像については、研究の端緒さえ見えない状況にある。天神画像の研究では、すでに公開されている作品の再検討に加え、新たな作品の掘り起こしが特に重要な意味を持つ。未見の膨大な作品数に対応するためには、多くの研究者の参加が不可欠であり、共同研究を進める意義の極めて大きいことに改めて言及しておきたい。

(1) 松浦清「表紙解説「束帯天神像」」(『大阪天満宮社報　てんまてんじん』第四七号、大阪天満宮、二〇〇五年)。

(2) 『史料大観　扶桑名画伝』(哲学書院、一八九九年)の「土佐権守経隆」(四五五・四五六頁)。但し、引用文の旧字は新字に改めた。以下、引用文に旧字が含まれる場合は同様とする。

(3) 松尾芳樹「土佐光芳と絵巻」(『土佐派絵画資料目録(六)　絵巻粉本(二)』、京都市立芸術大学芸術教育振興協会、一九九六年)。

(4) 松浦清「大阪天満宮の「天神画像」」(『美術フォーラム21』創刊号、醍醐書房、一九九九年)。

(5) 松浦清「表紙解説「束帯天神像」」(『大阪天満宮社報　てんまてんじん』第三三号、大阪天満宮、一九九七年)。

(6) 天神画像を中世の文芸とのかかわりから捉えた近年の本格的な研究として、次の論考がある。

濱田隆「甲府一蓮寺「束帯天神画像」考—中世の文芸と絵画の一断面(一)—」(『仏教芸術』第二五二号、毎日新聞社、二〇〇〇年)。

天神と連歌との関係は従来多くの研究者によって指摘されているが、具体的な画像の作例にもとづいて、その背景を論じることは稀であった。時衆教団における天神信仰の一断面を語る論考として注目される。

(7) 三山進「天神画像考」(『菅公—ときわ山佳什録Ⅱ—』、常盤山文庫、一九六五年)。

(8) 松浦清「表紙解説「束帯天神像」」(『大阪天満宮社報　てんまてんじん』第三九号、大阪天満宮、二〇〇一年)。

(9) 阿部明絵「室町時代における「梅花寿老図」のイメージ世界—太平の春と寿老人—」(『美術史』第一五九号、二〇〇五年)。

(10) 松浦清「関蓑洲筆・篠崎小竹賛「三星図」について」(『近世大坂画壇の調査研究』、大阪市立博物館、一九九八年)、同「寛政元年の年紀のある谷文晁筆「福禄寿三星図」をめぐって」(『近世大坂画壇の調査研究Ⅱ』、大阪市立博物館、二〇〇〇年)。

(11) 松原茂「天神信仰の流布と天神画像の展開」(『古筆学叢林』第一巻　古筆と国文学、八木書店、一九八七年)。

(12) 「荏柄天満宮略縁起」(相模国鎌倉荏柄山天満宮略縁起)に次のように記される。但し、『菅公仰賛—中世東国の天神像—』展覧会図録(鎌倉国宝館、一九九三年)の「荏柄天神参考資料」(四六頁)より引用する。

抑、当地に此神を尊崇し奉る来由は、往古長治元年八月廿五日九霄俄にかき曇り、天雷地軸を震ふ。その時雷雨と倶に玉軸の一幅、当所の荏畑の中へ降臨し給ふ。人々怪しみ、見奉るに、黒色の束帯にして、両眼天を睨て怒れる尊形の天満宮、雲の上に立たまひたる画像にてぞ有ける。（以下略）。

(13) 武田恒夫「(作品紹介) 雲中天神像　一幅　「右都御史之印」印　紙本著色　七二・〇×三六・七糎　大阪天満宮蔵」（『大手前女子大学論集』第二三号、一九八九年）。
山本英男「表紙解説「雲中天神像」右都御史之印（伝玉楽）」（『大阪天満宮社報　てんまてんじん』第三一号、大阪天満宮、一九九七年）。

(14) 島尾新「渡唐天神像の物語」（『禅と天神』、吉川弘文館、二〇〇〇年）。

(15)『菅原道真没後千百年　天神さまの美術』展覧会図録（東京国立博物館、福岡市博物館、大阪市立美術館、二〇〇一年）ならびに『菅原道真公一一〇〇年祭記念　北野天満宮神宝展』展覧会図録（京都国立博物館、二〇〇一年）に写真を掲載する。

(16) 着衣形式に関しては、次の論考を参照した。
石村貞吉『有職故実(下)』（講談社、一九八七年）の「服飾」の項。

(17)『防府天満宮御神忌千百年式年大祭記念　防府天満宮神社誌　宝物編』（防府天満宮、二〇〇二年）、写真：四〇頁、解説文：二〇〇・二〇一頁。

(18)「三季天神像」の材質技法ならびに法量は次の通り。
A本：紙本著色、縦一四七・四センチメートル、横五五・二センチメートル、掛幅装
B本：紙本著色、縦一四九・八センチメートル、横五一・六センチメートル、掛幅装
C本：紙本著色、縦八三・九センチメートル、横三八・四センチメートル、掛幅装

(19)『防府天満宮御神忌千百年式年大祭記念　防府天満宮神社誌　社史編』（防府天満宮、二〇〇五年）の「第三節　松崎社と満福寺」（一四〇〜一四二頁）。

(20)『防府市史　通史Ⅲ　近代・現代』（防府市、一九九八年）の「第六節　明治期の宗教政策」（四七三〜四八三頁）。
本節に、明治初年以降の廃寺一覧ならびに明治初年以降の合併寺院一覧を掲載するが、常禱院は見当たらない。

(21) 貼紙識語を次に掲載する。但し、注(17)掲出書より引用する。
這尊像者菅神之所自画也既往白倉氏若狭守

所持而為俗家忌憚寄進高野山実相院谷中之坊
雖然輝元公再請得之安置長州満願寺尊信
之写置其像中之坊深雖秘之予頻懇望令画工
写焉其意趣何者奉為大檀越大江姓綱広公武門
繁栄邦国安泰安置当寺加祈願耳
　寛文三癸卯年十月十五日
　　酒垂山松ケ崎天満宮寺円楽坊法印良英

(22) 岡部福蔵『上野人物志』(群馬県文化事業振興会、一九七三年)の「白倉五佐衛門」(二〇七頁)に次のように記される。

甘楽郡白倉村の人なり、西上州四家の一つにして、山内上杉氏四宿老の一人たり、碓氷峠の戦に武田の勇将板垣信形の馬を射て、勇名を顕はす、後北条氏に属し、天正十八年白倉掃部之助、小田原に入城し、白倉氏滅ぶ。(関東古戦録)

異書、白倉周防守、白倉左衛門佐、白倉左馬助等に作る。

白倉氏、鎌倉以後、世々此に居る、永禄六年信玄来り侵せし時、上杉氏の将白倉左衛門慰宗任、五十騎を率ゐて出て降り、其後白倉源左衛門尉、上杉氏の兵を導て天引城を攻めたれど、克たず。

白倉道佐の碑

城の西南一丁計の処にありて、野石を刻み、碑面に
　捐官白倉院殿天漢道佐大居士神儀
　　天正八壬戌暦林鐘三日の二十五文字を刻す。

(23) 『甘楽町史』(甘楽町役場、一九七九年)の「白倉城」(二一三・二一四頁)。

(24) 茂原照作『新屋村―その史話と名物―』(新屋村誌編纂委員会、一九七六年)の「麻場城址と山田道佐の墓碑」(二五一~二五七頁)。

本書では白倉道佐の墓碑銘を「天照壬戌年/揁官　白倉院殿天漢道佐大居士　神儀/林鐘三日」と引用し、「揁は損、照は正、壬戌は庚申の誤りである」とするが、「揁」を「損」に修正して「損官」としても文意は通らない。

『上野人物志』が引用する「捐官」の文字通りの意味は「金銭で官職を買うこと、あるいは金銭で買った官職」であるから、これも墓碑銘としては適切とは思えないが、「捐官」を音通の「捐館」と理解すれば、「貴人の死」という墓碑に似つかわしい文字になる。因みに、号かと思われる「天漢」は銀河すなわち「天の河」を意味する言葉であり、天神信仰との繋がりを暗示するように思われる。

(25)『紀伊続風土記　第五輯』（和歌山県神職取締所、一九一一年）の「小田原谷」（一七五頁）に次のように記される。適宜、句読点を補う。

谷中に小名七あり。湯屋谷、浄土院谷、実相院谷、西光院谷、東より西に連る。実相院谷より西光院谷に達する東西の道を上壇といふ。皆東西往還の南にあり。北に折れて南北の道を向壇といふ。（以下略）。

(26) 高野山霊宝館の公式ホームページ（http://www.reihokan.or.jp/index.html）で公開されている「高野山よもやま記」参照。

(27) 注(25)掲出書の「安養院」（一九〇頁）。

(28) 注(25)掲出書の「安養院」（一九〇・一九一頁）。

(29) 注(25)掲出書の「往生院（谷）」（四八九頁）。

(30)『角川日本地名大辞典三四　広島県』（角川書店、一九八七年）「満願寺」（七四八・七四九頁）、『日本歴史地名大系三五　広島県の地名』（平凡社、一九八二年）「満願寺跡」（六九七頁）、『日本歴史地名大系三六　山口県の地名』（平凡社、一九八〇年）「満願寺跡」（六五一頁）。

(31) 注(19)参照。

(32)『角川日本地名大辞典三五　山口県』（角川書店、一九八八年）の「常禱院」（四四六頁）。また、『徳山市史　下巻』（徳山市、一九八五年）には、常禱院について「元禄12年毛利元次再建、昭和20年戦災焼失」と記されている（九四七頁）。現在の常禱院は戦後の再建である。

(33)『日本歴史地名大系三六　山口県の地名』（平凡社、一九八〇年）の「上村」（一二三四頁）。

(34) 注(32)参照。

(35)『六角堂能満院仏画粉本　仏教図像聚成　下巻』（法蔵館、二〇〇四年）、図版番号四〇四八。

(36) 墨書を次に掲出する。但し、注(35)掲出書より引用する。

（右上墨書）勢州津大宝寺ニ安置／水鏡ノ／天満宮」
（左上墨書）小御影ノ卦ハ三分五リン／広写ハ八分ノ卦」依小御影広写」
（右下墨書）嘉永六癸丑九月廿八日広写之／沙門大成蔵」
（左墨書）本絵絹／絵之内／長サ弐尺四寸／横九寸五分」
（左上裏墨書）勢州津米屋籐四郎殿頼ニ而画之」

なお、本図の材質技法ならびに法量は次の通り。

紙本白描淡彩、縦六九・六センチメートル、横二九・〇センチメートル、一枚。

(37) 個人蔵。表装の背面上部に「□廣光筆　菅公像」ならびに「菅公肖像」の簡略な墨書があるだけで、箱は付属しない。九州国立博物館特別展「国宝　天神さま—菅原道真の時代と天満宮の至宝—」（会期：二〇〇八年九月二三日〜一一月三〇日）に出品された。展覧会図録に写真が掲載されている（図版番号54）。

材質技法ならびに法量は次の通り。

麻本著色、縦一一三・七センチメートル、横六〇・二センチメートル、一幅。

(38) 松浦清「表紙解説「渡唐天神像」」（『大阪天満宮社報　てんまてんじん』第四一号、大阪天満宮、二〇〇二年）。

(39) 松浦清「表紙解説「渡唐天神像」」（『大阪天満宮社報　てんまてんじん』第五五号、大阪天満宮、二〇〇九年）。

(40) 『京都の美術工芸（与謝・丹後編）』（財団法人京都府文化財保護基金、一九八三年）の「絵画」（六〇頁）に写真を掲載し、解説が付されている。また、若杉準治監修『文化財　丹後の錦』（谷本紙業、一九八一年）にも写真が掲載され（二三三頁）、解説が付されている（二四二・二四三頁）。

(41) 松浦清「表紙解説「束帯天神像」」（『大阪天満宮社報　てんまてんじん』第三五号、大阪天満宮、一九九八年）。

(42) 『日本歴史地名大系二四　三重県の地名』（平凡社、一九八三年）、『角川日本地名大辞典二四　三重県』（角川書店、一九八三年）。

大宝院には現在も多くの密教美術が伝存しており、主要作品は宝物目録に掲載されている。近年の図録に次のものがある。

『津観音大宝院の宝物』（津観音大宝院、二〇〇六年）。

(43) 『新訂増補国史大系一二　扶桑略記』（吉川弘文館、一九三二年）の「朱雀」天慶四年辛丑春三月の条（二一九

~二二二頁）に登場する太政威徳天は、「我是上人本国菅相府也。三十三天呼我字日本太政威徳天。」と名乗り、「盛流布密教」と述べるとともに、「帰依大日如来。修行胎蔵大法。」を告げている。

(44)『新訂増補国史大系二一　政事要略　前篇』（吉川弘文館、一九七四年）の「巻二十二　年中行事八月上」（六・七頁）に次のように記される。

余寛弘四年出為河内守。五年九月五日往大県郡普光寺。僧幡慶語云。為無依怙。欲住高野。未遂本意之間。夢詣彼高野之処。有一宿徳僧。居倚子曰。吾弘法大師是也。汝遅来此地。若思衣食難歟。至于衣食。吾自可与。持天台六十巻。可来為見也。菅丞相者我逆世之身。野道風者我順世之身。今称天満天神。遍満世間。結縁衆生也。幡慶夢謁大師。已非少縁。大師入滅之後。其身不乱壊。猶在高野。希代之事也。大師才智勝世。草隷得功。丞相足才智。道風善草隷。称於後身。是尤有感者。幡慶頗勤修学。仍有此示現歟。或云。（以下略）。

(45)『増補史料大成二三　台記一』（臨川書店、一九八一年）の「久安三年六月」（二一四頁ａ・ｂ）に次のように記される。〈　〉内は割書。

十二日甲辰、天陰、午始奉幣於北野、〈申可見神筆之状〉、其儀如常、但奉幣後不斎、依非祭日也、次著衣冠、乗網代車、〈前駆衣冠〉、入自待賢門、入外記局、少将公親朝臣、宮内大輔定信、少納言能正、〈三人皆衣冠〉、相従、入結政屋、少納言坐北、弘板敷設半帖一枚、余居之、〈上蔀〉、相従人、在座辺、先之、自文殿出神筆、〈納函、以函納厨子、乍厨子舁出之〉、大外記師安朝臣、〈束帯〉、取神筆、及府解、〈府解、加納神筆函〉、置余座前小机上、〈予立此机〉、即余読神筆、及府解了、令定信写之、其紙高広、如本切之、〈但本緑色紙、新白例紙〉、定信書二枚、〈一定信料一余料〉、此間、相従人、及前駆等見之、師安申曰、未参御之前、府解、及神筆、皆写取了、又曰、古人伝曰、此神筆、不異道風手跡、〈但文書無所見〉、余問似否於定信、々々曰、頗似、于時、公親朝臣曰、道風手書、相具参入者、即校之、相似、就中彼此共有高字、校之全同、余問定信曰、似生存御手書乎、答曰不似、師安曰、尹良謂、北野者、弘法大師後身、道風者、北野後身云々、定信曰、神筆出現、正暦四年、〈見府解〉、是則、道風死後、及五十年成、神筆、及府解、置机上退、左右両段再拝、〈依不具笏、借用師安笏〉、了召師安、令返納之、〈奉幣後念誦、見神筆之間、持念珠〉、次見局内所々、〈文殿及弁座等之類也〉、又見鐘二枚、鏡一枚、〈此二物、自文殿取出〉、帰家、〈経待賢門〉、著直衣、参新院、御談後、参一院、退出、礼千手百八度、又始如意輪供、

(46) 注(25)掲出書の「国城院」（二〇七頁）に次のように記される。適宜、句読点を補う。〈 〉内は割書。

開基遊行一遍上人〈伊予国河野七郎通広の息〉、熊野詣の時此山に過り、天満宮に参篭の夜神託を蒙り、此に草庵を営み、弥陀の三尊を安置して持念し、附弟他阿弥を以て跡を継しむ。後、畠山一族師檀の契浅からず、卒に壹萬七千余坪の山林を寄附せり。天正の頃までは時衆派の僧住せしを、砿雲密師住持せしより秘密瑜伽の道場とはなれり。社前月並連歌興行は興山応其上人始むる所にして、今も年中一度の祭祀には必其式あり。

(47) 石田善人「武士と時衆」（『日本浄土教史の研究』、平楽寺書店、一九六九年）。

(48) 『大日本古文書　毛利家文書二』（東京帝国大学文学部史料編纂掛、一九二二年）の「四〇五　毛利元就自筆書状」（九五頁）に次のように記される。

我等十一之年土居に候つるに、井上古河《(光兼)》内守所へ客僧一人来候て、念仏之大事を受候とて催候、然間、大方《(弘元》殿《側室)》御出候而御保候、我等も同前に、十一歳にて伝授候而、是も当年之今に至候て、毎朝多分呪候、此儀者、朝日をおかみ申候て、念仏十篇つゝとなへ候者、後生之儀者不及申、今生之祈禱此事たるへきよし受候つる、又我々故実に、今生之ねかひをも御日へ申候、もし〳〵かやうの事、一身之守と成候やと、あまりの事に思ひ候、左候間、御三人之事も、毎朝是を御行候へかしと存候〳〵、日月いつれも同前たるへく候哉〳〵、

(49) 『大日本仏教全書六七　他阿上人法語』（仏書刊行会、一九一六年）の「上田の珠阿弥陀仏へつかはさる御返事」（二一〇頁）に次のように記される。

日輪観とまうすは聖道にもちゆるところ。萬法は本心ひとつにこもるゆへなり。浄土の教相定散二善の中にはまづ日想観を修し。地水火風空の五大を四方中央の本方に散向して、第六意識虚空に凝住するを唯有識大湛然凝住となづく。是は念仏定善の機。五大皆空の法門なり。機法の機のかたなれば。念仏に能帰の分なりといへども。往生をば散善のうへに説く。九品の中には下三品なり。上六品は世戒行の三福の業とて。これは行体なり。まさしき往生は十悪破戒五逆の機にかうぶらしむ。下品下生は五逆なり。仏法世俗の善根なくして。無間地獄に堕在すべかりつる悪人のわづかに知識の十声の称名を死苦来逼の耳にふれ。口に唱へて息たえ命おはる時。日輪の来迎に預りて報土に往生す。

同書には「毛利丹州殿へつかはさる御返事」（一一六頁）も収録され、注(47)の石田論文によれば、「往古過去帳」裏書にも毛利殿の名があることから、元就が時衆の僧の伝授で日輪を拝し毎朝十篇の念仏を唱えていたとして

も不思議ではないという。

(50) 注(6)の濱田論文を参照。

(51) 『大日本地誌大系二二　新編相模国風土記稿　第四巻』（雄山閣、一九七〇年）の「巻之九十　村里部　鎌倉郡巻之二十二　山之内庄」（三四五頁ａ）に次のように記される。〈　〉内は割書。

○荏柄天神社　往還の北側にあり、荏柄山と号す、（中略）本社中央に菅公束帯の座像を置き〈【鎌倉志】に、此像足膝焼ふすふりてあり、五臓六腑を作り入れ、内に鈴を掛て舌とし、頭内に十一面観音を作りこむと云ふとあり、〉右方に天拝山祈誓の立像左方に本地仏十一面観音の像を置く、勧請の年代を伝へず、（以下略）。

(52) 『日本随筆大成　新装版〈第一期〉一八』（吉川弘文館、一九九四年）所収『閑田耕筆　巻之二』の「人部」（一九九頁）。

(53) 米原正義『戦国武士と文芸の研究』（桜楓社、一九七六年）や鶴崎裕雄『戦国の権力と寄合の文芸』（和泉書院、一九八八年）などに詳述される。

(54) 能島の村上武吉が毛利元就・輝元に対して「無二馳走」を約して提出した起請文で、釈文は次の通り。但し、『毛利元就展―その時代と至宝―』展覧会図録（東京都美術館、広島県立美術館、名古屋市博物館、山口県立萩美術館・浦上記念館、一九九七年）の釈文（二二二頁）を引用する。

起請文

一対元就輝元江申、不相替、無二馳走可申事、

一自然申隔方候者、可預御尋事、

右有偽帝、

梵天、太釈(帝)、四大天玉(王)、想(惣)日本国中六拾余州大小神祇、別而三島大明神、八幡大菩薩、天満大自在天神部類眷属神罸冥罸、各可罷蒙候也、仍起請文如件、

村上掃部頭

永禄十三年九月廿日　源武吉（花押　血判）

毛利少輔太郎殿

毛利右馬頭殿　参　人々御中

(55) 今堀太逸『本地垂迹信仰と念仏—日本庶民仏教史の研究—』（法蔵館、一九九九年）の「第二章　中世太子信仰と神祇—醍醐寺蔵『聖徳太子伝記』を読む—」（七五～一〇二頁）。

(56) 松浦清「表紙解説「天神画像」」（『大阪天満宮社報　てんまてんじん』第三七号、大阪天満宮、二〇〇〇年）。

　この天神画像の着衣形式は通常の束帯とは異なる。表袴が引き摺るほど長く描かれており、また、下襲の裾を表現しない。指貫を着用したものとすれば、束帯ではなく、衣冠を意図した表現となるが、窠に霰の文様を表現した白の袴は三位以上の表袴に相応しく、指貫としては不自然である。下部にのみ衣の襞がまとわる形状はむしろ後世の長袴のようであり、浅沓の着用を確認できないことや、衣冠では太刀を佩用しないことも含めて、やはり指貫と見なすことはできない。白い小袖の上に黒の縫腋の袍を着て、垂纓の冠を被り、平緒を垂らし、飾太刀を佩用することから、束帯の服制を意図していることは明らかである。

(57) 松浦清「表紙解説「天神像」」（『大阪天満宮社報　てんまてんじん』第五三号、大阪天満宮、二〇〇八年）。

(58) 山本英男「袈裟を着た渡唐天神像」（『学叢』第二五号、京都国立博物館、二〇〇三年）。

［付記］　本稿は、平成一四～一七年度科学研究費補助金（基盤研究Ｂ（１））研究成果報告書「太子信仰と天神信仰の比較史的研究—信仰と表現の位相—」に掲載した論文：松浦清「大阪天満宮所蔵の異色の束帯天神画像をめぐって」を大幅に加筆修正したものである。執筆にあたり、大阪天満宮の水無瀬忠俊氏、防府天満宮の佐伯康男氏、道明寺天満宮の南坊城光興氏、四天王寺の柏原智覚氏、京都芸術大学芸術資料館の松尾芳樹氏、京都国立博物館の山本英男氏、満願寺の福山尊光氏、縁城寺の今村純訓氏、京丹後市教育委員会文化財保護課の小山元孝氏、京都府立丹後郷土資料館の吹田直子氏、大東市の斧靖博氏に資料の閲覧や情報の提供などさまざまな便宜を賜りました。記して深謝致します。また、写真掲載をご許可下さった所蔵者各位に厚くお礼申し上げます。

菅《すごう》生天満宮所蔵・掛幅形式の天神縁起絵について

鈴木幸人

はじめに――「天神縁起絵」「ご当地縁起」「掛幅形式」――

周知のとおり、「北野天神縁起」は、菅原道真（八四五～九〇三）の栄達と左遷の生涯、没後の怨霊の活躍、それをうけての北野社（北野天満宮）の創建と霊験を記すもので、祖本は鎌倉時代初期に成立したと考えられている。それに絵画を付したものが「北野天神縁起絵」で、おもに絵巻形式で制作されたため「北野天神縁起絵巻」と呼びならわされるが、京都の北野社はじめ、各地に勧請された天神社、天満宮に奉納されることになり、中世から近世にかけて多数の作例が知られる。[1]

「北野天神縁起」をもとにして派生的に展開した菅原道真の逸話や、各地における天神信仰の由緒等を描いた縁起絵を広くふくんで「天神縁起絵」と呼ぶことにしたいのだが、それは「北野縁起」の比重を小さくしていくことが天神縁起絵展開の重要な側面であると認められるからであり、この点を重視するのはこのような天神縁起絵の変容こそが、天神信仰の変容を眼に見えるかたちであらわすと考えるからである。

それでは議論の前提として、まず天神縁起絵の「内容」と「形式」の変容について簡潔にまとめておきたい。[2]

天神縁起絵の内容の変容としては、中世からその傾向はあったが、近世にとりわけ顕著になる「説話の増大」、とくに道真の生前説話の増大があげられる。信仰の中心ともいえる地域の形成[3]にともない、各地域に固有のエピソードが描かれるようになることが注目されるが、試みに「ご当地縁起（在地縁起、ご当地説話）」と呼びたいこれらの説話群は、ほかの神祇信仰には見出しがたく、天神信仰に重要な特色と思われる。なおご当地縁起にも、【北野縁起＋ご当地縁起型】【ご当地縁起のみ型】【太宰府縁起型】の三類型に集約される類型が認められる。

つぎに形式の変容としては、「掛幅形式」の増加である。鎌倉時代以来、天神縁起絵のほとんどが絵巻形式であって、近世にも絵巻形式の多数の作例があり、天神縁起絵の中心的な形式が絵巻（巻子形式）であったことに間違いない。しかし近世にいたると、それに加えて掛幅形式の作例が多数見られるようになる。巻子形式に比べての掛幅形式の利点としては、ひとまず、多数の人々が同時に見ることができる（見せることができる）という点が挙げられるだろう。

この点から考えれば、天神縁起絵は、制作奉納され神庫奥深く「納められるもの」から、時に応じて「読み聴くもの」となり、多数の聴衆を想定して「見せるもの」へと展開したことが認められる。

現在まで掛幅形式の天神縁起絵はつぎの一〇件余りが知られる。

①（和束本）天神縁起絵　四幅　南北朝時代　一四世紀　京都・和束天満宮（相楽郡和束町）
②（所沢本）北野天神縁起絵　七幅　室町時代　一四～一五世紀　埼玉・北野天神社（埼玉県所沢市）
③（国安本）天神縁起絵　三幅　室町時代　一六世紀　兵庫・国安天満神社（加古郡稲美町）
④（守口本）天神縁起絵　一幅　江戸時代　一八世紀　大阪・金龍寺（守口市金田町）

⑤（菅生本）天神縁起絵　一二幅　江戸時代　一八世紀　大阪・菅生天満宮（堺市美原区）
⑥（太宰府本）天満宮縁起絵伝　一二幅　江戸時代　一八世紀　福岡・太宰府天満宮（福岡県太宰府市）
⑦（満盛院本）天満宮縁起絵伝　八幅　江戸時代　一九世紀　福岡・太宰府天満宮（福岡県太宰府市）
⑧（大阪本）天神縁起絵　五幅　江戸時代　一九世紀　大阪・大阪天満宮（大阪市北区天神橋）
⑨（光本）天神縁起絵　五幅　嘉永五年（一八五二）　山口・江ノ浦天満宮（光市室積）
⑩（上関本）天神縁起絵　六幅　明治五年（一八七二）　山口・菅原神社（熊毛郡上関町長島）
附1：幕末期制作の一幅形式本（北野版、太宰府版等、数種類が確認されている）
附2：道明寺天満宮扇面本（掛幅形式ではないが「絵解き」との関連も予想され便宜上ここに分類したい）

以上、いずれもこれまでに筆者が実見におよんだ作例である。[4] 制作時期は一四世紀から一九世紀後半にわたり、その特色を一様に論じることはできないが、時代が下がるにつれて、その内容については北野天神縁起をもとにしながらも、「生前説話」の増加、太宰府や道明寺等「ご当地説話」の増加、「菅家瑞応録」（神道講釈系テキスト）等との接近を認めることができる。

一　菅生天満宮の三種の天神縁起絵

大阪府堺市美原区に鎮座する菅生天満宮[5]には、次の三件の天神縁起絵が所蔵される。

（イ）北野天神縁起絵巻（菅生本）　三巻　応永三四年（一四二七）奥書
（ロ）菅生宮縁起絵巻　三巻　延宝八年（一六八〇）奥書
（ハ）天神縁起絵（菅生掛幅本）　一二幅　明和五年（一七六八）[6]

これらによって菅生天満宮は、「天神縁起絵」の系譜を考察するうえでも「天神信仰」のあり方や展開を考察するうえでも看過できない存在ということができる。

なぜならば、この三件の天神縁起絵は、さしあたり、

(イ)は通例の「北野天神縁起絵巻」で、その室町期の特色を示す作例

(ロ)は在地説話を盛り込む「ご当地縁起」

(ハ)は絵巻ではなく「掛幅形式」であり、ご当地縁起要素もふんだんにある天神縁起絵

ということができる。それぞれに異なる内容と形式をもつ三種類の天神縁起絵であるが、この三種類は天神縁起絵の類型をほぼ尽くしており、その内容と形式の相違こそが、中世から近世にかけての天神信仰の変容と展開を、私たちの目に見えるかたちで示してくれると考えるからである。

さらに今回の分析で、掛幅形式の天神縁起絵のうち、菅生本（⑤／ハ）と太宰府本（⑥）は、説話構成ならびに図様において、きわめて密接な関連ないし影響関係を有することが明らかとなった（太宰府と菅生の関係が意味するところは残念ながら今のところ不詳とせざるをえないが、縁起絵の関連は信仰のあり方にもおよぶことが予想されるだろう）。

よって以下、菅生天満宮所蔵の三種の天神縁起絵、とくにこれまでその全容を知られていない「菅生掛幅本」を中心に、太宰府本との構成・図様の関連にも注目しながら紹介して、中世から近世への天神縁起絵の系譜・展開の様相を考察したい。

(イ)　北野天神縁起絵巻（菅生本／図1）

内題に「北野宮縁起」とある。紙本着色、上中下、全三巻調製で、所謂「甲類」の詞書をもつ。[7] 後述する応永

図1　北野天神縁起絵巻（菅生本）　巻中第8段

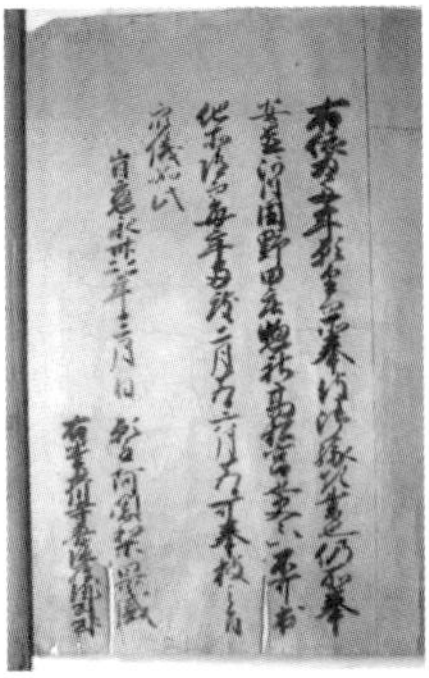

図2　同右　奥書

三四年（一四二七）の奥書がある。内容・構成は通常の北野天神縁起とみてよい。絵は大和絵風を基盤としながら、稚気あふれ素朴な画風であるが、これは室町期の天神縁起絵巻、とくに京都以外の地に伝来する絵巻に共通の傾向ということができるだろう。

しかしながら注目すべきは、従来指摘されるように、その奥書の示すところである（図2）。

右依為多年願望而所奉彼御縁起書者也仍所奉
安置河内国野田庄惣社高松宮也更々以不可出
他所随而毎年両度二月廿五日六月廿五日可奉披之旨
衆儀如此
　　旹応永卅四年三月日　願主阿闍梨杲盛
　　　右筆弘川寺曼陀羅院

すなわち、この縁起絵巻は門外不出とされ、毎年二回、二月と六月の二五日を定めて氏子中に公開する取り決めであったという。また同本の詞書のうち、道真作の漢詩文には墨書の振り仮名や朱の点が施されている。[8] こうした点から、同本はこの地で天神縁起絵が読まれていた、ないしは聴衆を想定して読みあげられていた、いわば「絵解き」されていたことを示すもので、天神縁起絵の用いられ方を知ることができるとともに、この地域

図３　菅生宮縁起絵巻　巻上第１段

での信仰のあり方や傾向が知られる貴重な証言ともいえる。

（ロ）菅生宮縁起絵巻（図３）

内題に「河内国丹南郡野田庄菅生宮幷高松山天門寺縁起」とある。紙本着色、上下二巻、江戸時代・延宝八年（一六八〇）の奥書があり、絵は京狩野三代目の狩野永納の手になる。上巻の第五図の後に高辻豊長による制作経緯を記した識語があり、それによると、もとあった縁起が焼失し社僧が縁起の続くことを願って企画されたもので、「大乗院御主梅園筆、狩野永納画」と記される。下巻最終図には「延宝八年庚申八月廿八日　狩野縫殿助永納筆」の款記がある。その内容は、上巻（詞書五段、五図）は、承和一二年（八四五）春に十一面観音菩薩を安置する高松山天門寺の菅池から童子が出現、菅原是善の邸への化現、野田庄への勧請、村の賑わい、神事を描く。下巻（詞書八段、八図）は、本地堂再建、蔵王権現勧請、菅公像を本尊にした連歌会、失火、神の咎めと村人が信仰を深める場面とつづく。

すなわちこれは、菅生の「ご当地縁起絵」（先述の類型では【ご当地縁起のみ型】）で、先述の北野天神縁起絵巻菅生本に加えてかかるご当地縁起を持つことは、自分たちの地域に対する関心とそれに関連しての天神信仰とのかかわり方への意識を示すだろう。見方を変えればその地域の信仰の北野社との関係の相対化につながるものといえるだろう。それは天神信仰の変質であるかもしれず、信仰の磁場の形成、その意識化のあらわれと見ることができる。

ところで、かかるご当地縁起「菅生宮縁起絵巻」は、その内容・構成といい、地域的な近接性（河内国府周辺）といい、すぐさま河内土師里《はじのさと》、道明寺《どうみょうじ》の「道明寺縁起絵巻」（内題「道明尼律寺記」「河州志紀郡土師村道明尼律寺記」、紙本着色、三巻、享保一〇年＝一七二五、道明寺所蔵）[9]を思い起こさせる。なかんずく、菅生での制作環境に影響を与えたことも予想されるだろう。

「菅生」「道明寺」いずれも、通常の北野天神縁起絵巻に加えて、別にご当地縁起絵巻をもつ[10]のであるが、ここで重要なのは、そのとき、縁起絵はもとより信仰自体も「北野社の縁起」であるより「菅公の物語」であることがその拠り所とされると思われることである。すなわち、菅生は菅公生誕の地を謳い、土師里はその本貫の地であり、所謂「菅公遺品」を擁することで、地域独自の天神信仰、ないしは（こう言った方がより正確と考えたい）「菅公信仰」を形成するということができる。

もう一箇所、重要なご当地縁起を形成するのは、いうまでもなく太宰府であるが、太宰府については第二項で菅生掛幅本との関係から述べることとする。

（八）天神縁起絵（菅生掛幅本／図4）

菅生掛幅本については、第二節に詳述するが、ここでさしあたり三つの重要な点を指摘しておく。

第一に「掛幅形式」であり、作例中もっとも規模の大きい一二幅にわたる場面が展開すること。第二に菅生の「ご当地縁起」を含むこと。すなわち菅生宮縁起絵巻にも描かれた菅公の菅池からの誕生というご当地縁起の要素をもつのだが、加えて第三に、「太宰府のご当地縁起」の要素をもつこと。つまり菅公生前の説話、とくに太宰府近辺での説話、太宰府ご当地縁起を多数採用し、さらに図様の面でも太宰府の縁起絵との関連が密接であることが知られるようになった。

　このように菅生掛幅本は、近世の天神縁起絵の主要な諸要素をもち、それだけでも看過しえない作例であるが、さらにその存在によって菅生天満宮には三種の天神縁起絵（北野縁起絵巻・ご当地縁起絵巻・掛幅形式縁起絵）が揃うことにもなる。先述のとおり、縁起絵の内容、形式が異なるというだけでなく、天神縁起絵ひいては天神信仰の展開と変容を一地域において示すことになる興味深い例と考えるのであるが、この三類型を揃って所蔵する例は全国各地に数多い天満宮・天神社でも管見のおよぶところ、菅生天満宮のほかには太宰府天満宮以外見当たらないことも記しておきたい。

二　「菅生掛幅本」の説話と図様の特色

(1)作品基礎データ

紙本着色、一二幅、縦一三〇・二cm、横五七・二cm[11]。

画面には、落款、年紀等の書き込み、印章はなく、附属の書付や文書類、また裏書等もない。ただし軸を納める木箱の蓋表に墨書、同裏に貼紙、身底に墨書がある。各々以下のとおり。

蓋表　「菅相公御一代繪傳　十二幅入」

蓋裏（貼紙）「明和五年ヨリ萬延元申マテ／年数合而九十有八歳来ル」

蓋裏　「昭和三十六年辛丑年四月二日より六日まで開帳」

箱裏（身底裏）「河陽丹南郡菅生宮別当／高松山金剛院天門蜜寺／現住法印尊眞修浦之／維明和五年戊丑龍集

／三月布灑星日」

これらをまとめると次のことが知られる。木箱身底裏の墨書「維明和五年戊丑龍集／三月布灑星日」、および蓋裏貼紙の墨書「明和五年ヨリ萬延元申マテ／年数合而九十有八歳来ル」によって、明和五年、すなわち一七六八年の制作が想定される。[12] ただし同じく箱裏墨書中の「現住法印尊眞修浦之」の「修補」という記述からは、それ以前にすでに存在した本図を修理したととることもできる。本図の制作年代については上記の木箱の墨書以外の文書史料は知られないため、専ら絵画自体の様式による判断にならざるをえないが、墨書に知られる一八世紀半ばの制作としてもおおむね妥当であろうと思われる。

⑵菅生掛幅本の説話と構成（附：太宰府本と元禄本）

本図の段構成は、全六六段。雲によって各場面を区分けする縁起絵に常套的な手法を用いている。各幅ともほぼ上から下へ説話が展開するが、これはほとんどの掛幅形式の天神縁起絵と同じである。[13] 全六六段についての説話内容等は、本稿巻末の別表「菅生掛幅本説話構成表」に記載する。

なお同別表では、菅生掛幅本の特色としてとくに重要と思われる点、すなわち太宰府本（太宰府天満宮掛幅本天神縁起絵「天満宮縁起画伝」）との説話の内容と図様の関連について記している。両本は図様の一致する場面が多数あり、おそらく共通の祖本、場面ごとの粉本が想定できる。ここで太宰府本の概略を示しておくのが順序であろう。

〔附：「太宰府本」と「元禄本」について〕

「太宰府本」とは、太宰府天満宮に所蔵される掛幅形式の天神縁起絵（「天満宮縁起画伝」）。一八世紀の制作（絵は泊守治筆）とされ、全一二幅、五八場面を有する絵のみの縁起絵である。太宰府天満宮によれば昭和の初め

図4　天神縁起絵（菅生掛幅本）

第一幅

第二幅

第四幅

第三幅

第六幅

第五幅

第八幅

第七幅

第九幅

第一〇幅

第一二幅

第一一幅

まで絵解きに用いられていたともいう。その説話内容の特色として、北野縁起絵に重要な［文子託宣］［太郎丸託宣］［右近馬場相議］等が削除されて、菅公生前説話、とくに太宰府ゆかりの［水鏡天神］［榎寺老婆］［針摺］、太宰府霊験譚の［鰾明神］、さらに九州の地に所縁の［渡唐天神］が描かれる。[14] 従来指摘されるように、太宰府での信仰の北野縁起との距離を感じさせる構成と認められる。この内容は「元禄本天満宮縁起」（以下「元禄本」、詞のみ、三巻、全五九段のうち四〇段が独自説話――『神道大系　太宰府』所収）と密接な関係があることが指摘されている。[15]

次に『神道大系　太宰府』の解題によりながら「元禄本」の概略を示しておく。

「元禄本」は、三巻からなる太宰府天満宮独自の縁起書。詞のみ（絵はない）。下巻奥書に元禄六年（一六九三）筑前藩主黒田綱政の宿願をうけて菅原長義が執筆し安楽寺（現太宰府天満宮）に奉納したと記される。天神縁起乙類の系統をひきながら、北野縁起にある北野霊験譚を削除し、飛梅伝説等、大宰府での説話を数多く盛り込み、全五九段のうち在地説話が四〇段余りある。これは冒頭の詞書とも呼応し、太宰府天満宮の神徳を宣揚しその独自性を強調するものとされる。

つまり太宰府本は、北野社創建の重要な説話（［文子託宣］［太郎丸託宣］等）を欠き、北野縁起にない太宰府ご当地説話（菅公生前説話［綱敷天神］［水鏡天神］［榎寺老婆］［針摺石］［鯰石］、太宰府霊験譚［鰾天神］）を描くのだが、これは一部省略されているものの元禄本にほぼ従う構成といってよい。しかし一方で、太宰府本は、北野霊験譚のうち元禄本の載せない［仁俊潔白］［敷島盗衣］を含み描くのである。つまり太宰府本と元禄本の間にもねじれた関係があることが認められる。さしあたってひとまず、かかる特色をもつ太宰府本（ないし元禄本）と本稿の主題である菅生掛幅本とに、説話構成や図様の点で親近性があることを確認しておきたい（別表参照）。

⑶菅生掛幅本に特有の説話

本項では、菅生掛幅本に特有の場面を示してその特色を指摘する。

第一幅に描かれる寺院がすでに他に例のないもので、これは、高松山天門寺（菅生宮）かと思われる。

第一幅第二段［菅池からの菅公誕生］は、菅生のご当地説話で、菅生宮縁起絵巻の巻頭にも描かれる（図３）。菅生天満宮にとって、最も重要な説話であり、図様であるといってよいだろう。後年の記述ながら「土人菅神降誕の地といふは謬也」（秋里籬島『河内名所図会』）と否定されようとも、この説話こそ菅生の天神信仰のアイデンティティであって、これを拝見し聴聞したであろう聴衆は、今立っているこの土地と菅公の繋がりを意識し、自分たちの地域の歴史と性格を強く認識したに違いない。(16)

次に、第一幅第三段［輿《こし》に乗る童子］は説話・図様とも全く類例を見ないものであり、童子は菅公であろうが、大勢の供に連れ添われ輿に乗ってどこへ行くのだろうか。つづく第二幅第一段は通例の［菅原是善邸庭への化現］（通常の北野縁起絵・天神縁起絵では巻頭に配される場面）であるから、菅生から都へ移動しているということになるのだろう。菅生掛幅本がもとづいたテキスト（あるいは絵解き台本）の知られない現状では、その意味するところは正確にはわからない。ただしここで輿のまわりの供の人数が一一人であることに気づけば、この童子（＝菅公）が十一面観音菩薩の化身であることを意味しているかと思いいたる。

なるほど、そうした図様ならばほかにも例があった。ここでも思い出されるのは、道明寺所蔵の「道明寺縁起絵巻」で、その中巻、菅公左遷途上の土師里での［似姿の木像制作］の場面である。その詞書に、

此ときいづくともなく十人の化人現じてたすけつくり侍給へば一夜のうちに彫刻せりとなむ、まことや丞相は十一面観自在の権化といへばさるべき表相あらむ

と記され、図にも菅公を中心に木像を制作する白丁姿の化人が描かれている。(17)

これに関連して、先述の「菅生宮縁起絵巻」の詞書（巻上第一段）に語られるところも見ておこう。

つらつら其由来を尋ね奉れは、此所にいにしへより小堂あり。高厺山天門寺とて十一面観音の霊儀を安置せり。然るに承和十二の春、此堂前の沢の菅の中より容顔美麗なる児忽然として化現し、光をはなち飛去、菅相公是善卿の南庭の梅の樹の下に降りて、すなはち相公を親とし、終に菅丞相と成給へり。是たた本地十一面観自在菩薩宰官を以て得度すへきもののために、假に人間にあとたれ給ひて、菅丞相と現れ、しはらく塩梅の賢臣成て、国の政道をおこなひ、上一人をうやまひ、下万民をあはれひたまひ、終に天満大自在天神の神号を立て、国家の守護神と成、人間の願ひを満しめたまへる也。是しかしなから救世観音菩薩の大悲願力の正事あたはさる謂れにあらすや。

「菅生宮縁起」では、本地、十一面観音菩薩の垂迹《すいじゃく》としての菅公がまず設定されており、ここでは十一面観音菩薩の化身たる菅公は是善の邸へ「飛去」としか語られないけれども、ほかに類のないこの図様［輿に乗る童子］は今のところこのように理解しておくべきと思われる。

第三幅第五段は、［道明寺木槵樹《もくげんじゅ》］と［誉田《こんだ》八幡参籠］を一場面に描く。

［道明寺木槵樹］は太宰府本には描かれないが、「道明寺縁起絵巻」に描かれる菅公四〇歳の折りの土師里における道明寺ご当地説話である。伊勢・八幡・春日の神の化身が登場し、道明寺の神木・木槵樹の由来につながる説話である。

［誉田八幡参籠］は、仁和二年（八八六）、菅公が誉田八幡に参籠すると一五・六歳の童子が現れ宝剣を授けられた云々という内容であり、これも太宰府本にはないが、やはり「道明寺縁起絵巻」に所載の説話である。し

かし注目すべきはこれが先述の元禄本にも所載されることである。元禄本の該当箇所は以下のとおり。

河内国土師里道明寺は、菅家の故跡也、惟宗孝言か詩に、檀那昔至神跡とは此所の事なり、ここにまします時、誉田八幡宮へ御さんろうありしに、仁和二年七月十四日に御殿の御戸を押開、十五六歳の姿にて手に天国の御太刀を持給ひ、他国より我国と託宣ありて、太刀を菅丞相にさつけ給、其年、光孝天皇宣旨を下され、讃岐国司に任し給へり、其太刀筑紫まて持せ給ひ、府の官人に下さるるといへり(18)

そしてこの場面は、太宰府天満宮所蔵の今一本の掛幅形式縁起絵である満盛院本(19)第二幅第一段に絵画化されていることが認められる。また地域的にも近しい、誉田八幡宮所蔵「誉田宗廟《そうびょう》縁起絵巻」巻下にも描かれている。同絵巻は永享五年（一四三三）に足利義教が旧本を新写させて奉納したと奥書に記されるから、それ以前から知られた説話と見てよいだろう(20)。

こうした状況を按ずるに、菅生掛幅本は地域的にも近しい「道明寺縁起絵巻」ないし「道明寺説話群」に親近性を示すかに思われる。しかし、土師里、道明寺に最も重要な「道明寺鶏鳴説話(21)」をとりあげようとはしない。それどころか、鶏は都の「紅梅殿」にいるではないか（菅生掛幅本第六幅第六段）。さらにこの「紅梅殿別離」の図様は太宰府本第五幅第四段と同図様なのであるが、これは元禄本の次の記述によるものなのである。

終に宣旨おもくして男女の御子廿三人、男子四人は四方へなかされ給ひき、おとなしき姫君は都にととめらる、いとけなき公達はくしまいらせられける鳥の声をかきりに出させ給へき、御わかれをおしませ給ひて、

なけはこそわかれもうけれ鳥のねのなからんさとのあかつきもかな

とよませ給ひける、たたさまの人の限ある罪に、況さへ離別の恨恩愛はかなしみはある事なり、まして政道詩歌につけて御情ふかかりしか、おもはすも都を出給ふ御心の中をおもひやり、世人みなおしみしたひてた

てまつりける[22]

この「紅梅殿の鶏鳴」というあり方は、元禄本以外、ほかに類のないものである。［土師里］には触れないが、「鳴けばこそ」の詠歌はとりあげたいというこの態度には、元禄本の何かしら意識的なものが感じられる。そして結果として、菅生掛幅本もこの態度を引き継ぐことになるのである。ちなみに太宰府に重要な縁起書のひとつで、史実と伝承の違いに意識的な、貝原益軒「太宰府天満宮故実」（貞享元年＝一六八四）でさえ簡潔にとはいえ、［土師里別離］をとりあげるのに比べても、その違いは大きいといわねばならないだろう。

ここまで見たところによれば少なくとも、菅生掛幅本が、地域的な近接性から道明寺説話群（土師里別離は除いてはいるが）をとりあげたのではなく、元禄本を基盤としていることは疑いえないだろう。そして菅生掛幅本縁起絵中盤では、「太宰府ご当地説話」が数多く含まれることになるのである（［博多綱敷天神］［水鏡天神］［榎寺老婆］［針摺石］等々）。

しかし、もうひとつ重要なことに、菅生掛幅本はもとより、太宰府本も、太宰府にとって最も重要と思われる「飛梅」説話を描くことはないのである。単に「荒唐無稽」として退けたとは考え難いが、このあたりの一連の説話選択の姿勢について、現時点ではこれまで述べたような事実関係を列挙する以上には、残念ながら明解な回答を用意できない。さらなる調査と検討が必要であるといわざるをえない。

(4)菅生掛幅本に特有の図様

本項では、通常の天神縁起絵にも見られる場面でありながら（つまり菅生掛幅本に特有の説話ではないが）、特有の図様ないし表現をとる場面について紹介する。

第二幅第一段［菅公化現］

通例の菅原是善（道真の父）邸庭への化現と見てよいが、是善以外に二名の人物が描かれるのが珍しい。島田忠臣と渡会春彦かと思われる。そしてとくに右側の狩衣《かりぎぬ》姿の人物は、菅生掛幅本全編にしばしば菅公の従者として白丁《はくちょう》姿の人物とともに描かれていることが認められる。(23)

同右［是善夫妻養育］

ここで夫妻が登場するのが珍しく、この場面は太宰府本第一幅第一段と同図様であるが、元禄本に独自の記述「やかていたきとり奉り、鴛鴦《えんおう》の衾の下にして人となし給ける」の絵画化であると考えられる図様である。

第四幅第一段［滝宮雨乞］

説話としてはしばしば登場するが、あまり絵画化されず、太宰府本にもない場面である。ここでは雨乞の場所としての「城山」が、近世の天守閣を備えた城郭として描かれているのが面白い。これは七幅第一段［牛車配流］（こちらは天神縁起絵に欠かせない菅公左遷の場面でどの作例にも必ず描かれる場面であるが）でも、牛車を取り巻いて嘆き悲しむ都の人々の服装や髪型が近世中頃の当世風俗で描かれているのと同じ傾向を示すものと思われる。かかる傾向は、守口本天神縁起絵（④）にも認められ、近世中後期の縁起絵には散見される。

第九幅第五段［清涼殿落雷］

太政威徳天の眷属《けんぞく》たちが清涼殿を襲う場面は、これも天神縁起絵には欠かせないもので、縁起全編のひとつのクライマックスといえる場面である。いずれの作例でもとくに関心の向けられるところであり、いわゆる雷神の荒らぶる力強さや、逃げ惑う人々の描写に意を注いだものと思われる。菅生掛幅本のこの場面は、ひときわ興味深い。時ならぬ異形の物《もの》の怪《け》の来襲に、軒下に隠れようとしたり、唐櫃《からびつ》に逃げ込もうとする公卿たちの、滑稽な様子が描かれているが、ここまで無様《ぶざま》で情けない状況はほかの縁起絵にも見られないものである。これは以前にも指摘したところであるが、いわゆる「丁類」の詞書の記述をそのままに絵画化したものと思われる。

もしや助かると思ひける下郎とも、あるいは板敷の下に這い入り、あるいは壺唐櫃の座に隠れ、あるいは畳を担て泣くものあり、云々（京都・常照皇寺本[24]、第六段詞書）

室町後期ないし近世の初期までに、丁類の詞書をもつ天神縁起絵巻（およびその影響下にある奈良絵本の作例）が成立していたことが、近年の調査によって知られるようになったが、その記述の一部が、今のところいかなる経緯かは詳らかにできないものの、ここに採用されている興味深い事例である。

さてここで菅生掛幅本との関係から太宰府本の図様の混乱について触れておきたい。

太宰府本第六幅第二段は、菅生本第七幅第三段と同じく［船路配流］と［綱敷天神］にはさまれる場面であるので、［明石駅長］であるはずだが、太宰府本では駅長であるべき人物が女性として描かれている（菅生本は男性で問題なし）。両本とも背景には海辺を示すであろう波も描かれているので明石の場面であろうが、太宰府本の混乱ないし間違いは、しかし道明寺説話、［土師里別離］とのいわば習合の結果かと思わせる。

もう一箇所、太宰府本には図様の混乱が生じている。

太宰府本第八幅第二段［尊意渡水］の場面。雷神の内裏来襲に比叡山から内裏へ向かう法性坊尊意を乗せた牛車が洪水の鴨川を渡る有名な場面であり、これを描かない天神縁起絵はない。その牛車を引く牛は後脚を高く蹴りあげて、一見、駆け行く牛の勢いをあらわしたように見えるが、しかしこの図様は、天神縁起絵では別の場所でお馴染みの牛であることがすぐさま了解される。北野天神縁起絵では、巻末に北野社の霊験譚が続くが、そのうちの［仁和寺僧不敬］、ある僧が北野社門前を牛車から降りずに通過しようとしたとき牛は頓死し僧も重く患ったという説話で描かれる牛の姿態なのである（例えば、北野天神縁起絵巻光信本、同光起本など。御者稚児の姿態も同様）。太宰府本は元禄本には削除された北野社霊験譚の［仁俊潔白］［女房盗衣］[25]の場面を描いているのだが、その一連の図様がここに紛れ込んでしまったのだろうか。

(5)菅生本と太宰府本の類似点と相違点

以上、すべてを指摘したものでないが、菅生本と太宰府本の説話と図様についてその類似点と相違点を整理して本節のまとめとしたい。

説話の類似点としては、［文子・太郎丸託宣］を含まないこと、太宰府ご当地説話を多く含むこと、この両者は菅生と太宰府の北野からの距離を示すものと理解された。また［日蔵六道巡り］の場面がともに詳細であることも記しておきたい。

説話の相違点としては、菅生本には［菅池誕生］説話があること、これは菅生ご当地縁起としての性格を示すものと理解されよう。また菅生本の［誉田参籠］は元禄本への接近が認められることになる。

図様の類似点としては、別表からもわかるとおり、共通する図様ないしは類似する図様をもつ場面が多数あることである。しかし重要なことに図様の相違点として以下のことが指摘されねばならない。

両本はよく似た図様をとるとはいえ、第一に、菅生本は描き込まれた副次的景物が多く、視点の引きを大きくとり場面の説明的な要素が多いといえ、一方、太宰府本は主要人物に近接描写することである。第二に、同一図様が違う説話に利用される場合があることである。

とくにこれまで指摘したように、菅生本には太宰府本にない場面があること、菅生本の［清涼殿落雷］に「丁類」縁起の反映があること、菅生本に神道講釈系の白太夫登場の可能性があることなどが、菅生本の独自性としてあげられることになった。

さしあたり太宰府本（元禄本も含めて）から菅生本への影響ないし展開と見るのが順当とは思われるが、太宰府本の図様の混乱や菅生本の独自性を考え合わせ、図様の問題としては両本に共通の祖本が想定されるべきかと思われる。[26]

むすびにかえて――天神縁起絵における絵巻形式と掛幅形式――

これも周知の如く、天神縁起絵には絵巻形式と掛幅形式が混在するが、そうしたあり方は、しかし、ほかの縁起絵ないし説話画にしばしば見られることではない。天神縁起絵の特徴のひとつであり、広く絵画の内容と形式の関係性を考察する重要な契機になるだろうと思われる。これに気づかせてくれたのは、「道成寺縁起絵巻の絵解き」という、よく知られた事柄であり、徳田和夫氏の示唆に富む考察に触発されたことを記しておきたい。[27]

筆者はこれまで、「道成寺の絵解き」において、なぜ多数の聴衆に絵を見せて説明するのには不向きな絵巻形式が用いられているのか、よく分からなかった。

しかし徳田氏の説くように、内容と形式について素直に考えれば単純なことであったかもしれない。女人が嫉妬のあまり蛇に「変化」するというこの説話のクライマックスは、掛幅形式の絵画では、その醍醐味を味わうことが難しい。なぜなら掛幅形式の場合、蛇体になった場面も、すでに（おそらく最初から）観衆に開示されているからである。これではは っきり言って面白くないのだ。女が男を追いかける道成寺縁起には、次々と新たな場面が登場し消えていく、つまり展開し、終結（輪廻を断つことが示されるだろう）する絵巻形式こそふさわしい。ここでは形式は、当然のごとく、内容によって決定されていたのである。

もう一点、朝賀浩氏のご教示によれば、掛幅形式の縁起絵において、一場面毎の面積は思いのほか小さいのであって、掛幅形式の作例すべてが必ずしも多数の聴衆や観者に見せるに適しているといえない場合があるという。[28]

ところで、天神縁起絵以外、また以前に、しばしば掛幅形式を採用するのは、「聖徳太子絵伝」である。

これまた周知のとおり、法隆寺の絵殿、壁画にその発祥を持ち、法隆寺（つまりその絵殿）を基点にして実際の事件等の場所が、実際の方向に合わせられて、物語の時間的な展開（時系列による配列）より、その場所・地勢との関連を重視することが指摘される。この物語（ストーリー）は次にどうなるかが重要なのではなく、少なくとも最優先ではなく、すでに起こった既定の事実が時空をともなって、時空を越えて、時空を抱き込んで可視化されることが優先されたのではなかったか。とすれば聖徳太子絵伝は、その当初の姿において、ストーリーよりも、いわば聖徳太子への信仰の世界地図である、ということができないであろうか。

天神縁起は、北野天神縁起である場合、最終的に、その結末として、北野社が創建されねばならない。それが北野縁起としての最重要課題であるはずだからである。北野社の霊験説話が、当然ながら、後で（次々と?）付け加わったという事実はこれを証明するだろう。結末へいたる道筋としての縁起なのである。しかしすでに、事実として、そして聴衆や観衆に周知のこととされている菅公の物語である場合、いわんや北野社の創建を語らない縁起（これはもはや縁起ではないとも言えるだろうが）であればなおさら、時間軸にそったストーリー展開の面白さは重要度を下げることになりはしないだろうか。掛幅形式の天神縁起絵、例えば菅生掛幅本を見る人々にとって、その時、すでに厳然と、眼前に、私たちの天満宮がある。そこに揺るぎはないのであって、聴衆や観衆が求めるのは、自分たちの土地と地域と、菅公と天神信仰との関連にまつわる、周知の事実（史実も伝承もふくめて）の全体の再確認が繰り返されることではなかったか。であるから物語は発端から結末まで、すべてがいっぺんに見えてもかまわない、否、見えていた方が良いとさえいえはしないだろうか。[29]

菅公の物語としての天神縁起絵は、ここにいたって、聖徳太子絵伝がもっていた性格の幾分かを分けもつことになり、太子信仰のあり方にも接近しながら展開したと予想される。遺された作品の変容から信仰のあり方の変容を探るという、その入口にようやくたどり着いた時点ながら、しかしすでに議論は先走り過ぎている。ここからは稿を改めて論じられねばならないだろう。

（1）天神縁起絵の概要・展開についての近年の研究成果は、須賀みほ『天神縁起絵の系譜』（中央公論美術出版、二〇〇四年）、および東京国立博物館ほか編『天神さまの美術』展図録（NHK、二〇〇一年）。

（2）拙稿「天神縁起絵の諸相――その系譜と展開考察への覚書」（『国文学　解釈と鑑賞』第八五一号、二〇〇二年、至文堂）にその概要を示した。

（3）竹居明男「天神信仰の生成と展開――「天神縁起」成立前後までを中心に――」（前掲注1『天神さまの美術』展図録）、「天神信仰の地域的拡大――一三世紀前半頃までを中心に――」（『人文学』第一七一号、二〇〇二年、同志社大学人文学会）。

（4）このうち本稿の主題である⑤菅生本は本稿にその全容を写真図版にて掲載した。①和束本、②所沢本、③国安本、⑥太宰府本、⑦満盛院本、⑧大阪本、附1：道明寺天満宮扇面本は、前掲注（1）『天神さまの美術』展図録に全容の写真図版が掲載されている。また⑧大阪本は、拙稿「雷神と鶏のいない天神縁起絵」（『大阪の歴史と文化財』第一〇号、大阪市文化財協会、二〇〇二年）、⑨光本と⑩上関本は拙稿「渡会春彦（白太夫）の登場する天神縁起絵」（『全国梅風会報』第四〇号、二〇〇七年）にその特色を紹介したことがある。なお京都・生身天満宮（南丹市園部）にも掛幅の縁起絵が所蔵されるが、同本は縁起絵巻を改装したものと認められる（『生身天満宮宝物展展示図録』、園部文化博物館、二〇〇二年）。なお、本稿脱稿後、九州地方に⑥⑦に関連する掛軸形式の作例の存在を知ることができた。本稿にも深く関わるものであるが、いまだ未調査のため、稿を改めて論じたい。

（5）菅生神社ともいう。以下概略を示す。菅生神社は延喜式内社の一つで、主神は天児屋根命・菅原道真、周辺村社の祭神を合祀。古代には、当地を本拠地とする豪族・菅生氏が天児屋根命を奉斎していたものと考えられている。

のちに天神（菅原道真）を勧請し、江戸時代には天神が主神の座を占め、菅生天満宮として有名になった。境内には、菅原道真の出生の場所と伝える菅沢がある。なお所在地は、二〇〇七年、所謂平成の大合併で堺市に合併、それ以前は南河内郡美原町。

(6) 作品自体に年紀はなく箱書による（本稿第二節参照）。

(7) 梅津次郎氏によって提唱された詞書による分類。現在でも有力な方法であるが、詞書と絵との関連は単純な系統立てを許さない。

(8) こうした例は北野天神縁起絵巻では、常盤山本（常盤山文庫所蔵）や岩松宮本（国立歴史民俗博物館所蔵）ほかにしばしば認められる。

(9) 『藤井寺市史　補遺編』（藤井寺市教育委員会、二〇〇三年）にその全容が写真図版で掲載されている。

(10) 現在の道明寺には「北野天神縁起絵巻」の所蔵は確認されていないが、隣接する道明寺天満宮には所蔵されている。明治の神仏分離以前は土師寺（道明寺）として一体であったという意味でこのように考えたい。

(11) 第一幅の法量による。

(12) 明和五年の干支は「戊子」で、墨書の「戊丑」は間違いであるが、天神信仰ゆかりの「丑」に引きずられたものか。また明和五年から万延元年までは、一七六八年から一八六〇年になるから正確には九二年間となる。

(13) 所沢本（②）は各幅とも下から上へ展開する。

(14) 『考古画譜』にも「天満宮縁起　太宰府社蔵　十二鋪　柳庵随筆云、太宰府縁起十二幅の懸物なり、北野荏柄と大いに異れり」と記されている。

(15) 佐田亜紀「「天満宮縁起画伝」の構成説話による研究」（『久留米大学大学院比較文化研究論集』第一九号、二〇〇六年）。

(16) 想像を逞しくすれば、絵解きの場面では、ここから語り始めて最後にもう一度第一幅へ戻るということも行われたのではないか。なぜなら、第一には、この第一幅上段の立派な寺院境内の図はまさに絵解きが行われるここ（菅生天満宮ないしは高松山天門寺）を描いているだろうということ、また第二には、一二幅の最後にいたっても菅生天満宮（天門寺）は登場せず、その創建が図様の上では語られることはないからである。再び第一幅へ還って、今、皆さんのいるこの土地は、かくかくしかじかの地域であると語り終えるのがふさわしいと考えるのだが、もちろんこれは想像の域を出るものではない。

(17) 道明寺所蔵本は一〇人の化人が描かれるが、道明寺天満宮所蔵本には九人しか確認できない。

(18) 「天満宮縁起」（中野幡能校注『神道大系　太宰府』、神道大系編纂会、一九九一年）。

(19) 満盛院本は天神縁起絵で最多の場面数（一一四区画）を有する作例である。いまだ同定しえない場面が多数残される。別稿に論じたい。

(20) そのほか、兵庫・三田天満宮本北野天神縁起絵巻にも描かれていることが確認できる。

(21) 菅公左遷途上、土師里に叔母覚寿を訪ね、似姿の木像を自刻し遺し置くが、暁にいたり鶏の鳴き声に、「鳴けばこそ別れをいそげ鶏の音の聞こえぬ里の暁もがな」の歌を詠じて、筑紫へ赴く。浄瑠璃「菅原伝授手習鑑」にもとりあげられるなど人口に膾炙する菅公生前説話の代表的なものである。拙稿「「道明寺鶏鳴説話」をめぐって――天神縁起絵変容の一側面――」（『北海道大学文学研究科紀要』一二六号、二〇〇八年）。

(22) 注(18)前掲書。

(23) 例えば、二―五（第二幅第五段、以下同様の表記）、三―二、三―三、三―六、四―二、四―三、五―一、五―二、五―四、六―五、六―四、六―五、六―六、九―一、一二―一など。これは一部を除いて太宰府本にもない点で、この人物が渡会春彦（「白太夫」として天神縁起の神道講釈系テキストで伝説化される。ただし後半の登場人物は味酒安行、またはそれらの混同か）であれば神道講釈系との関連も予想されることになる。縁起絵への神道講釈系の取り込みないし進出、少なくとも接近は、近世後期における縁起絵展開の重要な点と考えられ、先述の光本と上関本にその様相が認められるのであるが、現段階では菅生掛幅本にもその可能性があることを指摘するにとどめておきたい。

(24) 拙稿「京都・常照皇寺伝来の北野天神縁起絵巻について」（『鹿島美術研究』年報第二三号別冊、二〇〇六年、鹿島美術財団）。

(25) ただし「女房盗衣」に僧が描かれるなどここにも図様の混乱が認められる。

(26) であるとしても、なぜ菅生で太宰府系の縁起および縁起絵が採用されたのかが問題とならざるをえないが、当時の両宮の関係について現時点ではまだ調査がおよんでおらずさらに調査検討を要する。

(27) 徳田和夫「絵解きと縁起絵巻――道成寺縁起と当麻寺縁起　附・絵解き研究の意義と方法」（『一冊の講座　絵解

き』、有精堂出版、一九八五年)。

(28) この見解は、これまでの絵解きや掛幅形式の縁起絵等にかかわる議論の盲点を突くものともいえるのではないか。朝賀浩「中世聖徳太子絵伝をめぐって」(特別展『聖徳太子ゆかりの名宝』展図録所収、大阪市立美術館、二〇〇八年)。

(29) 注(16)参照。また今回の考察対象は近世の作例であったが、天神縁起絵において掛幅形式が成立したのは、しかし、南北朝期にさかのぼる。和束本(①)がそれである。ここで見落としてならないのは、和束本は、掛幅形式の最初期の作例であるとともに、ご当地要素をもつ最初期の作例でもあるということである。

[付記] 本稿は、平成二〇年一月一三日の大阪天満宮文化研究所における「天満天神研究会」で口頭報告した内容にもとづくものである。また科学研究費補助金交付を受けた研究課題「「菅公イメージ」変遷の総合的研究」(課題番号一八五二〇〇七五)の研究成果の一部である。
図版掲載等ご高配を賜りました菅生天満宮ならびに上記研究会において貴重なご指摘ご教示を頂戴した各位に衷心より御礼を申しあげます。なおデータ整理にあたって吉田公樹君(北海道大学芸術学研究室)の助力を得たことを記し謝意を表します。

別表　菅生掛軸本説話構成表

幅	段	通番	場面(説話内容)	太宰府本との異同
1	1	1	高松山天門寺☆(☆は未確定、以下同)	×(太宰府本になし、以下同)
	2	2	菅池から菅公誕生	×
	3	3	菅公都へ出立	×
	1	4	菅公化現・是善夫妻養育	同図様(一—一)(第一幅第一段、以下同)
	2	5	幼少詩作	同図様(一—二)

2	3	6	初冠元服	×
	4	7	大戒論序執筆	同図様（一—四）
	5	8	都良香邸弓遊	類似図様（一—五）
	6	9	羅城門鬼	同図様（四—一）
3	1	10	（不明）忠臣と春彦カ	×
	2	11	献策☆	×
	3	12	一時十首詩作☆	×
	4	13	渤海国使節来朝	×
	5	14	道明寺木槵樹・誉田八幡宮参籠	×（ただし元禄本にあり）
	6	15	讃岐守下向	異図様（二—四）
4	1	16	滝宮雨乞	×
	2	17	類聚国史編纂☆	×
	3	18	類聚国史奏覧☆	×
	4	19	吉祥院五十賀	同図様（三—一）
	5	20	一時百首詩作☆	三—二カ
	6	21	手向山和歌	反転図様（三—三）
5	1	22	任大納言	類似図様（三—四）
	2	23	任大納言	×
	3	24	任右大臣☆	類似図様（三—五）
	4	25	家集奏覧	×
	5	26	任右大臣☆	二—三（任讃岐守）と同図様

	6	27	時平呪詛	同図様（四―四）
6	1	28	時平讒奏	同図様（四―三）
	2	29	辻立、洛中騒乱	類似図様（四―五）
	3	30	時平讒奏	反転図様（五―一）
	4	31	左遷宣旨	同図様（五―二）
	5	32	椋木法皇	同図様（五―三）
	6	33	紅梅殿別離（鶏あり）	同図様（五―四）
7	1	34	牛車配流	類似図様（五―五）
	2	35	船路配流	類似図様（六―一）
	3	36	明石駅	類似図様（六―二）
	4	37	博多綱敷天神	類似図様（六―三）
	5	38	水鏡天神	類似図様（六―四）
	6	39	榎寺老婆	類似図様（六―五）
	7	40	謫所詠詩	類似図様（七―一）
8	1	41	針摺石	類似図様（七―二）
	2	42	天拝山	反転図様（七―四）
	3	43	菅公薨去	類似とはいえない（七―五）
	4	44	安楽寺埋葬	類似とはいえない（七―六）
	5	45	柘榴天神	類似図様（八―一）
	6	46	時平抜刀	類似図様（八―三）
	7	47	尊意渡水	類似図様（八―二）

9	1	48	味酒安行に勅（太宰府造営）☆	×
	2	49	時平薨去・醍醐帝落飾・菅根死去☆	類似図様（八―四）
	3	50	公忠奏上	異図様（八―六）
	4	51	清涼殿化現	×
	5	52	清涼殿落雷	異図様（九―一）　＊ともに特異な図様
	6	53	朱雀帝	×
10	1	54	醍醐帝崩御	×
	2	55	日蔵上人金峰山	×
	3	56	日蔵上人六道巡り	配列類似（第一〇幅）
11	1	57	日蔵奏上	×
	2	58	朱雀帝善根	×
	3	59	社殿造営	×
	4	60	虫食和歌	類似図様（九―三）
	5	61	官位追贈	×
12	1	62	菅原輔正☆	一二―三カ
	2	63	祭礼	異図様（一一―四）
	3	64	祭礼	異図様（一一―五）
	4	65	天満宮参詣☆	一二―三カ
	5	66	渡唐天神	一一―二カ

越前国敦賀郡の天神信仰・序説——気比神宮とその周辺——

竹居明男

はじめに

越前国敦賀郡内の神社といえば、式内社にして、のちには越前国一宮、北陸道総鎮守に位置づけられた気比《けひ》神《じん》宮《ぐう》（現、福井県敦賀市曙町に鎮座。祭神は伊奢沙別命《いざさわけのみこと》・仲哀天皇・神功皇后・日本武尊・応神天皇・玉妃命・武内宿禰《たけしうちのすくねの》命《みこと》）が、古来著名である。同神宮は由緒の古い神宮寺の存在も注目されるが、ある時期から天神信仰とも少なからざる関係があった。本稿は、この気比神宮を中心に、越前国敦賀郡一帯の「天神社[1]」を通して、同地域の天神信仰の実態に迫ろうと試みるものである。

一　越前国敦賀郡（福井県敦賀市）内の「天神社」

越前国敦賀郡の郡域は、古代のそれと近世のそれ[2]とは同一ではなく、本稿では、現福井県敦賀市とほぼ一致する近世の敦賀郡を対象とすることにしたい。

そこで、まず近世の地誌類ならびに明治時代以降の刊行物によって、現敦賀市内の「天神社」の所在状況を確認することから始めよう。とりあげる地誌類[3]・刊行物は左記の通りである。

A　天和二年（一六八二）に中村正記・正俊・正勝の三人によって書かれた『遠眼鏡』の「社付」の項

B　敦賀町奉行所の編になり、その最も基本的な部分は享保末年（一七三五）から元文二年（一七三七）までの間に執筆されたと推定されている『指掌録《ししょうろく》』の「敦賀町分寺社」の項

C　編者は未詳であるが、内容上『指掌録』の書き抜きを軸に構成されていると見られる『敦賀一目鏡』[4]

D　嘉永年間（一八四八～五三）成立の石塚資元『敦賀志』

E　北野神社社務所編『北野誌　首巻　天』（一九〇九年）の附録として掲載する「全国天満宮由緒」（同書巻頭の目次では「全国天満宮所在地一覧」[5]）

F　石井左近編『敦賀郡神社誌』（一九三三年、一九八六年覆刻）

G　『敦賀市史』史料編第五巻（一九七九年）巻末の「神社一覧」

H　遠藤泰助『中部・近畿地方における天神信仰』（一九八二年）の「福井県」の項

では、以上の諸書の記載を各「天神社」別に整理して、現敦賀市内を中心とした天神信仰の様相の一端をうかがってみよう。

①天満神社（栄新町）

A　気比大神宮　　末社弐拾社
　社領百石　　神木さかむめ
　　　　　　　同　土用松

社僧　神通院
社人　石塚左右衛門
（中略）
常宮大権現　末社拾社
社領五拾石　神木下り松
社僧　宝蔵坊
（中略）
天満天神　末社拾一社
社人　重太夫
（以下略）

B
一気比宮
（中略）
一天満宮　社務年始御礼ニ出ル
延喜十三年因霊瑞　円融院御宇奉勧請云云、
（中略）
寺数合三十七ヶ寺内（中略）
神社二ヶ所

C
Ⓘ「敦賀一向堂町時鐘銘文」の項

越前敦賀郡会所鐘銘

蘇迷廬南閻浮州大日本国越之前州敦賀故郡、為其風光也、気比宮乃是神武第十四代仲哀天皇統不孤、隔海上常宮在、同十五代神功皇后金胎両部内証而日域北陸之為鎮守、在隣天神霊廟年々八月祭礼、老夫簪花児童幣榊歓喜踊躍、金崎・天筒山・一夜涌出之松原、七里半四面僉隣国而士農工商朝而来暮而還、以夜継日、粤涼照清月尼一者為二世誓願、一者為国土静謐、令梟氏而鎔範巨鐘、（中略）銘曰、

一天静謐　七十扶桑　敦賀故郡
士農工商　会所嘈雑　諸行无常
簨簴高架　国土繁昌　孫枝子葉
花木向陽　万春至祝　名境弥彰[6]
缺舌止々　恐懼誠惶

寛文五龍集〈乙巳〉八月吉祥辰

亀泉禅菴

黔驢子敬白

願主打它伊兵衛老母

涼照清月尼

C⑪「敦賀町寺社」の項

一越前一宮大社　気比宮

（中略）

一天神宮大社
当社ハ延喜十三年依菅霊ノ奇瑞、円融院御宇ニ勧請仕ル、

CⅢ「敦賀村数方道筋」の項

寺社

一気比宮

（中略）

一天神宮　享和弐壬戌年六月九百年御忌
領知五石　結城中納言様寄付
御境内　東西廿九間五尺　南北廿七間
御本社　三間四方　拝殿　方三間

DⅠ二の「御所辻子町」の項

上通りの南大辻子の東なる家の裏に古井有〈とうめの井と云〉、是行宮の址也と云、今川東ニ坐す天満宮ハ此処に在しと云、

DⅡ二の「川東唐仁橋町・川東御所辻子町」の項

天神社〈祭神菅原道真公〉・地神社・光神社・雷神社・山王社・神明両宮以上七社、玉垣の内に坐、（中略）当社ハ元亀の兵火に悉炎上せしを、寛永四年京極侍従忠高朝臣、修造料として米百俵を寄進せられ、余は町中を勧化し、造営の功を遂たりとそ、此社ハ気比宮の摂社ニて、社司森氏ハ本社の預り神人森孫九郎〈文明中の人〉か裔也、今猶気比宮社司の支配の者也、……

D Ⅲ三の「泉村」の項

氏神なし〈一説に川向天満宮を氏神とすといふ〉、

E 郷社　天満神社（福井県越前国敦賀郡敦賀町大字曙町）

一祭神　菅原道真公

一由緒　創立年月日不詳。明治八年十二月郷社ニ列セラル。

F 郷社　天満神社（敦賀郡敦賀町常盤字正面町）

G 天満神社（敦賀市栄新町。『敦賀志』の「川東御所辻子」の「天神社」）

H 天満神社（敦賀市栄新町一―六）

②高岡神社（砂流）

C 「敦賀郡村々寺社之覚」の項

砂流村

一氏神天神

D 四の「砂流村」の項

氏神天神社山王社、宮守円乗院〈浄土宗西福寺末〉、

E 村社　高岡神社（同県〔福井県〕同国〔越前国〕敦賀郡粟野村大字砂流村字堂ノ下）

一祭神　菅原道真公

一由緒　天明二癸辰年八月再建。古昔創立年月不詳。但シ武内神社明治九年七月十七日村社ニ列セラル。

F 村社　高岡神社（敦賀郡粟野村砂流字堂ノ下）

G　高岡神社（敦賀市砂流。『敦賀志』の「砂流」の「天神社」）

③天満神社（公文名）

C　「敦賀郡村々寺社之覚」の項

　公文名村

　一氏神山王七社

　一同　天神

D　四の「公文名村」の項

　氏神山王社天神社〈利仁将軍を崇祀すといふ〉、

E　村社　天満神社（同県〔福井県〕同国〔越前国〕同郡〔敦賀郡〕同村〔粟野村〕大字公文名村小字宮下）

　一祭神　　菅原道真公

　一由緒　　創立年月不詳。明治九年七月十七日村社ニ列ス。

F　村社　天満神社（敦賀郡粟野村公文名字宮ノ下）

G　天満神社（敦賀市公文名。『敦賀志』の「公文名」の「天神社」）

H　天満神社（敦賀市公文名六二―三四）

④天満神社（木崎）

C　「敦賀郡村々寺社之覚」の項

　木崎村

　一氏神天神・八王子合殿一社

（中略）

木崎村

一氏神天神　八王子〔この記述、重複か――筆者注〕

D　四の「木崎村」の項

氏神天神社・八王子社、

E　村社　天満神社（同県〔福井県〕同国〔越前国〕同郡〔敦賀郡〕松原村大字木崎村小字西中道）

一祭神　菅原道真公

一由緒　創立年月不詳。明治九年十月十七日村社ニ列ス。

F　村社　天満神社（敦賀郡松原村木崎字西中道）

G　天満神社（敦賀市木崎。『敦賀志』の「木崎」の「天神社」・「八王子社」）

H　天満神社（敦賀市木崎三五―四）

⑤日吉神社

C　「敦賀郡村々寺社之覚」の項

疋田村

一天神宮小社一社

D　三の「疋田村」の項

氏神山王社・天満社・諏訪社・若宮社、定広院〈天台律宗〉・（以下略）

F　村社　日吉神社（敦賀郡愛発村疋田字小丸）

G　日吉神社（敦賀市疋田）に合祀、また境内神社となる（『敦賀志』の「疋田」の「天満社」）

⑥（該当社不明）

C　「敦賀郡村々寺社之覚」の項

井川村

一氏神山神　気（比脱か）社天神

常宮　如善牛王　相殿

⑦（該当社不明）

D　四の「今浜村」の項

鎮護山梅室院〈禅宗永平寺末〉、天満宮坐、こハ建仁寺千光国師の従弟宗香といひし僧、自ら梅室と号し北野辺に住しか、道元禅師に参禅し、屢永平寺に往来せし頃、此今浜の勝境〈其頃ハ嶋明神の社地の外ハ東南皆入江なりしとそ〉を愛し、終に此処に盧を結ひ、都に至り交友西洞院左金吾入道覚念を訪らひ、菅神の尊像を〈覚念終身菅神を尊信し感得する処の像といふ〉を（衍）拝受し、帰て庭前の浄地を択ひ、社を建崇祀せり、よて時の人梅室の天神とて尊宗（崇）せりとそ、于時建長五年癸丑の九月廿五日なりと云、

以上の諸書の記述を基礎に、角川日本地名大辞典『福井県』および日本歴史地名大系『福井県の地名』の知見・記述をも参照しながら、幕末期以前を中心に、一社ごとの由緒・沿革等をうかがっておこう。

①は、現敦賀市栄新町一―六に鎮座する天満神社（祭神は「菅原道真公」）で、旧越前・若狭両国に相当する福井県内の「天満宮」の中でも、唯一の旧郷社であった。古くから気比神宮との関係が深く、当社に関する記述を少なからず含む、宝暦一一年（一七六二）成立の平松周家著『気比宮社記』（以下『社記』と略記、引用は一九四〇

年刊行の活字本による）も援用しながら、以下に述べていくことにする。

当社の社地については、Ｄ①の記述のほかに、『社記』巻二引用の「旧記」によると「往昔仲哀天皇行宮之旧跡也、又或説行宮之旧地、今曰本町之御所辻子町是也、中古有故奉遷于河向之地、而後奉勧請天満宮於彼旧跡地主神之社地者也、雖然未考正説」とあり、気比神宮の祭神の一つ「仲哀天皇」の行宮《あんぐう》跡との所伝があったが、一八世紀半ば頃には異説もあったことが知られる。

また、その鎮座年代についても、Ｆに「円融天皇天元三年（九八〇）の創立にて」云々、またＨに見える「天元三年の創建といわれている」との文献的明証はなく、Ｂに「延喜十三年因霊瑞　円融院御宇奉勧請云云」と見える（Ｃにも同趣旨の記事が見える）一方で、ほぼ同時期成立の『社記』巻二では「天満宮於此地所奉勧請之年月日未考」としており、現時点では未詳というほかない。ただし、『福井県の地名』の指摘通り、曹洞宗永厳寺（現敦賀市金ヶ崎町に所在）旧蔵文書（第二次世界大戦のさいに焼失）中の応仁二年（一四六八）三月四日付海運・太田景家畠地寄進状（『敦賀市史』史料編第二巻、翻刻三号）に見える「天神之浜」、また浄土宗善妙寺（現敦賀市神楽町一丁目に所在）所蔵文書中の永禄元年（一五五八）六月五日付善妙寺領目録（『敦賀市史』史料編第一巻、翻刻九号、『福井県史』資料編八、翻刻一二号）(7)に見える「天神之後」「天神之森」が、当社の所在に因むものとすれば、その年代が鎮座時期の下限となろう。なお、後世の史料ながら、文明六年（一四七四）閏五月五日に、甲斐・朝倉の両勢が敦賀「天神浜」で合戦したとの『当国御陣之次第』の記述も参考となる。

では以下に、史料の成立年代や性格上、そのまま史実とは断定できないものも含まれるが、これより後の沿革について年代順に要点を掲げ、その典拠も併記しておくことにしよう。

・天文（一五三二～五五）頃、川中の御所辻子町から当地に移転〔敦賀郡誌、Ｆ〕

・元亀（一五七〇～七二）の兵火で焼失（同元年の、織田信長による朝倉軍攻撃を指すか）〔DⅡ。『社記』巻二参照〕

・慶長八年（一六〇三）、福井藩主結城秀康が、津内町のうち五石を除地として与える〔越前国名蹟考、F。CⅢも参照。ただし『社記』巻二は、慶長年中に二代松平忠直が、泉村の田地より五石を寄進した、とする〕

・寛永四年（一六二七）、京極忠高が米百俵を寄進し、また勧進して行われた社殿の修造なる〔『社記』巻二、DⅡ、F〕

・正保四年（一六四七）、酒井忠勝が新たに拝殿を造立〔棟札、敦賀郡誌、F〕

・寛文三年（一六六三）、酒井忠直が拝殿を再建〔棟札、敦賀郡誌、F〕

・享和二年（一八〇二）、祭神菅原道真公の九百年忌が営まれる〔CⅢ、F〕

以上の若干の沿革のほかに注目されるのはCⅠの記事である。これは、寛文五年（一六六五）に、敦賀代官打《うつ》宅《た》宗貞の妻清月尼が亡夫供養のために鋳造した鐘の銘文である。『敦賀志』にも、「一向堂町〈宮本家記ニ、若州ノ神人一興〔一興に「カズオキ」の傍書あり――筆者注〕室を堂となして一興堂と云とあり〉」の項に「此町に鐘楼有て十二時鐘を撞事也〈邑俗、時の鐘と云〉、寛永年中打宅宗貞の妻女清月尼建立せり〈銘ハ其孫法橋収玄作之〉、此辺りに椿の井とて古井有、昔の市ノ井の遺れる成へし」と見えている（文中の「寛永年中」は誤記と思われる）通り、この鐘は、旧敦賀町のほぼ中央に位置する一向堂町内の鐘撞堂に吊るされ、時刻を知らせる「時の鐘」として、また火災時の「早撞鐘」として公的維持が図られた。[8] なお、この鐘は、第二次世界大戦後に、打宅家の菩提寺である永厳寺に移されて現存している（敦賀市指定の文化財）。

さて、その銘文中に、敦賀郡内の「気比宮」（現気比神宮）、「常宮」（現敦賀市常宮の常宮神社）と並べて「在隣天神霊廟年々八月祭礼、老夫簪花児童幣榊歓喜踊躍」と記述しているのは、寛文五年当時の敦賀郡内における当社の位置づけと実態を垣間見せているものとして貴重であろう。

なおAによれば、当社は「末社拾一社」で「社人　重大夫」と伝えるが、DⅡは「天神社〈祭神菅原道真公〉・地神社・光神社・雷神社・山王社・神明両宮以上七社、玉垣の内に坐」とし、かつまた「此社ハ気比宮の摂社ニて、社司森氏ハ本社の預り神人森孫九郎〈文明中の人〉か裔也、今猶気比宮社司の支配の者也」としている。さらにCⅢによって、「御境内　東西廿九間五尺　南北廿七間」「御本社　三間四方　拝殿　方三間」という、一八世紀後半頃の当社の規模が知られるのは貴重である。さらに、敦賀郡泉村（現敦賀市金ヶ崎町・港町・栄新町・曙町）は、一説に当社を氏神としたとも伝えている（DⅢ）。気比神宮との関係は、前出『社記』の巻三・年中祭祀部上・六月晦日条に引く「斎庭乍立諸社遙拝旧式」中に「河向爾坐天満天神」の名が見えていることにもあらわれている。

昭和八年当時の当社の状況についてはFに詳しく、前述した沿革の根拠にもあげられている棟札の見取図も掲載されている。ちなみに、当社の社殿はもとは桃山時代のものであったが、戦災によって焼失し、現在の社殿は、滋賀県佐和山神社より移築した文化八年（一八一一）建造のものである（H）。

②は、現敦賀市砂流に鎮座する高岡神社（祭神「菅原道真公」）で、昭和八年当時の状況はFに詳しいが、Gには登載がない。Fによれば、式内社の高岡神社を当社に比定する説もあり、高岡天神、また薬師天神の別称があったという。

その鎮座の時期は明らかではないが、敦賀郡砂流村の「氏神天神（社）」と位置づけられ（C・D）、かつては「山王社」とともに浄土宗西福寺末の円乗院（同じく砂流に所在。角川日本地名大辞典『福井県』によれば、応永一〇年（一四〇三）創建）管理下にあったこと（D）、天明二年（一七八二）八月に再建された（E）ことが知られる。ちなみに、砂流の東方は、蛇行しながら北流する助高川をはさんで公文名（次の③参照）に接している。

③は、現敦賀市公文名六二―三四の天満神社（祭神は「菅原道真公」で、『今昔物語集』ほかの「芋粥《いもがゆ》」説話で名高い「藤原利仁公」を配祀する）である。「寛和年中の創建」との説（H）の文献的明証はないが、享保九年（一七二四）三月二五日付の寄進木札が当社に現存する（F・H）。かつては「山王（七）社」（同じく公文名に所在する日吉神社）とともに、敦賀郡公文名村の「氏神」に位置づけられた「天神（社）」であり（C・D）、昭和八年当時の状況はFに詳しい。

『福井県の地名』によれば、「西福寺文書」中の応永二四年（一四一七）六月九日付田井行久寄進状（刊本五八号）に見える「山王馬場」は当社に該当するとされ（同じく刊本七〇号の応永二七年一二月二九日付斯波義淳安堵状にも「山王馬場」が見える。なお地名大辞典『福井県』によれば、同二七年一一月二三日付真福寺敷地寺領目録并外題安堵〔京大古文書集〕にも「山王馬場」が見えている）、この時期には、「天神社」は未だ鎮座していなかった可能性もあろう。

④は、現敦賀市木崎三五―四の天満神社（祭神は「菅原道真公」）である。鎮座の時期は未詳だが、かつては「天神（社）・八王子（社）」ともに敦賀郡木崎村の「氏神」として位置づけられていた（C・D。後者は廃絶）。享保一四年（一七二九）頃の成立と見られる『敦賀郷方覚書』の「村鑑」（「木崎村」の項）にも「天神〈四月三日、十一月十三日御供ヲ上、湯立有〉、八王子」と見えている。[9] なお昭和八年当時の当社の状況についてはFに詳しい。

⑤は、鎮座年代未詳。かつては「山王社」などとともに、敦賀郡疋田村の「氏神」として位置づけられた「天

神宮小社」（C）または「天満社」（D）だったようであるが、現在は敦賀市疋田に鎮座する日吉神社に「大山咋命」とともに「菅原道真公」が合祀され、境内神社としても祀られている（G）。享保一四年（一七二九）頃の成立と見られる『敦賀郷方覚書』の「村鑑」（「疋田村」の項）にも「山王権現〈四月三日湯立有〉」と記す。なお昭和八年当時の当社の状況はFに詳しい。

⑥敦賀郡井川村は現敦賀市井川に相当するが、Cの記載に該当する神社は見当たらない。当地は、室町期には気比社領であったから、Cの「気（比）社天神」の「天神」が「大神」の誤りの可能性が高い。

⑦敦賀郡今浜村は現敦賀市松島町に相当する。Dの記事は、かつて今浜村に所在した鎮護山梅室院（曹洞宗永平寺末）の境内に祀られていたと推定される「天満宮」にまつわる伝承として大変興味深い内容であるが、梅室院は廃絶しており、本伝承の成立時期ならびに背景などとともに、今後の検討課題としておきたい。

以上を一応まとめてみると、近世の敦賀郡域に散在した「天神社」をめぐる天神信仰は、鎮座地域の性格からは漁村民とのかかわりが深いこと、[10]また神社のありかたからは、天台系の日吉神社（または、その祭神）との関係が深いことが注目されるとともに、敦賀郡内としては、気比神宮とのかかわりが深い天満神社が代表的存在といえよう。以下、節を改めて、同神社の歴史的背景について考察を進めることにしよう。

二　気比神宮と天神信仰――平松周家『気比宮社記』の記事をめぐって――

古来より気比神宮と関係の深かった天満神社に代表される、敦賀の天神信仰の歴史的背景としては、何よりも気比神宮と菅原道真その人とのかかわりが想起される。そのことは、すでにたびたび引用してきた『気比宮社記』（以下『社記』と略記）の著者平松周家がつとに注目していたところで、実際、同書は、菅原道真および天神信仰にかかわる先行文献の記事を以下のように引用（抜粋または全文）している（〔　〕内は筆者の注記）。

すなわち、まず巻二・宮社神伝部下の「天満天神社」（前記①に該当）の項に、

㋐旧記曰、……〔菅原道真伝を中心に、その祖先伝承から、天徳三年（九五九）の藤原師輔による北野社「改造」までを述べる〕

㋑続日本紀曰、……〔『続日本紀』天応元年六月戊子朔壬子条の菅原改姓記事〕

㋒菅原陳経選菅家伝記曰、……〔いわゆる『菅家御伝記』。末尾に文明一〇年（一四七八）八月六日付の三条西実隆の識語がある〕

㋓菅公須磨御記曰、……〔道真仮託の『菅家須磨記』の一本。『須磨記』などの別称がある〕

㋔菅家遺誡曰、……〔右京権大夫賀茂清茂の書写奥書がある『菅家遺誡』〕

また巻七・社殿旧記部上にも、

㋕宇多天皇御宇〈年月以下数ケ所有蠹落字多難知〉依詔諸神祠再興于時勅使菅原朝臣道真献納神宝矛太刀神馬神樹等〈嶋大祝角鹿計富之社記標出云、有神木今謂佐加宇女或云天神梅、是往昔菅公所移植也、一説弘法大師為祈真言宗法繁昌祈樹神木、是云佐加梅云云、未知是非、又云空海以杖指此地則化梅樹忽生枝葉、是妄説甚也、又曰、弘仁年中空海詣当宮、以御子神金社霊鏡、奉遷坐紀州高野山為鎮守社〉、

（中略）

見貞治七年社記写本〈自余之旧記等不載之〉、〔後掲の㋗参照〕

㋖円融天皇天元五年〈如反古有写三通各蠹多不分明校合前後文〉

太政官符　越前国

〈応為使守従五位下大中臣良用一本中臣丸良用書記也令造立気比大神宮寺一院事〉右得彼国去年四月廿七日解偁、（中略）又検太政官去寛平九年十月十四日下当国府偁権大納言正三位兼行左近衛大将民部卿中宮大夫菅原朝臣道真宣奉勅修理件等之料宣依木工寮勘定支度以彼国正税太神宮祭奠雑料之外稲一万四千五百五十二束三把宛之者、（以下略）

又一書写本曰

太政官符　越前国

応為使前権守従五位下中臣丸良用令造立気比太神宮寺一院事

（中略）

右得彼国去年四月廿七日解偁、（中略）又検太政官去寛平九年十月十四日下当国符偁権大納言正三位兼行左近衛大将民部卿中宮太夫菅原朝臣道真宣奉勅修理件寺料宜依木工寮勘定支度以彼国正税稲一万四千百五十三束一把宛之者、（以下略）

太政官符

応令修理越前国気比神宮料所〈此末文紙裂破書面不全〉

右得〈自是至三行半悉有紙魚多紙損文字不全而難写書〉神宮之瑞籬宮殿専検旧制、（中略）符到国司宮司等速遂土木功勿怠慢失墜者、正三位権大納言兼行左近衛大将民部卿中宮大夫菅原朝臣真道宣奉勅依請、

寛平〈紙魚破文字不分明或寛平九年十月十四日乎次二行文字裂損難見分〉

右旧記写沓浦常宮常蔵坊所持之

奥書河端民部写之慶長九年云云、

〔以上、慶長九年（一六〇四）写の「旧記」より、天元五年（九八二）五月二八日付太政官符の二本および寛平九年（八九七）一〇月一四日付太政官符を引用する[11]〕

さらに巻八の社殿旧記部中にも、

㋗貞治七年社記標出曰、

（中略）

宇多天皇御宇当宮御再興勅使菅原朝臣道真卿為当太神御神幣有奉納鉾太刀者也、菅公後奉崇末社因此今当社八月四日之祭礼以鉾為御神幣舞妃等練運者此縁也云云、

奥書

正一位気比太神宮神書貞治七年依源義満大将軍之上意当祀古記反古等令抜出奉備上覧訖旨請大宮司大中臣朝臣之命神宮寺執行仟海欽書之〈此本紙亦写本而文字不分明仍写采《ママ》其文全而省略前後文〉〔本記事の典拠である「社記」はカと同じものと推定される〕

の引用が見られるのがそれである。とりわけ気比神宮との関係を直接、間接に示すものとして、㋖の一連の官符に見られる、寛平九年の気比神宮寺修理料に越前国の正税を充てることを定めた太政官符の奉勅上卿を菅原道真が務めたことをもって、㋕・㋗のように「宇多天皇御宇当宮御再興勅使菅原朝臣道真卿」と位置づけ、しかも、確実な傍証史料を欠いているものの、道真が「為当太神御神幣有奉納鉾太刀」を奉納し、「菅公後奉崇末社因此今当社八月四日之祭礼以鉾為御神幣舞妃等練運者此縁也」としているのは、気比神宮において「菅公」を「末社」として祀るにいたる経緯をよく物語っているものといえよう。と同時に、㋕・㋗の典拠の「社記」が記載通りに貞治七年（一三六八年。二月一八日に応安に改元）の成立とするならば、その年が、前記①の天満神社の鎮座

の下限年代となる。

また、これに関連して、㋕の記事中に、弘法大師空海ゆかりとする異説をともなうものの、気比神宮境内の神木「天神梅（佐加宇女とも）」の存在に言及している点も注意される。この梅は、幕末の『敦賀志』一の「気比大神宮」の項でも「栄梅〈一称天神梅、薄紅坐輪梅也、一花に実を結ふこと多きハ十七八、少きハ五六、宇多天皇御時、勅使菅原道真卿所手植〉」とされているもので、室町時代後期のものと認められる「気比神宮社頭絵図」（気比神宮蔵）(12)にも「神宮寺」「食堂」の書入のある二棟の建物の付近に、「天神之梅」の書入のある神木と小さな建物（拝殿風に見える）とが描き出されているからである。(13)

さらに、史上の菅原道真と気比神宮とのかかわりで注目されるのは、『菅家文草』巻一所収の道真の作品「秋日山行二十韻〈于時祈神向越州社〉」（日本古典文学大系本通し番号75）ならびに「海上月夜〈于時祈神到越州〉」（同前76）であろう。前者には「神を拝せんとて社廟に趨く。幣を斎むで災祆を払ふ」(14)なる句が見えており、今日では、『菅家文草』内での配列順などから、清和天皇の貞観一八年（八七六）秋に、民部少輔であった道真が気比神宮に参詣して幣帛を奉納したものと解されている。この史実は、古来の道真伝の類にもとりあげられず、(15)また気比神宮社内でも、どの程度に受け取られていたのかは今後の検討課題でもあるが、何時の頃からか、社内で記憶・伝承されていた可能性も考えられよう。(16)

以上のような、気比神宮と道真とのかかわりの「痕跡」をもとに、やがて天満神社が鎮座するにいたる直接の経緯は、なお明確化するにはいたっていないが、一つの背景的史実として、『敦賀志』一の「気比大神宮」の項に「御系譜曰、（中略）宮司八家、……宮内氏は菅原道真公より出たりと云」と見えるように、気比社の祠官の一つに菅原姓がいたことも注意されよう。その年代についても今後の精査が必要であるが、管見では、『社記』

巻八の社殿旧記部中に

永禄十二年服忌令奥書云件々

(中略)

謹按於旧記中、当社祠官有大中臣・角鹿・中臣・菅原・清原、然今中臣・清原二姓無之、(以下略)

とあるから、遅くとも永禄一二年(一五六九)まではさかのぼれることを指摘しておきたいと思う。

おわりに

以上、既刊の『敦賀市史』等にもまとまった記述がない、旧越前国敦賀郡内の天神信仰をテーマとして、郡内に散在する「天神社」を素材に、その様相の一端と歴史的背景の検討を試みたが、質量ともに「序説」の域を多く出るものではない。今後、同地域における太子信仰との比較検討、さらには越前国全域、あるいは隣接する若狭・加賀地方への視野拡大も含め、なお一層の調査・検討を期したいと思う。[17]

(1) 以下、「天神社」の表記は、史料の引用や、特定の神社名である場合を除いて、広く天神菅原道真公を祭神とする神社の総称として使用する。

(2) 『平安時代史事典』(古代学協会・古代学研究所編、角川書店、一九九四年)によれば、古代の敦賀郡は、現福井県敦賀市・南条郡・武生市南西部・丹生郡南西部に当たる。

(3) 成立年代は『敦賀市史』史料編第五巻(一九七九年)の解題により、その古い順とした。本稿での引用は、いずれも同書によった。なお、引用史料中の〈 〉内は、小字または小字割注であることを示す。

(4) 『敦賀市史』史料編第五巻翻刻の底本は嘉永七年(一八五四)書写の立木家蔵本である。

(5) E以下の刊行物のうち、Eのみについては、それぞれの項目の記事全文を再録して(ただし、記載の順序は異なる）、適宜句読点を加えた。Ｆ・Ｇ・Ｈについては、原則として神社名と所在地表記のみにとどめている。

（6）「弥彰」の二文字は、『敦賀市史』通史編上巻（一九八五年）五〇三頁では「弥勒」とする。

（7）『福井県の地名』（日本歴史地名大系一八、平凡社、一九八一年）が三月四日付にしているのは誤りか。

（8）『敦賀市史』通史編上も参照。

（9）『敦賀市史』史料編第五巻の翻刻・解題による。次項⑤も同様。

（10）「天神社」が鎮座している（鎮座していた）個別村落の性格については、前記二種の地名辞典の類を参照のこと。

（11）まま誤字もあるが、底本通りとした。なお、天元官符の後者の方は、「気比社古文書」として『平安遺文』にも第三二〇号として収載する。

（12）宮地直一監修『神社古図集』（日本電報通信社出版部、一九四二年、一九八九年復刻）参照。

（13）『敦賀郡神社誌』七一頁には「中門の付近に菅公の梅と云ふのがある。宇多天皇の御手植と云ひ」云々と見えているが、二〇〇六年一月二六日の現地調査において、その由緒を伝える梅樹は現在の境内中にはないことを確認した。なお同書六三〜四頁によれば、当社の社宝中に「後小松院御宸筆」の「菅公神号」一幅、「筆者伝来不詳」の「菅原大神々影」一幅がある。

（14）引用の訓読は日本古典文学大系本による。

（15）坂本太郎『菅原道真』（人物叢書、吉川弘文館、一九六二年）四二頁以下。

（16）遠藤泰助『中部・近畿地方における天神信仰』（太宰府顕彰会、一九八二年）第三章「福井県」によれば、『菅公年譜』に「癸巳、公赴越前祈神攘災」とある由にて、この事績は右両作品にもとづくものと推測されるが、年次の「癸巳」は、遠藤氏の指摘通り、貞観一五年にあたり、かつまた気比神宮とは特定していない。

（17）『福井県大百科事典』（福井新聞社、一九九一年）の「天神講」「天神様」「天神様の細道」、また「太子信仰」の諸項目を参照。

［追記］福井県内の太子信仰について

本書全体の趣旨にそって、科研費報告書初出時にはほとんど触れることができなかった、福井県内の天神信仰について、以下に言及しておきたい。

まず『福井県大百科事典』（前掲注17）の「太子信仰」の項（佐々木智夫氏執筆）には、次のような記述がある。

（前略）福井県でも真宗寺院の多くが、本尊の阿弥陀如来像や親鸞像とともに聖徳太子絵像を安置している。民間への広まりも真宗を通しての流布が主流をなしているようである。民間では特に鉱山関係とか、職人など農耕に従事しない人々の間に広まっていった。現在でも聖徳太子の命日とされる二二日に「太子講」を開くのは、大工、左官、桶屋など職人関係の人が多い。三国町には三国神社、神明神社、氷川神社、汐見金刀比羅神社等の著名な神社があるが、このうち三国、神明、氷川の三社に、境内社として聖徳太子が祀られている。三国神社の境内社厩戸神社は一九二六年（大正一五）三国の三工組合（木工、大工、石工）により建立されたものであり、また氷川神社の境内社番匠神社は、大正年間太子一三〇〇年祭を記念して、三国の大工組合が建立したものである。これらはいずれも、聖徳太子が大陸から初めて新しい工芸・技術をもたらした恩人であるという観点から、特に職人層によって尊崇され、著名神社の境内に奉祀された例証といえるだろう。

また『福井県史』資料編一四建築・絵画・彫刻等（一九八九年）では、「絵画編」の四「宗教絵画」の項で、

聖徳太子絵伝六幅……称名寺（真宗高田派。坂井郡三国町）蔵。南北朝時代

への言及があり、ついで「彫刻編」の四「福井県の肖像彫刻」の（一）「本県の肖像彫刻について」において、

（前略）真宗では、聖徳太子を宗祖親鸞と同様に、教祖の如く仰ぎ、中でも高田派などの法脈相承を重視する北関東系の真宗では、太子信仰がすこぶる盛んで、聖徳寺（美山町）のように、寺のはじまりが太子堂であり、その太子堂を中心に発展してきた寺もあったほどである。

　この聖徳寺をはじめ、常楽寺（三国町）、称名寺（三国町）、正行寺（美山町）などの、これら北関東系の真宗寺院では、優れた太子像が伝えられている。

との記述があり、続いて、代表的な遺例として次の四点を掲げている。

聖徳太子立像（孝養像）……聖徳寺（真宗高田派。足羽郡美山町）蔵。嘉暦四年（一三二九）造立。県指定文化財
聖徳太子立像（南無太子像）……常楽寺（真宗高田派。坂井郡三国町）蔵。鎌倉時代末期
聖徳太子立像（南無太子像）……称名寺（真宗高田派。坂井郡三国町）蔵。鎌倉時代末期
聖徳太子立像（南無太子像）……正行寺（真宗高田派。足羽郡美山町）蔵。鎌倉時代末期

さらに『福井県史』通史編二「中世」（一九九四年）では、第六章「中世後期の宗教と文化」の第二節「仏教各宗派

の形成と動向」のうちの三「念仏系諸派の活動」に「高田系の展開」の項があり、次のような記述がある。

越前の古い由緒をもつ寺院のほとんどは高田系に属している。（中略）高田系の古刹寺院には、鎌倉から室町期と推定される太子立像・太子絵伝・太子堂・善光寺三尊仏など聖徳太子に関わる法物《ママ》が共通して存在しており、開祖と仰ぐ外来領主の庇護を得て浄土教的な太子信仰をもとにした宗教活動を進め、やがて高田門流内に固定化されていったものと推測される。

（中略）本覚寺は戦国期の越前本願寺教団を代表する寺院であるが、（中略）近年、（筆者注――愛知県安城市の）本証寺・本覚寺に伝存する太子立像がともに同一作者の手になるものということが明らかにされた（安城市歴史博物館特別展『聖徳太子像の造形』）。（中略）かくして越前は、東海地方と並ぶ確固たる高田派の基盤となっていった。なお同派の寺院は、流入経路の関係からか、大野・足羽・今立・坂井郡に多い。

なお、石川県立歴史博物館編『太子信仰と北陸』（一九九七年）は、石川県内所在の聖徳太子像・聖徳太子絵伝の調査成果を中心とした展覧会の図録であり、残念ながら福井県内にはおよんでいない。

以上の知見を総合すれば、福井県では旧越前北部（坂井・足羽両郡）に所在する真宗高田派の諸寺院を中心に、太子信仰が盛んで、敦賀地域とは重なっておらず、相互関係や、直接の影響関係などは明らかではない。しかし一方では、坂井郡内の神社では、創祀年代は新しいものの、聖徳太子を境内社に祀る（すなわち一種の神として祀る）例があることは改めて興味をひく現象である。

本稿の趣旨からすれば、敦賀地域の太子信仰の動向の把握が今後の検討課題の一つであるが、天神信仰・太子信仰双方の実態や信仰圏・信仰階層などの比較検討は、さらにその作業を踏まえた上での検討課題とせざるをえない。

太子《たいし》信仰《しんこう》と天神《てんじん》信仰《しんこう》

――信仰《しんこう》と表現《ひょうげん》の位相《いそう》――

2010(平成22)年５月15日発行

定価：本体6,500円(税別)

編　者　　武田佐知子
発行者　　田 中 周 二

発行所　　株式会社　思文閣出版
606-8203　京都市左京区田中関田町2-7
電話075(751)1781(代)

印刷・製本　株式会社 図書印刷 同朋舎

 ISBN978-4-7842-1473-0 C3014

執筆者紹介（論文収録順）

武田佐知子（たけだ　さちこ）
1948年生．東京都立大学人文科学研究科博士課程修了（史学）．大阪大学大学院文学研究科教授．
『古代国家の形成と衣服制——袴と貫頭衣——』（吉川弘文館，1984年）『信仰の王権　聖徳太子』（中公新書，1993年）『衣服で読み直す日本史——男装と王権』（朝日選書，1998年）

鶴崎裕雄（つるさき　ひろお）
1935年生．関西大学大学院博士課程修了（国文学）．文学博士．帝塚山学院大学名誉教授．
『戦国の権力と寄合の文芸』（和泉書院，1988年）『戦国を往く連歌師宗長』（角川書店，2000年）「秀吉・家康政権下の寄合の文芸」（『日本文学研究』41号，帝塚山学院大学，2010年）

髙島幸次（たかしま　こうじ）
1949年生．龍谷大学大学院文学研究科修士課程修了（国史学）．大阪大学コミュニケーションデザインセンター招聘教授．大阪天満宮文化研究所研究員．
「大阪天満宮と大将軍信仰——星辰信仰と疱瘡神——」（『大阪天満宮史の研究』第二集、思文閣出版、1993年）『天満宮御神事御迎船人形図会』（東方出版、1996年）「戦国期の近江と本願寺教団」（『講座蓮如』6巻、平凡社、1998年）

濱岡伸也（はまおか　のぶや）
1957年生．龍谷大学大学院文学研究科修士課程修了（国史学）．石川県立歴史博物館資料課長．
「加賀藩改作法体制下の給人知行について」（『歴史と佛教の論集』，自照社出版，2000年）「江戸後期，能登の村々と宗門改帳」（『仏教と人間社会の研究』，永田文昌堂，2004年）「「加賀藩大名行列図」の研究」（『石川県立歴史博物館紀要』19，2007年）

下鶴　隆（しもづる　たかし）
1959年生．大阪市立大学大学院文学研究科後期博士課程修了（日本古代史）．博士（文学）．大阪府立福泉高等学校教諭．
「宅地売買文書群から見た田令宅地条」（『歴史学研究』732号，2000年）「古代における土地の占点とその変質過程」（『ヒストリア』178号，2002年）「利波臣志留志——中央と地方の狭間——」（栄原永遠男編『平城京の落日』，清文堂出版，2005年）

松本真輔（まつもと　しんすけ）
1969年生．早稲田大学大学院文学研究科博士課程修了（日本文学）．博士（文学）．韓国慶熙大学校外国大学助教授．
『聖徳太子伝と合戦譚』（勉誠出版，2007年）

伊藤　純（いとう　じゅん）
1956年生．大阪市立大学文学部卒業（日本史）．大阪歴史博物館学芸員．
「聖徳太子墓の一史料をめぐって——江戸時代の文化財活用——」（『大阪歴史博物館研究紀要』4号，2004年）「近代大阪における歴史の創造——仁徳天皇千五百年祭をめぐって——」（『大大阪イメージ』，創元社，2007年）「明治天皇陵の埴輪をめぐって」（『古代学研究』180号，2008年）

榊原小葉子（さかきばら　さよこ）
1971年生．大阪外国語大学大学院博士後期課程修了(言語社会)．博士(学術)．スタンフォード大学人文学部歴史学科日本史専攻博士課程在学中（博士候補生）．
「古代中世の対外意識と聖徳太子信仰――法隆寺僧顕真の言説の期するもの」(『日本歴史』第617号，1999年)「『聖徳太子伝暦』にみえる中国観」(『東京大学史料編纂所研究紀要』第15号，2005年)

稲 城 正 己（いなぎ　まさみ）
1949年生．大谷大学大学院博士後期課程単位修得満期退学(仏教文化)．博士(文学)．京都文教大学非常勤講師．
『〈語る〉蓮如と〈語られた〉蓮如』(人文書院，2001年)「平安期における女人成仏の系譜――願文を中心として」(『日本思想史学』第37号，2005年)「８～９世紀の経典書写と転輪聖王観」(『元興寺文化財研究所創立40周年記念論文集』，クバプロ，2007年)

脇 田 晴 子（わきた　はるこ）
1934年生．京都大学大学院文学研究科博士課程修了(国史学)．京都大学文学博士．石川県立歴史博物館館長，城西国際大学大学院客員教授．
『日本中世商業発達史の研究』(御茶の水書房，1969年)『日本中世都市論』(東京大学出版会，1981年)『日本中世女性史の研究』(東京大学出版会，1992年)『日本中世被差別民の研究』(岩波書店，2002年)

松 浦　　清（まつうら　きよし）
1959年生．東北大学大学院文学研究科修士課程修了(美学・美術史学)．大阪工業大学知的財産学部准教授．
「融通念仏の三縁起絵巻」(『融通念仏信仰の歴史と美術―論考編―』，東京美術，2000年)「絵画の見方」(『人間・その総合的理解』，八千代出版，2004年)「北斗曼荼羅の構成原理と中尊の性格について―大阪久米田寺本を中心に―」(『軍記物語の窓・第三集』，和泉書院，2007年)

鈴 木 幸 人（すずき　ゆきと）
1966年生．京都大学大学院文学研究科修士課程修了(美学・美術史学)．北海道大学大学院文学研究科芸術講座准教授．
「近世における北野天神縁起絵巻の制作」(竹居明男編『歴史と古典　北野天神縁起を読む』吉川弘文館，2008年)「「道明寺鶏鳴説話」をめぐって――天神縁起絵変容の一側面――」(『北海道大学文学研究科紀要』126号，2008年)

竹 居 明 男（たけい　あきお）
1950年生．同志社大学大学院文学研究科博士後期課程中退(文化史学)．同志社大学文学部教授．
『日本古代仏教の文化史』(吉川弘文館，1998年)『天神信仰編年史料集成――平安時代・鎌倉時代前期篇――』(国書刊行会，2003年)『歴史と古典　北野天神縁起を読む』(編著，吉川弘文館，2008年)

あとがき

本書は、平成一四～一七年度科学研究費補助金研究成果報告書「太子信仰と天神信仰の比較史的研究——信仰と表現の位相——」をもとに成立しました。

ともに実在した人物でありながら、没後に信仰の対象となった聖徳太子と菅原道真を比較するという研究視角の芽生えは、八年ほど以前にさかのぼります。私の主宰する「天満天神研究会」に、聖徳太子の研究者である武田佐知子が参加したことにより、自然発生的に芽生えたものです。

科研費を受けたことを機に、様々な研究分野からメンバーを誘って「太子・天神研究会」を新たに結成、以後、一三回におよぶ「天満天神研究会」との合同研究会を開催し、また六回の現地調査を実施し、その参加者は四二名におよびました。

太子信仰と天神信仰は、これまでにも数多くの研究者の関心をひいてきましたが、両信仰の比較を主題とした論文集は、本書が嚆矢となります。これが到達点というよりは、出発点になってほしいと願っています。

最後に、好転しない経済状況のなか、出版をお引き受けいただいた思文閣出版に厚く御礼申し上げます。

二〇一〇年四月

髙島幸次

◆既刊図書案内◆

大阪天満宮文化研究所編

天神祭
火と水の都市祭礼

平成14年の菅原道真公1100年祭を記念して、日本三大祭りのひとつである〝火と水〟に彩られた天神祭の歴史とすがたを豊富な図版と８篇の論考で多面的に明かす。カラー図版には、天神祭図巻（吉川進）の全巻（初公開）のほか近世の屛風・掛幅・浮世絵から近代作家の作品、そして復元された天神丸・御迎人形などを掲げ、本文中にも関係図版を多数収録。

ISBN4-7842-1092-X

▶Ｂ５判・200頁／定価2,730円

今堀太逸著

権者の化現
天神・空也・法然
佛教大学鷹陵文化叢書15

日本国の災害と道真の霊・六波羅蜜寺の信仰と空也・浄土宗の布教と法然伝の３部構成で、仏・菩薩が衆生を救うためにこの世に現れた仮の姿について明かす。

［目次］第１部「天神」 日本国の災害と道真の霊／第２部「空也」 六波羅蜜寺の信仰と空也／第３部「法然」 浄土宗の布教と法然

ISBN4-7842-1321-X

▶四六判・312頁／定価2,415円

金　賢旭著

翁の生成
渡来文化と中世の神々

〈第４回林屋辰三郎藝能史研究奨励賞〉

中世の翁信仰の生成過程を諸縁起や史料から読みとることで、そこに色濃く反映された韓半島からの渡来文化の姿を見いだし、さらに日本芸能のルーツである翁猿楽の成立についても、韓半島のシャーマニズム文化の影響を指摘する。日韓文化交流の中世における新たな相貌を浮かび上がらせる意欲作。

ISBN978-4-7842-1411-2

▶Ａ５判・250頁／定価5,250円

山路興造著

京都 芸能と民俗の文化史

八坂神社のおけら詣りで正月が明け、節分、春の盛りの大念仏会、夏の祇園祭、秋の盆……。芸能史研究の第一人者が、祇園御霊会や大念仏狂言、六斎念仏、賀茂社の御戸代神事、盆踊りなど京都の芸能民俗史の歴史的実態を、資料のなかで検討しなおす。

ISBN978-4-7842-1484-6

▶Ａ５判・368頁／定価7,875円

笹原亮二編

口頭伝承と文字文化
文字の民俗学 声の歴史学

柳田国男の時代から、民俗学における文献史料の扱いについては様々に議論がなされてきた。「口頭伝達を重視する民俗学、文献を重視する歴史学」という固定観念は崩れつつあるものの、明確な方法論は未だ打ち出されていない。フィールドワークによる生の資料と、文字で伝えられた資料両者の扱いかたに着目し、新たな研究方法について論じた共同研究の成果。

ISBN978-4-7842-1447-1

▶Ａ５判・444頁／定価7,350円

松本郁代・出光佐千子編

風俗絵画の文化学
都市をうつすメディア

中世から近世における風俗絵画のメディア性に着目し、不可視の対象の持つ意味や享受者の視点、都社会における聖と俗の姿、風俗絵画のなかの芝居空間や行事のかたちの変遷、さらには、「風俗画」が近代に至りいかなる解釈を得て「風俗画」となり得たのか、など様々な視点からアプローチする。歴史学・美術史学・文学・宗教史学などの専攻者がその分析にいどむ13篇。

ISBN978-4-7842-1469-3

▶Ａ５判・368頁／定価6,825円

思文閣出版　（表示価格は税５％込）